utb 5883

Eine Arbeitsgemeinschaft der Verlage
Brill | Schöningh – Fink · Paderborn
Brill | Vandenhoeck & Ruprecht · Göttingen – Böhlau Verlag · Wien · Köln
Verlag Barbara Budrich · Opladen · Toronto
facultas · Wien
Haupt Verlag · Bern
Verlag Julius Klinkhardt · Bad Heilbrunn
Mohr Siebeck · Tübingen
Narr Francke Attempto Verlag – expert Verlag · Tübingen
Ernst Reinhardt Verlag · München
transcript Verlag · Bielefeld
Verlag Eugen Ulmer · Stuttgart
UVK Verlag · München
Waxmann · Münster · New York
wbv Publikation · Bielefeld
Wochenschau Verlag · Frankfurt am Main

Stephan Ellinger

Pädagogik des Lernens

Können – Wissen – Wollen im idealtypischen Lernprozess

wbv Publikation

Prof. Dr. Stephan Ellinger (Jg. 1964), Dipl.-Pädagoge, Soziologe (M.A.) und ev. Theologe, ist Inhaber des Lehrstuhls für Pädagogik bei Lernbeeinträchtigungen an der Julius-Maximilians-Universität Würzburg. Er forscht und lehrt zu Aspekten pädagogischer Beratung, zu den Voraussetzungen gelingender Lernprozesse und zu Konzepten für Persönlichkeitsbildung. Seit 2020 ist er Träger des Pädagogikpreises BLLV.

Gesamtherstellung:
wbv Media, Bielefeld
wbv.de

Einbandgestaltung:
Atelier Reichert, Stuttgart

Bestellnummer: utb 5883

utb-ISBN: 978-3-8252-5883-2
utb-e-ISBN: 978-3-8385-5883-7
www.utb-shop.de
Printed in Germany

Bibliografische Information der Deutschen Nationalbibliothek
Die Deutsche Nationalbibliothek verzeichnet diese Publikation in der Deutschen Nationalbibliografie; detaillierte bibliografische Daten sind im Internet über http://dnb.d-nb.de abrufbar.

Inhalt

„Pädagogik des Lernens – was soll das sein?“. Prolog ... 5

1 Grundlagen einer Pädagogik des Lernens ... 11
1.1 Wissenschaftliche Disziplin und korrespondierende professionelle Praxis ... 11
1.2 Lebenslanges Lernen: Die Entwicklungslinien des Könnens, Wissens und Wollens ... 14
1.3 Pädagogischer Umgang mit persönlichen Grenzen ... 18
1.4 Nähe und Distanz in pädagogischen Handlungsfeldern: Protokoll einer Ortsbegehung ... 33

2 Lernprozess und seine Tücken ... 43
2.1 Idealtypischer Lernprozess ... 43
2.2 Beeinträchtigter Lernprozess ... 51
2.3 Pädagogik abseits didaktischer Monokultur ... 65

3 Erschwerte Bedingungen des Lernens ... 71
3.1 Begriffliche Klärung ... 71
3.2 Personverankerte Lernbeeinträchtigungen ... 76
3.3 Sozial bedingte Lernbeeinträchtigungen ... 80
3.4 Institutionell erzeugte Lernbeeinträchtigungen ... 91

4 Pädagogisches Handeln als Interventionspraxis ... 97
4.1 Zur Bedeutung der primären und peripheren Lerndimensionen für den individuellen Lernprozess ... 97
4.2 Lernhemmungen in der Phase der Familienerziehung ... 102
4.3 Lernhemmungen in der Phase der Schulerziehung ... 107
4.4 Lernhemmungen in der Phase der Selbsterziehung ... 121

5 Institutionelle Überlegungen ... 127
5.1 Pädagogische Institutionen und pädagogisches Handeln ... 127
5.2 Professionelles Handeln zwischen Wissen und Erfahrung ... 137
5.3 Pädagogische Beratung ... 148

Pädagogik des Lernens – was das ist. Epilog ... 155

Literatur ... 159

„Pädagogik des Lernens – was soll das sein?“. Prolog

Die Frage scheint naheliegend: Wäre nicht ein Buch mit dem Titel *„Methoden des Lernens“* oder *„Psychologie des Lernens“* oder auch *„Strategie effektiven Lernens“*, *„Lernen leicht gemacht“*, *„Lernen ohne Zeitdruck“* wesentlich aussagekräftiger gewesen? Lernen braucht Methode, braucht psychologische Grundlagen und braucht Tricks und Tipps. Lernen braucht nicht eine unbestimmte *„Mulle-Mulle-Pädagogik“* – oder?

Aber wenn ich mir nun schon unbedingt Gedanken zur *Pädagogik* machen will, würden meinen Beratern viele spannende und wirklich lohnenswerte Buchprojekte einfallen. Zum Beispiel zur *Pädagogik des Strafvollzugs*, zur *Pädagogik des Spiels*, zur *Pädagogik des Sozialen* – oder auch zu all den anderen wichtigen Verknüpfungsvarianten wie etwa *Medienpädagogik*, *Musikpädagogik* oder *Kulturpädagogik*. Die hier vorliegende *„Pädagogik des Lernens“* will diese interessanten Aspekte pädagogischen Handelns allerdings nicht fokussieren – und sie will auch nicht vorrangig die defizit- und problembezogenen pädagogischen Fragestellungen behandeln, die in der Öffentlichkeit gerne diskutiert werden. Fragen nach der „richtigen Schulform“, nach Ursachen von Verhaltensauffälligkeiten, nach Gründen für Schulversagen oder auch Gewalt in der Schule sollen nicht im Zentrum des Buches stehen.

Wenn im Folgenden schlicht die Grundzüge einer Pädagogik des Lernens reflektiert werden, geschieht dies vor dem Hintergrund der Tatsache, dass in der Öffentlichkeit drängende pädagogische Fragestellungen heute zunehmend von Fachleuten anderer Disziplinen bearbeitet werden. Glaubt man Bestsellerlisten in populären Verlagen, Empfehlungen auf Erziehungsratgeberplattformen und „Experteninterviews“ in Zeitschriften und Tageszeitungen, haben heute im Hinblick auf pädagogische Problemstellungen diejenigen das Sagen, denen es gelingt, medienwirksam aufzutreten, einfache Botschaften über den Zusammenhang von Ursache und Wirkung zu senden und gut beworbene Bücher zu schreiben. Die Talkshows im öffentlichen Fernsehen singen ein Lied davon, dass in einschlägigen Fragen nicht mehr Pädagogen – deren Beruf das wäre – den Hut aufhaben, sondern vielmehr sogenannte Hirnforscher, KI-Experten, fernsehtalkende Philosophen, sich berufen fühlende Journalisten und bücherschreibende Psychiater oder Psychologen. Dass die Vertreter dieser geballten und ausgewiesenen Kompetenzbündelung treffender analysieren und erklären können, wie in unserer Zeit sowohl den Herausforderungen der Erziehung und Bildung im Allgemeinen als auch den Herausforderungen der unterrichtlichen und erzieherischen Praxis im Besonderen begegnet werden kann, scheint gesellschaftlicher Konsens zu sein.

So behauptet Michael Winterhoff in seinem Buch *Deutschland verdummt* wie selbstverständlich, als Kinder- und Jugendpsychiater sehr genau analysieren zu können, „was zurzeit in Kindergärten und Schulen schiefläuft“. Er identifiziert in angeblich detaillierter Fachkenntnis sowohl das Lehrpersonal im Allgemeinen als auch die „Ideologie des offenen Unterrichts“ im Speziellen als Ursachen für die absehbare Zukunftslosigkeit der Kinder und Jugendlichen in Deutschland (Winterhoff 2019, Einbandseite). Wer anderes als ein Psychiater sollte wohl die Kompetenz haben, Schule, Bildung und Pädagogik in Deutschland treffend zu beschreiben, gewinnbringend zu analysieren und dann hilfreiche Schlussfolgerungen zu ziehen? Und so verwundert es auch nicht, dass der Psychiatrieprofessor Manfred Spitzer medienwirksam über eine Art drohenden Hirntod „der digitale Medien missbrauchenden Kinder“ aufklärt (Spitzer 2014) und darüber hinaus auch mit Blick auf die professionelle Verfasstheit des Lehrerberufs feststellt: „Lehrer sind bislang kaum darin ausgebildet, ihr Handeln mit Erkenntnissen aus der Forschung in Beziehung zu setzen“ (Spitzer 2010, 12). Die damalige Hauptmoderatorin im ZDF-Studio der *heute*-Nachrichten, Petra Gerster, sah sich gemüßigt, der Öffentlichkeit gemeinsam mit ihrem Ehemann in einem Buch den vielbeschworenen „Erziehungsnotstand“ in Gesellschaft und Schule zu erläutern (Gerster/Nürnberger 2003). Auch der Philosoph David Precht klagte zeitnah zu den Schulerfahrungen seiner Tochter wohlformuliert über den vermeintlichen „Verrat des Bildungssystems an unseren Kindern“ (Precht 2015). Dabei nutzt es dann auch nicht viel, wenn sich zu den niederschmetternden öffentlichen Urteilen auch unterstützende Bekundungen z. B. aus neurowissenschaftlicher Sicht zum „Lob der Schule“ (Bauer 2007) und zur Bedeutung der Erziehung für ein gelingendes Leben (Hüther et al. 2020) hinzugesellen. An der vermeintlichen Sprachlosigkeit der Pädagogen ändern solche Veröffentlichungen nicht viel. Sie zementieren diesen Eindruck vielleicht sogar noch.

Die Sache scheint klar: Was Pädagogik betrifft, können *alle* mitreden – vom Stammtisch über sich berufen fühlende Zeitgenossen bis hin zu fachfremden Vertretern anderer Wissenschaften und Professionen finden alle Beteiligten mehr oder weniger passende Worte und auch Gehör. Der Würzburger Pädagogikprofessor Winfried Böhm beklagt, dass es „keineswegs nur unter Kreti und Pleti verbreitet (sei), die zähe Arbeit an einer Kritik der pädagogischen Vernunft und (...) das Stammtischgeplaudere über erzieherische Banalitäten (...) unter dem anspruchsvollen Begriff *Pädagogik* zusammenzufassen“ (Böhm 1997, 169 ff.). Böhms Kollege Johann Friedrich Herbart äußert bereits im Jahre 1813 die Vermutung, dass jeder und jede dann, wenn er oder sie über Pädagogik spreche, im Grunde über die eigene Person – nämlich über die eigenen Erfahrungen – spreche und dadurch jedes Schreiben und Sprechen über Pädagogik nach dem Gefühl beurteilt werde. Er schließt seine Ausführungen mit der Bemerkung: „die Unsicherheit der Gefühlsurteile aber ist bekannt“ (Herbart 1813/1965, 70). Dieser gefühlsmäßig getönte Erfahrungshintergrund scheint aber bis heute auszureichen, um sich sowohl zu pädagogischen Fragestellungen äußern zu können als auch darüber hinaus als Experte ernst genommen zu werden. Für die Pädagogik selbst ergeben sich aus dieser Qualifikationsanforderung drastische Konsequenzen: Da ja offensichtlich jeder und jede für pädagogische Theorie und Praxis ganz ohne Studium oder pädagogischen Berufsabschluss qualifiziert zu sein scheint, finden sich nicht nur im Fernsehen, in den Buchläden oder bei YouTube diese Art selbsternannter pädagogischer Experten, sondern sind auch in nahezu allen pädagogischen Handlungsfeldern Mitarbeiterinnen und Mitarbeiter beschäftigt, von denen man nicht selbstverständlich annehmen kann, dass sie sich mit den Grundlagen der Disziplin und Profession hinreichend auseinandergesetzt haben.

Aber kann man diesen „Kretis und Pletis“ einen Vorwurf machen? Immerhin wenden sich Psychologen, Mediziner, Neurowissenschaftler und andere einem Feld zu, das erstens unscharf in seinen Grenzen, zweitens erfrischend alltäglich in seiner Bedeutung und drittens nicht in der Lage ist, die Notwendigkeit einer professionellen Theorie begründet zu vertreten. Stellen Sie sich vor, ich wollte als Pädagoge einen medizinischen Ratgeberband über *Gesundes Altern* schreiben oder wäre in einer Talkshow zur besten Sendezeit als Fachmann für *Fragen des Staatsrechts* eingeladen. Obwohl ich von beiden Themenfeldern nachweislich intensiv betroffen bin, wäre meine jeweilige Botschaft ohne jeden Zweifel erklärungsbedürftig – genau genommen handelt es sich um zwei extrem unwahrscheinliche Ereignisse. Wie im Fall der Medizin und der Jurisprudenz ist es aber die Aufgabe der Pädagogik, sich sowohl ihres Charakters als praktische Wissenschaft zu versichern, als auch sich auf ihre zentralen Wissensbestände und „einheimischen Begriffe“ (Herbart 1806/1982) zu besinnen. Es sind eben nicht nur seine eigenen Erfahrungen, das Nachspüren seiner Gefühlswelt oder sein gesunder Menschenverstand, die der professionelle Lehrer oder Erzieher benötigt, um pädagogisch arbeiten zu können, sondern es gilt, deutlich zu machen, „was ein Pädagoge kann und nur ein Pädagoge wirklich kann im Unterschied zum Psychologen oder Arzt oder Therapeuten“ (Prange 1987, 357). Allgemein ist inzwischen unbestreitbar der Eindruck entstanden, als müsse man die Expertise der Pädagogik als Disziplin und die Kompetenz der Fachperson in ihrer Profession wieder neu darstellen. Pädagogik ist eine praktische Wissenschaft, die die Personwerdung des Menschen unter den Bedingungen der „vermittelten Aneignung nicht-genetischer Tätigkeitsdispositionen“ (Sünkel 2011, 46) zum Gegenstand hat. Es geht nicht um Soziogenese, Psychogenese oder Biogenese, sondern um Personagenese, also Selbstwerdung eines Individuums. Und dabei geht es nicht um Bildung oder Sozialisation, sondern schlicht um *Erziehung*.

Um es mit den Worten von Klaus Prange zu sagen, ist Erziehung „das eine und ganze Thema der Pädagogik“ (Prange 2000, 7). Die systematische Ableitung der Pädagogik „aus dem Zwecke der Erziehung“ (Herbart 1806/1982) ermöglicht, „daß sich die Pädagogik ihres unmittelbaren Zugangs zum Menschen gewiß wird und nicht mehr glaubt, sich von anderen Wissenschaften (...) sagen lassen zu müssen, wie der Mensch beschaffen ist, (...) um daraus sekundär die pädagogischen Begriffe abzuleiten, sondern den Menschen in allen seinen Lebensbezügen (...) unmittelbar sub specie educationis zu erforschen“ (Loch 1963, 7).

Für Aristoteles (vgl. 2006) existieren drei gleichberechtigte Wissenschaftsarten, die er als die *praktische*, die *poietische* und die *theoretische* Wissenschaft benennt. Im Blick auf die praktische Wissenschaft ist ihre Abgrenzung zur Poiesis bedeutend. Poietisches lässt sich als „Machen“ beschreiben, das seinen Sinn durch das Ergebnis erfährt. *Poiesis* beschreibt ein Wissen und ein Können, das eindeutig zu vermitteln ist und gewissermaßen in einem Meister-Schüler-Verhältnis weitergegeben werden kann. Wenn ich z. B. Schreiner werden will, werde ich mir einen Lehrer suchen, der professionell mit Holz umgeht und mir diese Fertigkeit so zeigt, dass ich mir bald eigene Regale bauen kann. Am Ende einer offiziellen dualen Ausbildung weist dann das Gesellenstück meinen Lernerfolg nach. Poietisches Wissen und Können zeichnen sich durch ein hohes Maß an Standardisierbarkeit, Eindeutigkeit und Berechenbarkeit aus. Dies gilt gleichermaßen für die Installation von Wasserleitungen, das Tapezieren x-beliebiger Wände, das Anschließen einer Telefonanlage und auch für den Einbau einer Holztreppe. Die *Praxis* dagegen ist nach Aristoteles kein Agieren oder Machen, sondern ein Handeln, das seinen Sinn schon in sich trägt und daher prozesshaft ist. Selbstverantwortliche Menschen handeln sinnvoll und sozial auf andere Menschen hin ausgerichtet. In diesem Verständnis stellen Praxis und Theorie ergänzende Aspekte der Wissenschaft dar. Wir sprechen bei der Pädagogik u. a. deshalb von einer praktischen Wissenschaft, weil Wissen und Können im Falle handelnder Menschen mehrdeutig und interpretationsbedürftig sind. Ihre Ausdrucksgestalten sind oft nicht eindeutig zu bestimmen und in vielen Fällen auch missverständlich. So kann schon im Hinblick auf eine einzige handelnde Person z. B. die gefühlsmäßige Reaktion auf ein Ereignis an zwei aufeinander folgenden Tagen ganz unterschiedlich ausfallen: Was uns heute egal ist, bringt uns morgen auf die Palme. Und auch in Bezug auf gleiche Erlebnisse, die sich bei vielen Menschen im Laufe ihres Lebens ereignen, sind gänzlich unterschiedliche Erklärungen und entsprechend unterschiedliche Interventionen relevant. Die Bauchschmerzen, die jemanden zum Arzt treiben, die Versagensängste, die das schulische Lernen erschweren, die mit der Trennungsentscheidung einhergehenden moralischen Nöte oder die arbeitsrechtliche Auseinandersetzung mit dem Arbeitgeber – alle diese lebenspraktischen Krisen stellen sich zwar bei vielen Menschen im Laufe ihres Lebens ein, haben aber ganz unterschiedliche Hintergründe und legen entsprechend unterschiedliche Unterstützungsbemühungen nahe. Obwohl der Mensch seiner Lebenspraxis fortwährend bewusst oder unbewusst Sinn und Bedeutung unterstellt, gestaltet sich der Versuch, die Gründe des menschlichen Denkens, Fühlens und Handelns zu erfahren, ungewiss und unverfügbar (vgl. Ellinger/Hechler 2021, 17). Als praktische Pädagogen sind wir herausgefordert, den jeweiligen Einzelfall, mit dem wir in einem professionellen Verhältnis stehen, vor dem Hintergrund unseres disziplinären Wissens zu deuten und hieraus Präventions-, Interventions- und Rehabilitationsstrategien abzuleiten.

Was will nun dieses Buch? Es wird nicht um Effizienz von Unterrichtsformen, von Einführungssequenzen, Medien oder Trainings gehen. Und es werden auch nicht Konzepte für Lernförderung in inklusiven Schulsettings oder bei individueller Lernbehinderung entfaltet. Ganz allgemein gesprochen geht es in der Pädagogik grundsätzlich nicht in erster Linie um Effekte und Ergebnisse – also um messbaren Output im klassischen Sinne.

Pädagogik des Lernens geht der Spur dessen nach, was Pädagogik im Kern ist: Nicht eine objektivierbare Wissenschaft, die sich dem Vermessen und Dokumentieren von Zahlen widmet, sondern eine Erziehungskunde, die davon handelt, den Menschen zur Selbstständigkeit, zur Mündigkeit und zur Verantwortungsbereitschaft zu führen.

Im Rahmen der Bestimmung dessen, was *Pädagogik* grundsätzlich will – und auch dessen, was sie nicht will – wird nun deutlich, welches Ziel mit dem vorliegenden Buch verfolgt wird, wenn es um die Pädagogik des *Lernens* geht. Die Reflexion des Lernens zielt konkret auf die anthropologische Seite der Erziehung. Lernende sollen nicht lediglich Methoden beherrschen oder Inhalte bestmöglich abspeichern und wiedergeben können. Eine Pädagogik des Lernens will den Lernenden vielmehr ins *Management des eigenen Lernens* heben. Sie hat nicht Techniken im Sinn, die z. B. geeignet sind, gute Rechtschreiber, Rechner oder Musiker hervorzubringen, sondern sie will mündigen, selbstständigen und verantwortungsbewussten Lernern ins Leben helfen. Im Fall erfolgloser Aneignungsversuche geht ein Ringen um das Selbstmanagement eines mündigen Lerners auch mit dem Erwerb grundsätzlicher (Achtung!) *Inkompetenzkompensationskompetenzen* einher. Denken wir z. B. an das stark beeinträchtigte Lesen und Schreiben eines von Legasthenie Betroffenen, der auf der Suche nach Lösungen kreativ wird und beispielsweise Bücher durch entsprechende Software vorlesen und Texte per Spracherkennung schreiben lässt. Die Erziehung zur selbstständigen Entwicklung eigener Lernkompetenz ist Gegenstand der Pädagogik des Lernens.

Dieser Maßgabe folgt der Aufbau des Buches. Durch die bewusst pädagogische Perspektive auf das menschliche Lernen rückt das Bemühen in den Mittelpunkt, nicht funktional das Lehren zu lehren, sondern darüber Auskunft zu geben, wie Lernen im Sinne eines Selbstmanagements des Lernens gelehrt werden kann. Dabei lernt der Mensch nicht nur kognitiv, sondern zugleich auch mit den Sinnen und den Gefühlen. Ebenso gibt es keinen Lernprozess, der ausschließlich die Gefühle oder die Einstellung betrifft und nicht etwa auch die Wahrnehmung und den Verstand einschließt. Demzufolge ist kein Lernprozess denkbar, der sich nur auf körperliches Geschick, Können oder Fertigkeit bezieht und dabei nicht auch einen Anteil Geist und Gefühl erfordert. Kurz gesagt: Lernen schließt immer die Dimensionen des Könnens, des Wissens und des Wollens ein. Der vorliegende Text wurzelt in den grundsätzlichen Ausführungen der *Entwicklungspädagogik* (Ellinger/Hechler 2021) und enthält überarbeitete Abschnitte aus der inzwischen vergriffenen Monografie *Förderung bei sozialer Benachteiligung* (Ellinger 2013a).

In ***Kapitel 1*** geht es darum, innerhalb der Entwicklungslinien in der Motorik und Wahrnehmung (Können), in der kognitiven Entwicklung (Wissen) und in den emotionalen und sozialen Fähigkeiten (Wollen) Lernbedarfe und Lernpotenziale zu beschreiben und sie diachronisch in den Kontext der Familienerziehung, der Schulerziehung und der Selbsterziehung zu verorten. Lernen stellt pädagogisch betrachtet eine individuelle Form persönlicher Grenzerweiterung und des Aushandelns von Handlungsspielräumen (Kapitel 1.3) bzw. der Gestaltung von Nähe und Distanz (Kapitel 1.4) dar.

In ***Kapitel 2*** wird der Fokus auf den idealtypischen Ablauf eines Lernprozesses gerichtet. Der Weg zum erfolgreichen Lernen ist auch mit Blick auf unterschiedliche Lerngegenstände und Lernaufgaben schematisch gleich zu beschreiben. Es geht um die Bedeutung der Motivation und des Widerstandserlebens, um Strategien des Problemlösens, um Voraussetzungen und um Gewohnheiten im Hinblick auf die Übung und nicht zuletzt um Eckdaten für einen späteren Transfer des Gelernten auf andere Lebensbereiche. Im zweiten Teil des Kapitels werden Überlegungen zu Lernbeeinträchtigungen in den unterschiedlichen Phasen des Prozesses angestellt, um schließlich in Kapitel 2.3 zum Plädoyer für ein pädagogisches Handeln zu gelangen, das den Lerner unabhängig von der Institution, vom Lernort und auch vom Lerngegenstand zu einem selbstständigen und mündigen Lernmanagement führen kann. Nach diesen grundsätzlichen Betrachtungen entfaltet ***Kapitel 3*** das Problemfeld erschwerter Lernbedingungen, die sich aus persönlichen Einschränkungen, aufgrund organisatorischer Gegebenheiten oder aus der sozialen Lage des Lernenden ergeben können. Wir sprechen dabei von personverankerten, institutionell erzeugten und sozial bedingten Lernbeeinträchtigungen, wobei auch die Nachbardisziplinen der Pädagogik zu Wort kommen. In ***Kapitel 4*** greifen wir dann vor dem Hintergrund des bisher Erarbeiteten die Erkenntnis wieder auf, dass der Mensch ohne Lernhemmungen kein Lernen und ohne Fehler keine Entwicklung erlebt. Es wird deutlich, dass pädagogische Handlungsfähigkeit nicht formal beschreibbar ist und auch nicht aus naturwissenschaftlichen Erklärungen resultiert, sondern dass geeignete Lernhilfen auf die jeweils betroffene Lerndimension des Lerners abzielen müssen. Wenn der gute Pädagoge oder die gute Pädagogin angesichts eines Lernversagens fragt: „Kann er nicht, weiß er nicht oder will er nicht?“, also die Reflexion über das Lernen in seinen drei Dimensionen fokussiert, kann auch der verzweifelte Lerner damit beginnen, beispielsweise über seine Ängste (Wollen), den Verlauf seines Konzentrationsvermögens (Können) oder über Memorierungstechniken (Wissen) nachzudenken – sprich: sich selbst im Lernvermögen zu managen. Kapitel 4 verfolgt das Ziel, problematische Lernverläufe und Phänomene auf konkrete pädagogische Handlungsmöglichkeiten hin zu reflektieren.

Kapitel 5 wendet sich abschließend institutionell beschreibbaren Problemen zu. Dabei treten sowohl Antinomien innerhalb pädagogischer Institutionen zutage als auch werden wahrgenommene Spannungen im professionell pädagogischen Handeln zwischen Theorie und Praxiserfahrung sichtbar. Weil auch im Zusammenhang mit Beratung in pädagogischen Handlungsfeldern immer wieder Missverständnisse auftauchen, gilt dieser Handlungsoption das letzte Wort.

Apropos letztes Wort: Ich danke Eva-Maria Lechner für ihre Sorgfalt bei den Korrekturen und staunte über ihr Geschick im Umgang mit Abbildungen und Tabellen.

Allen Leserinnen und Lesern sei gewünscht, dass mir die Entwicklung einer schlüssigen Pädagogik des Lernens gelungen ist. Anregungen und Fragen sind sehr willkommen und werden nicht unbeantwortet bleiben.

Würzburg, im Juni 2022
Stephan Ellinger

1 Grundlagen einer Pädagogik des Lernens

1.1 Wissenschaftliche Disziplin und korrespondierende professionelle Praxis

In der Vorrede zur zweiten Auflage seiner *Kritik der reinen Vernunft* formuliert Immanuel Kant eine auch heute noch wichtige Grundlegung, wenn er schreibt: „Es ist nicht Vermehrung, sondern Verunstaltung der Wissenschaften, wenn man ihre Grenzen ineinander laufen läßt". Hinsichtlich der Logik argumentiert der Autor, dass „einige Neuere sie (die Wissenschaft, S. E.) dadurch zu erweitern dachten, daß sie teils psychologische Kapitel von den verschiedenen Erkenntniskräften (...), teils metaphysische über den Ursprung der Erkenntnis (...), teils anthropologische von Vorurteilen hineinschoben", und endet mit der Feststellung: „so rührt dieses von ihrer Unkunde der eigentümlichen Natur dieser Wissenschaft her" (Kant 1787/2016, 8).

Diese Beobachtung trifft auch im Hinblick auf die wissenschaftliche Pädagogik zu. Ihre disziplinäre Richtlinienkompetenz lag über viele Jahrzehnte nicht in Händen einschlägiger Fachvertreter, sondern schien beinahe beliebig beansprucht, erweitert und verändert. Den ersten explizit so bestimmten und benannten Lehrstuhl für Pädagogik an einer deutschen Universität besetzte 1779 Christian Trapp in Halle, später folgten Johann Friedrich Herbart in Königsberg und Göttingen, dann Karl Volkmar Stoy ab 1866 in Heidelberg und sein Nachfolger Wilhelm Rein bis 1923 in Jena (vgl. Flitner 1957, 5). Von den Lehrstuhlinhabern liegen Grundlagenwerke zur Pädagogik vor (vgl. Trapp 1780; Herbart 1802; Stoy 1880; Rein 1911). Neben diesen Ausnahmen wurde die Pädagogik im 18. und 19. Jahrhundert allerdings nicht an eigenständigen Lehrstühlen gelehrt, sondern von Philosophen oder Altphilologen mitbedient. So musste z. B. auch Immanuel Kant aufgrund einer Verfügung der Regierung aus dem Jahre 1774 ab dem Wintersemester 1776/77 insgesamt viermal eine Vorlesung über Erziehung halten, die in seinen Bemerkungen „Über Pädagogik" festgehalten ist (Kant 1803). Der Herausgeber der Sammlung, Friedrich Theodor Rink, schreibt im Vorwort: „Nach einer älteren Verordnung mußte ehedessen fortwährend auf der Universität Königsberg und zwar abwechselnd jedes Mal von einem Professor der Philosophie den Studierenden die Pädagogik vorgetragen werden. So traf denn zuweilen auch die Reihe dieser Vorlesungen den Herrn Professor Kant, welcher dabei das von seinem ehemaligen Kollegen, dem Konsistorialrat D. Bock, herausgegebene Lehrbuch der Erziehungskunst zum Grunde legte, ohne sich indessen weder im Gange der Untersuchung noch in den Grundsätzen genau daran zu halten" (Rink 1803, 5). Der Erziehungswissenschaftler Thomas Mikhail weist nach, dass Kants theoretische und praktische Philosophie für die Pädagogik als Erziehungslehre und Wissenschaft wichtige Impulse setzt und damit pädagogisch Relevantes beinhaltet (Mikhail 2017), allerdings wird im Gesamten klar, dass es sich bei der Kantschen Philosophie um eine andere Logik – und damit um einen anderen Zugang zum Menschen – handelt. Pädagogik wird in der universitären Lehre also zunächst durch Fachvertreter anderer Disziplinen „mitverhandelt" und entsprechend bunt stellt sich die willkürliche Sammlung von zentralen Begriffen, deren Bedeutung und Zusammenhänge dar.

Vor diesem Hintergrund begründet Wilhelm Flitner schließlich in seiner Analyse der Hochschullandschaft die historische Notwendigkeit, konsequent eine eigene pädagogische Perspektive auf Erziehung und Lernen zu entwickeln. An vielen organisatorischen Einrichtungen, so Flitner, werden nach wie vor pädagogische Fragen „zu einem Nebengebiet des Psychologen, Mediziners und Soziologen erklärt" (Flitner 1957, 23). Die selbstständige Forschung der wissenschaftlichen Pädagogik ist aber deshalb nötig, weil ihr Gegenstand universal ist. Er umfasst „das gesamte menschliche Leben, das kulturelle und gesellschaftliche wie das biographische Geschehen am einzelnen, aber bezogen auf das erzieherische Phänomen" (ebd.). Die *Pädagogik* als praktische Wissenschaft nimmt also in Anspruch, im Hinblick auf das Lernen nicht ein Nebengebiet, eine Durchführungsmethode oder eine Pragmatik zu sein, sondern als Leitdisziplin mit Blick auf den Menschen hinsichtlich seines selbstständigen und mündigen Lernens auftreten zu können.

Bis heute gilt es im Bereich der pädagogischen Hochschulbildung allerdings nicht als ausgemacht, dass dort auf den Lehrstühlen für Pädagogik auch tatsächlich Pädagogen Platz nehmen. Ganz im Gegenteil: Pädagoginnen und Pädagogen sind vielleicht nicht einmal die Mehrheit. Die Pädagogik scheint sich als ein weites Betätigungsfeld zu erweisen, in dem jeder und jede etwas werden kann. Es ist also nicht nur bei den überwiegend gymnasialen Lehramtsstudiengängen so, dass diese zu einem großen Anteil aus ins Lehramt wechselnden anfänglichen Fachwissenschaftlern vertreten werden. Auch das Personal der pädagogischen Berufsausbildung, der pädagogischen Hochschulbildung und auch der pädagogischen Forschung rekrutiert sich zu einem großen Teil aus Nicht-Pädagogen.

Vor dem Hintergrund dieser Tatbestände verwundert es dann auch nicht, dass die einschlägigen Fach- und Berufsverbände, wie zum Beispiel die „Deutsche Gesellschaft für Erziehungswissenschaft" (DGfE), von der man annehmen könnte, dass sich dort ausgewiesene Pädagogen zusammenschließen, ebenso von Nicht-Pädagogen gestaltet werden. Für die Aufnahme als Mitglied in der DGfE reicht es aus, sich „durch wissenschaftliche Arbeiten so ausgewiesen (zu haben), dass sich die Gesellschaft von einer Mitarbeit wissenschaftlichen und professionspolitischen Gewinn versprechen darf" (DGfE 2022). Dieses Engagement für die Wissenschaft wird üblicherweise durch eine nicht näher festgelegte Promotion und Veröffentlichungstätigkeit nachgewiesen und muss von zwei ordentlichen Mitgliedern bestätigt werden – das war's! Kein Wort davon, dass man sich als Pädagoge um die Erziehungswissenschaft verdient gemacht oder sie gar studiert haben muss.

Will allerdings ein studierter Pädagoge, der sich intensiv und in ausgewiesener Weise mit Themen der Psychologie auseinandergesetzt hat, von der Deutschen Gesellschaft für Psychologie (DGPs) als ordentliches Mitglied aufgenommen werden, ist dieser Versuch zum Scheitern verurteilt, denn „die Deutsche Gesellschaft für Psychologie e. V.“, so heißt es in § 1 der Satzung, „ist eine Vereinigung der in Forschung und Lehre tätigen Psychologen und Psychologinnen“ (DGPs 2022) und eben nicht der Pädagogen, auch wenn sie sich um die wissenschaftliche Psychologie verdient gemacht haben. Diese und ähnliche Sachverhalte scheinen inzwischen so selbstverständlich geworden zu sein, dass die verbliebenen Pädagoginnen und Pädagogen die Dominanz und vermeintliche Zuständigkeit der Fachfremden gar nicht mehr infrage stellen und deren Kompetenz in pädagogischen Sachverhalten kritiklos und sogar freudig anerkennen – beinahe so, als sei es pädagogisch tugendhaft, alle als gleichberechtigt mit Richtlinienkompetenz auszustatten. Entsprechend gelten Professoren wie selbstverständlich als „Erziehungswissenschaftler“ und gestalten Curricula, Forschungsprojekte und Dissertationen strukturgebend mit, wenn sie zwar in fachfremden Disziplinen ihre akademischen Qualifikationen erwarben, aber dann im Bereich der Pädagogik Universitätsprofessuren erhalten haben. Die Pädagogik wird vielerorts – um es parallel zu Herbarts Mahnung aus dem Jahr 1806 zu formulieren – „als entfernte eroberte Provinz von einem Fremden aus regiert“ (Herbart 1806/1982, 34).

Das Ergebnis sind Trends in der aktuellen pädagogischen Forschung, die mit genuin pädagogischen Kernaufgaben nur noch wenig zu tun haben und mitunter eher an naturwissenschaftliche denn an geisteswissenschaftliche Kernkompetenzen erinnern. So dominieren nicht nur im Rahmen drittmittelgeförderter Forschungsprojekte quantitative Designs, sondern täuschen mitunter auch evidenzbasierte Förderprogramme und standardisierte Trainings pädagogische Relevanz vor, deren Gültigkeit wiederum von ursprünglich Fachfremden bezeugt wird. Mit diesem Wissenschaftsverständnis moderner Pädagogik und Bildungsforschung hat sich auch ein bestimmtes Menschenbild etabliert: Der Educandus wird de facto längst nicht mehr konsequent von einer trivialen Maschine oder einem zu konditionierenden Tier unterschieden, im Gegenteil: Der alte Traum von der gradlinigen Steuerung des Menschen, von der Vorstellung, seine Ausbildung, sein Verhalten und auch den Output einer pädagogischen Maßnahme an ihm konkret steuern zu können, gerät – so scheint es – in greifbare Nähe. Auf diesem Weg bleibt der Mensch nicht mehr als offene Frage und unberechenbare Größe stehen, sondern wird im Rahmen subsumtionslogischer Forschung zum objektivierbaren Faktor einer naturwissenschaftlichen Rechnung. Vertreter universitärer Pädagogik haben sich vielerorts den Maßstäben anderer Disziplinen untergeordnet und bewerten Internationalität, Drittmittelstärke und naturwissenschaftliche Forschungsmethoden höher als pädagogische Fragestellungen und Methodologie in der Tradition des Verstehens und Erziehens. Diese Veränderungen werden allerdings in einigen Kreisen nicht als diskussionswürdige Folge eines pekuniär initiierten und strukturell begünstigten systemischen Wandels eingestanden, sondern vielmehr als disziplinäre Weiterentwicklung behauptet. Die sinnstrukturierte und unverfügbare individuelle Welt des Menschen wird fortan nach den Regeln der nicht sinnstrukturierten Welt der Naturwissenschaft erforscht (vgl. Hechler 2016). Wenn es im Folgenden um die Pädagogik des Lernens geht, soll auf den Rahmen des Verstehens und weniger auf das Vermessen und Erklären von Zahlen und Statistiken Bezug genommen werden.

1.2 Lebenslanges Lernen: Die Entwicklungslinien des Könnens, Wissens und Wollens

Eine der grundlegenden Eigenschaften des Menschen ist es, dass er im Laufe seines Lebens vieles lernen muss. Im Unterschied etwa zu seinen Haustieren kann er sich nicht auf genetisch festgelegte Dispositionen verlassen, die im Reifungsprozess von selbst zum Vorschein kommen, sondern muss sich unablässig zentrale Fähigkeiten, Kenntnisse und Einstellungen über Lernprozesse aneignen. Diese Lernprozesse ergeben sich wiederum nicht von selbst, sondern werden pädagogisch angestoßen und müssen womöglich auch begleitet, korrigiert und gewissermaßen sogar überwacht werden. Es bedarf also über den Lebenslauf hinweg ganz konkreter erzieherischer Situationen und ganz konkreter leibhaftiger Erzieherinnen und Erzieher, die den Anforderungen der jeweiligen Lebensalter entsprechend Lernhilfe leisten. Dies gilt, ob ich nun als Kindergartenkind unterstützt von meinem Vater zum Schwimmer werde, ob ich in der Schule Französisch oder Latein als Fremdsprache lerne oder ob ich als Erwachsener entscheide, mit meinem ungesunden Lebensstil zu brechen und mich im Genussverhalten umzugewöhnen. In allen Fällen handelt es sich um erzieherische Interventionen, die einen Lernprozess ermöglichen, der nicht von selbst erfolgt wäre.

Klaus Prange und Gabriele Strobel-Eisele (2006) verwenden in diesem Zusammenhang die Begriffe des „pädagogischen Handelns“ und „Erziehens“ synonym. So gesehen können wir im Hinblick auf Lernprozesse zugleich von Erziehungsprozessen sprechen. Die verschiedenen Formen pädagogischen Handelns lassen sich sowohl in unterschiedlichen Formen konkreter Lernhilfe als auch in der Verhandlung über Lebenswandel und ethische Grundsätze und nicht zuletzt auch im Einüben von Gewohnheiten wiederfinden. Unter *Erziehung* allgemein verstehen wir all diejenigen Maßnahmen, die einem Menschen helfen, Mündigkeit und Autonomie zu erlangen (vgl. Böhm 2000), und ihn in die Lage versetzen, gute oder sogar richtige Entscheidungen zu treffen. Als Ziel der Erziehung können wir die Fähigkeit benennen, ein Leben in personaler Selbstbestimmung zu führen und dafür auch Verantwortung zu übernehmen (vgl. Ellinger/Hechler 2021, 39 f.). Erziehung betrifft dabei die Lernprozesse des Menschen in seinem persönlichen Sein, in seiner sozialen Welt und auch in den kulturellen Aspekten seines Lebens. Dieser ganzheitliche Anspruch der Erziehung und Bildung ergibt sich aus den verschiedenen Dimensionen, innerhalb derer der Mensch in seinen unterschiedlichen Lebensphasen zu beschreiben ist. Er begegnet uns einerseits als Individuum mit eigenem Charakter, hat zweitens als Sozialwesen einen bestimmten Platz und bestimmte Rollen in der Gesellschaft und kann drittens auch als sittliches Kulturwesen beschrieben werden. Damit ist Erziehung als solche einerseits anthropologisch bedingt – also vom Wesen des Menschen her gefordert – und andererseits kontext-reaktiv, also jeweils auf aktuelle Geschehnisse ausgerichtet (vgl. Sünkel 2011).

Zu den wichtigen Nachbardisziplinen der Pädagogik gehört die Psychologie. Dortige Fachvertreter sind seit vielen Jahren bemüht, neben dem altersgemäßen Reifeprozess auch idealtypische Entwicklungsaufgaben heranwachsender Kinder und

Jugendlicher im Lebenslauf zu beschreiben und für die pädagogische Arbeit fruchtbar zu machen. So zeichnet Jean Piaget (1967) die *Stufen kognitiver Entwicklung* nach, beschreibt Eleanora Gibson (1988) die Ausprägung und *notwendige Stimulanz spezifischer Wahrnehmung* beim Menschen, formuliert Kurt W. Fischer (1980) eine Theorie der *prozessualen Fertigkeitsentwicklung* und fokussiert Robbie Case (1999) den Entwicklungsverlauf im Hinblick auf *Problemlösefähigkeit*. Neben diesen kognitiven und sinnesorientierten Entwicklungsmodellen liegen uns von Robert Kegan (1986) Studien zum *Bewusstsein des Selbst*, von Lawrence Kohlberg (1995) eine umfangreiche Ausarbeitung zur *Entwicklung moralischer Urteilskraft* und von Erik H. Erikson (1974) die Beschreibung von *in typischen Krisen entwickelten Grundempfindungen* vor, die den Menschen sein Leben lang prägen werden.

Carl Rogers (1985) geht davon aus, dass der Mensch bereits von Geburt an alle wesentlichen Fähigkeiten und Fertigkeiten in sich trägt, die im Rahmen der *Selbstaktualisierungstendenz* dazu führen, dass Herausforderungen und Probleme im Normalfall vom Individuum selbst gelöst werden können. Bisweilen muss dem Menschen in Zeiten individueller Ratlosigkeit lediglich geholfen werden, wieder zu sich selbst und seinen Fähigkeiten zu finden.

Und schließlich entwickelt Robert Havighurst (1948) schon früh das Konzept der *Entwicklungsaufgaben* des Menschen, die sich im Laufe des Lebens altersabhängig durch entwicklungsbedingte innere Prozesse und äußere – körperliche und soziale – Herausforderungen ergeben. Der Mensch hat sich diesen Entwicklungspassagen zu stellen und löst die resultierenden Spannungen erfolgreich und gut oder unvollständig und suboptimal.

Aus entwicklungspädagogischer Perspektive betrachtet ließen sich aus diesen Theorien unterschiedliche Teilaspekte der Personagenese nachzeichnen und daraus wirksame pädagogische Handlungsoptionen erarbeiten. Für unser aktuelles Projekt ist dies freilich zu wenig. Die Summe der psychologisch beschriebenen Teilaspekte einer Person ergibt keine angemessene Würdigung ihrer Gesamtentwicklung im Lebenslauf und lässt auch keine Aussage darüber zu, ob ein Mensch sein Leben verantwortungsbereit, mündig und selbstständig in Angriff nehmen kann und will. Schon seit der Antike wird tradiert, dass zu einer solchen selbstbestimmten Lebensführung drei aufeinander bezogene Dimensionen entwickelt sein müssen. Seit Platons *Menon* (2007) ist diese Dreiteilung durch die Darstellung der *physis* (Natur), *mathesis* (Belehrung) und *áskesis* (Übung) bekannt. Später hat sich Aristoteles (2006) mit der Dreiheit *physis* (Natur), *ethos* (Gewohnheit) und *logos* (Wissen) darauf bezogen und in den Tätigkeitsbeschreibungen des *paidagogos*, des Lehrers und Pädagogen geht es schon damals um den Erwerb von Fertigkeiten, von Kenntnissen und von Einstellungen und Haltungen, kurz: um die Lerndimensionen und Lerninhalte des Könnens, des Wissens und des Wollens. Klaus Prange (2005) beschreibt nachvollziehbar, dass sich diese „Dreifaltigkeit des Lernens“, die von Otto Willmann (1909) als „pädagogischer Ternar“ bezeichnet wird, in verschiedenen Formen durch die Geschichte der dokumentierten Pädagogik und Erziehung zieht. Allgemein bekannt ist z. B. Pestalozzis (1954) Hinweis auf das Lernen mit Kopf, Herz und Hand. Der Blick auf die Theoriegeschichte dieses pädagogischen Ternars ermöglicht die Konzeptualisierung des pädagogischen Aufbaus der Person: Können, Wissen und Wollen verweisen auf Lerndimensionen, deren Inhalte für die Gestaltung einer autonomen Lebenspraxis von Belang sind (vgl. Ellinger/Hechler 2021, 35).

Entwicklungspädagogisch formuliert wird deutlich, dass in jedem Lebensalter bzw. an jedem spezifischen pädagogischen Ort verschiedenen Lerndimensionen herausragende Bedeutung zugesprochen wird. Wenn Wolfgang Sünkel (2011) von Kenntnissen, Fertigkeiten und Willenseinstellungen spricht, die sich der Mensch lernend aneignen muss, um sein Leben in personaler Selbstbestimmung zu führen,

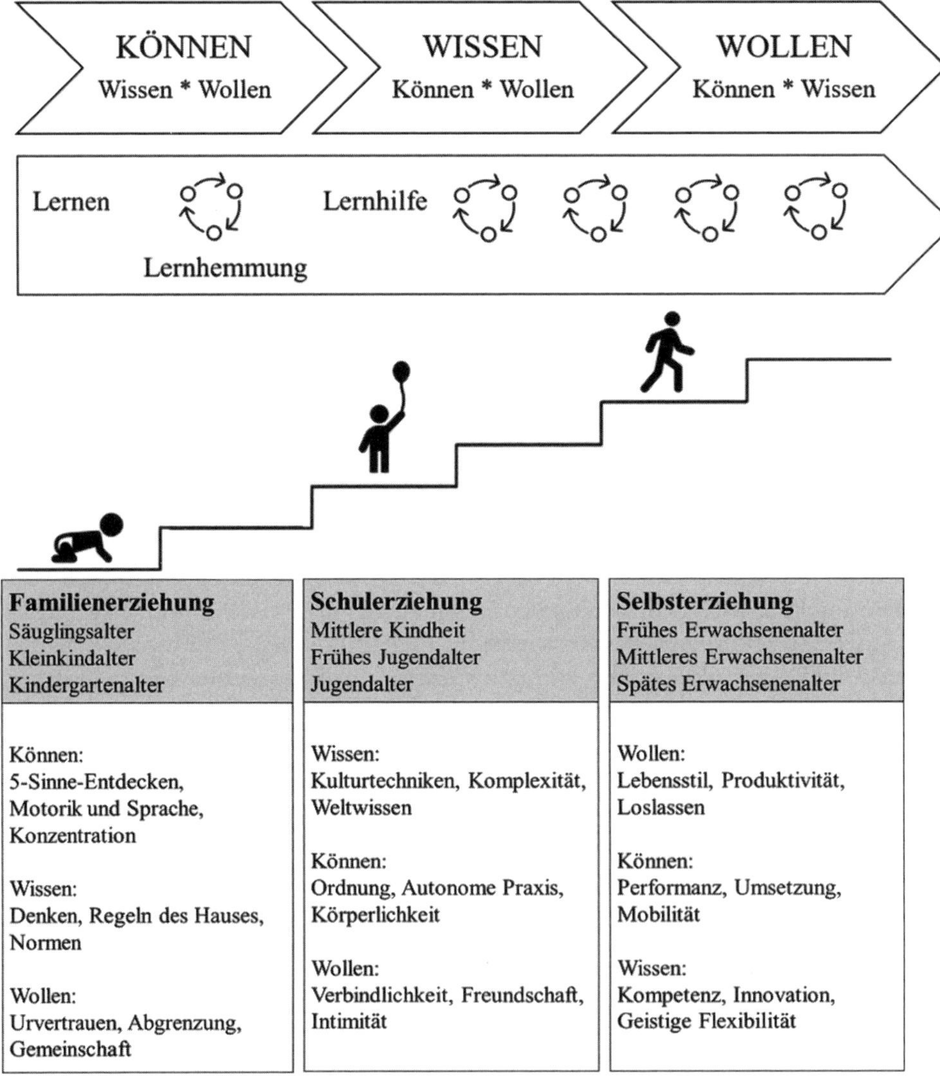

Abbildung 1: Entwicklungsthemen im Lebenslauf

scheint es sinnvoll, zunächst die Erziehungsorte zu besichtigen, an denen der Mensch diese Personagenese im Laufe seiner ersten Lebensjahre erfährt. Abbildung 1 zeigt im Überblick, welche Entwicklungsthemen an den verschiedenen Erziehungsorten vorrangige Bedeutung haben. Das Kind, der Jugendliche und der Erwachsene lernen im Rahmen der *Familienerziehung* von der Geburt bis zur Einschulung und im Rahmen der *Schulerziehung*, bis sie dort entlassen werden und/oder erwachsen geworden sind. In der darauffolgenden Phase der *Selbsterziehung* handelt der aktive Mensch seine Lernprozesse fortan mit sich selbst aus. Er tritt als eigener Erzieher, Lernhelfer und Reflexionspartner auf, trifft eigene Entscheidungen und trägt dafür die volle Verantwortung. Eine ausführliche Darstellung der diachronischen Entwicklungslinien des Menschen im Können, Wissen und Wollen findet sich bei Ellinger/Hechler (2021).

Unser Mensch, nennen wir ihn Anton, wächst idealerweise von seiner Geburt an in der Familie auf und genießt dort Nähe, menschliche Wärme und Schutz. In der Familienerziehung beziehen sich die Themen des Lernens für den *Säugling*, das *Kleinkind* und das *Kindergartenkind* überwiegend auf *Motorik und Wahrnehmung*, also auf die Dimension des Könnens. Der Alltag des Kindes wird nicht selten durch die Anforderungen des Haushalts strukturiert. Da geht es zunächst viel um Schlaf, den Abstimmungsprozess zwischen z. B. stillender Mutter und Säugling sowie die Grundbedürfnisse. Bald schon stehen mit dem zunehmenden Bewegungsdrang des Kindes auch seine motorischen Fertigkeiten im Vordergrund. Es lernt Sprechen und Laufen, bindet eine Schleife, setzt sich die Pudelmütze selbst auf und kann bald spielend den Reißverschluss, die Schubladen an der Kommode und den Klodeckel öffnen und schließen. Gelernt werden diese motorischen Fähigkeiten überwiegend durch Nachahmung und Übung. Die Lernprozesse unseres kleinen Anton gestalten sich meistens im Spiel und in langen und unaufgeregten Arrangements, in denen sich Anton die Lerninhalte übend aneignen kann. Wird er im Spiel und in seinem „Forscherdrang" nicht allzu oft unterbrochen oder fremdgesteuert, entwickelt Anton in diesen Jahren auch die Fähigkeit, sich zu konzentrieren, sich abzugrenzen und selbstorganisiert mit seinen älteren Geschwistern zu interagieren. Die Zeit in der Familie und im Kindergarten wird dann endlich durch die Einschulung gekrönt.

Mit Beginn der Schulerziehung geht es nun darum, dass sich Anton in seiner *mittleren Kindheit*, im *frühen Jugendalter* und in der *Jugend* ein Sachwissen über die Welt aneignet und Denken lernt – es geht also primär um *kognitive Prozesse* und den Erwerb von *Kenntnissen*. So spielt beispielsweise der Wasserkreislauf eine ebenso wichtige Rolle wie das Lesen-, Schreiben- und Rechnen-Lernen und später dann der mathematische Dreisatz. Anton soll auf diese Weise lernen, die Welt außerhalb des familialen Mikrokosmos zu verstehen und damit umzugehen. Gelernt wird in der Schule überwiegend durch Unterrichtung. So sollen das Verstehen des Kindes und gleichzeitig die Erfüllung eines kontrollierbaren Curriculums erreicht werden. Zudem lernt Anton, Ordnung zu halten, hilfreiche Lernstrategien zu entwickeln und selbstständige Problemlösekompetenz zu erlangen. In all diesen Prozessen entwickelt sich Anton körperlich fulminant weiter und erlebt Freundschaften, Beziehungen und erste Intimität. Die Selbsterziehung schließlich hat die Entwicklung eines eigenen Lebensstils, eigener *Überzeugungen* und eigener spezifischer *Haltungen* zum Gegenstand. Der Mensch im *frühen Erwachsenenalter*, im *mittleren Erwachsenenalter* und im *späten Erwachsenenalter* weiß nun einiges und kann auch vieles und ist mit der Tatsache konfrontiert, Entscheidungen für sein Leben selbst zu treffen. Für gute Entscheidungen bedarf es nicht nur eines gehörigen Maßes an Wissen und Können, sondern auch Einstellungen zu sich, zu den anderen und zur Welt, die es möglich machen, selbst im Angesicht von Ungewissheit und Unvorhersehbarkeit Entscheidungen zu treffen. Häufig reichen die vorhandenen Wissensbestände, Fertigkeiten und Haltungen aus, um das Leben zu meistern. In Krisenzeiten, wenn der Mensch „mit seinem Latein am Ende ist", sucht er sich entweder einen fachkundigen Rat z. B. bei einer speziellen Auskunftsstelle oder bittet eine Vertrauensperson, ihm mit pädagogischer Beratung eine Zeit lang zur Seite zu stehen, um angesichts der krisenhaften Belange eine Art Nacherziehung zu ermöglichen (vgl. Hechler 2010). Im Laufe der Jahre lässt Antons Produktivität, Kraft und Mobilität dann nach. Er ringt um geistige Flexibilität und es verändert sich zunehmend sein Kompetenzbegriff, bis er schließlich als letzte große Lernaufgabe den Abschied und das Loslassen und sein Sterben zu bewältigen hat.

1.3 Pädagogischer Umgang mit persönlichen Grenzen

Für die Entwicklung einer Pädagogik des Lernens bedeutet dies nun folgendes: Der Mensch wird als Mängelwesen geboren und kann ohne Erziehung, ohne persönliches Gegenüber aus Fleisch und Blut, ohne Lernförderung vis-à-vis nicht überleben. Er braucht Hilfe, um letztendlich ein selbstständiges Leben führen zu können. Diese Hilfe erhält er zunächst im Rahmen seiner Familienerziehung, daran anschließend in der Schulerziehung und ergreift sie darüber hinaus letztlich im Rahmen der Selbsterziehung, die bisweilen von zusätzlichen temporären externen Erziehern unterstützt wird. Andererseits reagiert Erziehung aber auch auf Missstände. Sie interveniert, wenn Verhalten auffällig ist und sie wird aktiv, wenn im sozialen Miteinander oder in der individuellen Verarbeitung von Erlebtem etwas schiefläuft. Dann ergreift der Erzieher Partei, fördert und unterstützt, verhandelt mit dem Kind und Jugendlichen und stellt Fragen.

Erzieher und Educandus arbeiten in der konkreten Herausforderung gemeinsam an der Mündigkeit und Autonomie des Kindes, des Schulkindes und des Jugendlichen. Im Rahmen der Schulerziehung handeln sie aus, wie sich der heranwachsende Mensch die Welt erschließen kann und wie er seine Handlungsfähigkeit in den verschiedenen Lebenszusammenhängen optimiert. Dazu gehören Lernstrategien ebenso wie norm- und wertorientierte Entscheidungen, Gewohnheiten und Vorlieben. Was hier aber fast beiläufig klingt, kann nicht deutlich genug betont werden: In der Schule findet durch das professionelle pädagogische Handeln der Lehrer in enger Verwobenheit von Lehr-, Lern- und Erziehungsprozessen die entscheidende Prägung in Richtung Mündigkeit und Autonomie statt. Dabei bildet sich in Kindheit und Jugend die individuelle Plausibilitätsstruktur, eine Instanz, die für individuelle Bewertungen und Wertschätzung, für Empfindungen und Erleben verantwortlich gemacht werden kann. Auf die Genese dieser Plausibilitätsstruktur wirken a) die innerpsychischen Dispositionen einer Person, b) das Leben und Erleben in einem spezifischen Familienkontext, c) die weiteren sozialen Einbindungen in Nachbarschaft und Freundeskreis und schließlich d) allgemeine gesellschaftliche und rechtliche Rahmenbedingungen. Abbildung 2 stellt den Aufbau der individuellen Plausibilitätsstruktur und den Bewertungsvorgang eines Menschen dar.

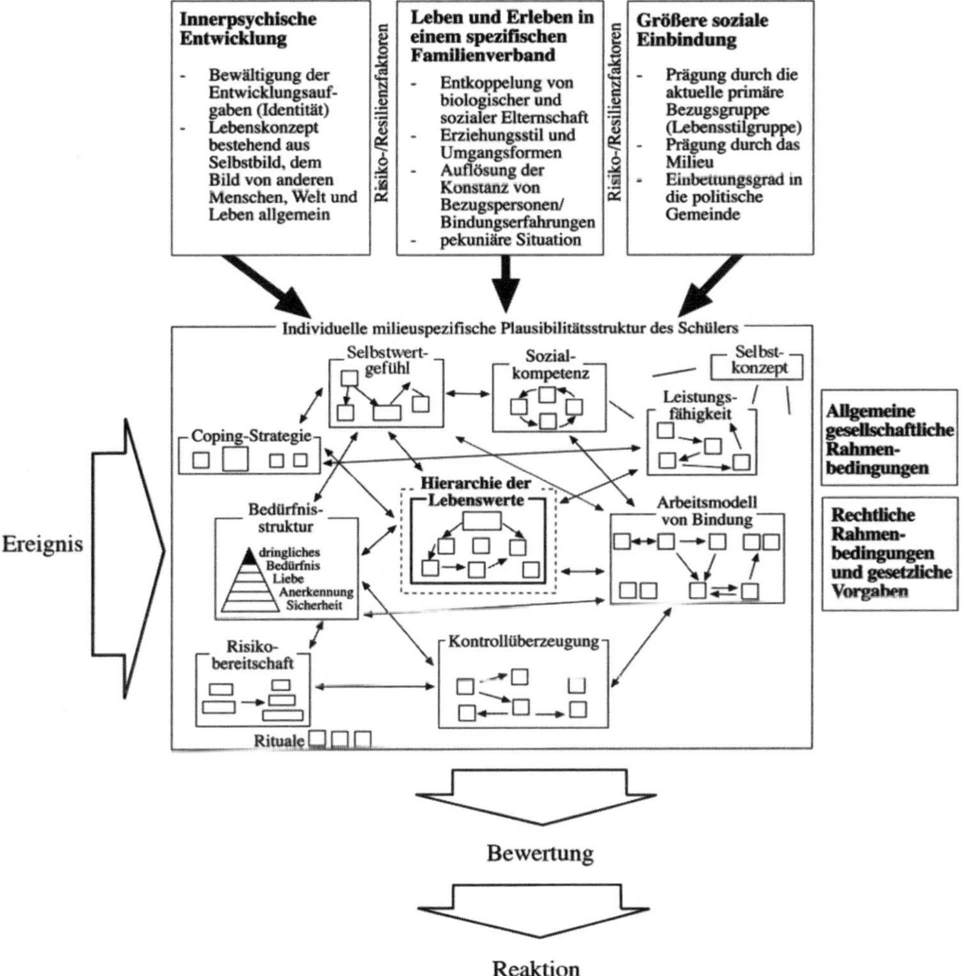

Abbildung 2: Die Plausibilitätsstruktur als unbewusste Bewertungsinstanz

Die einzelne Person folgt der inneren Logik ihres Sinnsystems, welches unterschiedliche Kausalitäten, die Beziehung der einzelnen Elemente untereinander sowie Weltdeutung vorgibt bzw. ermöglicht. Menschen handeln in ihrem System verlässlich „logisch" und die in Kindheit und Jugend entstandenen Verarbeitungs-, Bewertungs- und Motivationsmechanismen werden in den weiteren Jahren kontinuierlich ausgebaut, verfeinert und auch umgebaut. So ist zu verstehen, dass ein und dasselbe Ereignis (in Abbildung 2 links), z. B. die Anfrage einer Agentur, ob ich bereit sei, an einer Fitnessstudie teilzunehmen, über unbewusste Elemente wie meine Angst vor Kontrollverlust bei mir eine andere Empfindung auslöst, als bei meinem Kollegen, der die Gelegenheit, kostenlos zu trainieren, gerne nutzt.

Dabei bewertet, handelt und reflektiert jeder Mensch innerhalb seiner individuellen Plausibilitätsstruktur nicht nur sinnvoll und logisch, er folgt einzelnen inneren Festlegungen auch in einer Weise verbindlich, dass Werteforscher vom Vorgang der „Transzendierung" sprechen. Die Bewertungsinstanzen rücken – ebenso wie die gesellschaftlichen Werte – in eine Sphäre der *Undiskutierbarkeit* (vgl. Berger 1991), was bedeutet, dass ein „transzendierter" Wert und ein transzendiertes Bewertungskriterium als „gesetzt" gilt und deshalb im Alltag nicht mehr rational begründet oder diskutiert werden muss und häufig auch nicht ohne intensives Nachdenken begründet werden kann.

Was die gesellschaftlichen Werte betrifft, werden in der jeweiligen Erziehung entsprechende konkrete *Normen* abgeleitet. Normen setzen Werte im Alltag um. So wird z. B. der Wert *alle Menschen sind gleich* in der Erziehung und im Alltag – wenn alles gut läuft – durch die Norm *Hans und Anton dürfen nicht vor Anna und Christine bevorzugt werden* umgesetzt. Sie müssen genauso oft mit dem Tafeldienst an der Reihe sein wie Anna und Christine, auch wenn ihre Mütter vielleicht in der Schulleitung oder im Bürgermeisteramt sind. Der Gleichberechtigungsgedanke, der ja zudem auch im Grundgesetz festgelegt ist, darf nicht diskutiert werden. Er ist auf diese Weise transzendiert – und damit aus unserer unmittelbaren Immanenz der Diskussionsmöglichkeit genommen. Die Norm allerdings – also die Festlegung dessen, *wie* der Wert im Alltag umgesetzt wird – kann diskutiert werden. Sie ist nicht absolut, sie ist gewissermaßen *relativ* und dem Verständnis zugänglich. Die individuelle Transzendierung von Werten hat nun für die Erziehung insofern Bedeutung, als neben den gesellschaftsübergreifenden auch *milieuspezifische* Werte und Prägungen transzendiert werden. Sie werden ebenso wenig offen diskutiert und sind deshalb für einen Teil der Mitmenschen aus anderen Lebensstilgruppen nicht gleichermaßen erkennbar und nachvollziehbar. Auf der Handlungsebene ist allenfalls die Umsetzung von Normen erkennbar. Sie finden u. a. in verschiedenen Traditionen, in beliebten Ritualen und alltäglichen „Normalitäten" Abbildung. Die Deutung bleibt allerdings häufig Beobachtern – z. B. Pädagogen – verschlossen, wenn sie milieuspezifisch anders geprägt sind.

Die Elemente der Plausibilitätsstrukturen erlangen absoluten Rang und ordnen das Denken sowie die akzeptierten Inhalte des „conscience collective", des gemeinsamen Gewissens einer Gesellschaft oder eines Gesellschaftsausschnittes (vgl. Durkheim 1981, 285 ff.).

Die Rückbesinnung eines Menschen auf gemeinsame Sinnwelten beschreibt Thomas Luckmann (vgl. 1993, 88 ff.) als eine Art Selbst-Transzendierung und in erster Linie als genuin anthropologisches Grundbedürfnis. Dabei weisen nicht nur größere Milieus und Subkulturen eigene Plausibilitätsstrukturen auf, auch kleinere Systeme wie z. B. Familien folgen kohärenten Reglements. Eine Selbst-Transzendierung im Luckmannschen Sinne kann also Gestalt gewinnen, indem die betreffende Person Mitglied wird, z. B. durch das Beitreten in einen Fußballverein, durch das Anschließen in einer Rockband oder durch das regelmäßige Unterstützen einer weltweiten Umweltschutzorganisation. Als Individuum begebe ich mich mit einem solchen Schritt in einen größeren Sinnzusammenhang dergestalt, dass ich persönlich zu einer Gemeinschaft gehöre, die selbst Sinn produziert. Peter L. Berger spricht vom unbewussten Versuch, einen „heiligen Kosmos" zu schaffen (Berger 1991). Mein Leben wird durch die Selbst-Transzendierung bedeutend. Zugleich gelten für mich als Mitglied in dieser Sinnwelt Regeln und es sind Dinge, Ereignisse und Prioritäten wichtig, von denen ein Außenstehender vielleicht noch nie etwas gehört hat und die er deshalb in sein Bemühen, mein Handeln, Empfinden und in verschiedenen Kontexten eventuell auch mein Versagen zu verstehen, nicht einbeziehen kann.

Vor dem Hintergrund individueller und milieuspezifischer Plausibilitätsstrukturen entstehen im professionellen Erziehungsprozess Probleme, wenn ein gegenseitiges Nachvollziehen der Plausibilitäten nicht möglich scheint. Weil Erziehung nicht dann am Ziel ist, wenn kindseitig Verhaltensweisen erreicht wurden, die möglicherweise per Anweisung oder Belohnung durchgesetzt wurden, ist der professionelle Pädagoge auf Verständnis und Nachvollziehbarkeit angewiesen. Führen wir uns noch einmal vor Augen, was Erziehung ist und will. Während beispielsweise Hunde dann als „gut erzogen" gelten, wenn sie auf Befehl „Sitz" und „Platz machen" oder „bei Fuß" gehen, zielt die Erziehung des heranwachsenden Menschen auf andere Effekte. Der Hund wird dressiert und soll gehorchen. Für das domestizierte Rudeltier ist Wohlverhalten als Überlebensgarantie im Rudel von entscheidender Bedeutung. Vom heranwachsenden Menschen wird dagegen erwartet, dass er später Verantwortung übernehmen und begründete Entscheidungen treffen kann.

Der gute Erzieher und die gute Erzieherin nehmen den Menschen in seiner zunehmenden Selbstständigkeit und Würde ernst und helfen ihm zu erkennen, wo seine Ressourcen zu finden sind, was ihm wichtig ist und nach welchen Regeln und Normen er sich richten will. Der so respektierte Mensch wird zur Selbstständigkeit ermutigt, erlebt den Erzieher als Autorität im positiven Sinne und wird grundsätzlich in seiner Situationsüberlegenheit bestärkt. Sehen wir uns sechs Thesen zur Erziehung an, die der Schweizer Pädagoge Emil E. Kobi bereits 1993 ähnlich formulierte und in späteren Veröffentlichungen weiter spezifiziert hat (vgl. Kobi 2004, 70 ff.).

1. These: Erziehung tritt als feinfühlige, aufmerksame, demütige Haltung – und nicht als spezifische Tätigkeit auf. Insofern lassen sich in pädagogischen Prozessen nicht „richtige" und „falsche" Techniken, nicht effektive und ineffektive Formen von Wissenstransfer und auch nicht obligatorische von fakultativen Tätigkeiten unterscheiden, um „gute“ von „schlechter“ Erziehung abzugrenzen. Zudem kann ich als Erzieher meine Schüler und Educanden auch nicht „jetzt mal zu ’ner Stunde Erziehung“ ein- oder vorladen. In der Erziehung ist weniger von Bedeutung, *was* ich mit dem Kind bzw. dem Jugendlichen tue, als vielmehr, *wie* ich es tue. In diesem Zusammenhang hat Kurt Singer (1998) auf die traurige Erfahrung vieler Schülerinnen und Schüler hingewiesen, die von einer kleinen Anzahl von Lehrern z. T. über Jahre herabgesetzt und demoralisiert werden. Öffentliche Abfragen, kommentierte Rückgaben von Schulaufgaben vor der gesamten Klasse und spitze Bemerkungen nehmen den betroffenen Schülerinnen und Schülern ihre Würde und demütigen sie nachhaltig. Häufig wirken solche Erfahrungen auf das Selbstwertgefühl des Schülers wie regelmäßiges Gift in kleinen Dosen. Wenn Erziehung nicht durch konkrete Handlungen, sondern feinfühlige Haltung (vgl. Hechler 2018) beschreibbar ist, beinhaltet sie dennoch „Zumutungen“ seitens des Pädagogen, mittels derer die Erziehungspartner in einen gemeinsamen Prozess eintreten. Dies führt uns zur nächsten Feststellung:

2. These: Erziehung ist ein gemeinsam vollzogener Gestaltungsprozess – und nicht ein einseitiges Tun und Erleiden. Obwohl der Pädagoge also den Lerner mit Zumutungen konfrontiert, ihn beispielsweise auffordert, sich auf ungewisse, herausfordernde und als unangenehm empfundene Lernaufgaben einzulassen, wird er nicht als „Ansager“ aufgefasst, dessen Anweisungen vom Kind oder Jugendlichen umgesetzt werden müssen, sondern als Partner, mit dem gemeinsam Handlungsoptionen besprochen, Einstellungen entlarvt, Gefühle nachvollzogen und Lebensentscheidungen in die Hand genommen werden. Dabei baut Erziehung nicht auf eine festgeschriebene Rollenverteilung. Der Lehrer zieht auch die Möglichkeit in Betracht, dass kulturelle, ästhetische und pragmatische Einschätzungen des Schülers Grundlage von Arbeitsbündnissen werden. Ein gemeinsam vollzogener Gestaltungsprozess setzt voraus, dass gegenseitiges Verständnis und Vertrauen beabsichtigt wird. Eine so verstandene gemeinsame Gestaltung klärt auch die Bedeutung lehrerseitiger Macht. Hierauf nimmt die nächste These Bezug.

3. These: Erziehung stellt ein gegenseitiges Aushandeln von Handlungsmöglichkeiten – und kein einseitiges Durchsetzen von Machtansprüchen dar. Eine nach diesen Maßgaben erziehende Person setzt nicht auf ihre Position, sondern ist als Pädagoge aufgefordert, Handlungsspielräume auszuloten und zu verhandeln. Diese Handlungsspielräume verlangen möglicherweise eine gegenseitige Vereinbarung, wir haben sie „Arbeitsbündnis“ genannt, die auf beidseitigen Vertrauensvorschuss baut. Dabei sollten die Kriterien für einen jeweils gelungenen Prozess und die Verifikation eines ausgehandelten Handlungsspielraumes offen und gemeinsam entwickelt werden. Wollten wir mit Blick auf den Lehrer mit pädagogischer Autorität im Foucaultschen Sinne von notwendigen Anteilen an Macht sprechen, würde sich das machtvolle Handeln des Pädagogen auf die Aufstellung eines bewahrenden und ordnenden Rahmens beziehen. Innerhalb eines solchen Rahmens, für den der Pädagoge gleichsam sorgt und den er verteidigt, kann ein ungestörtes und vertrauensvolles Miteinander stattfinden. Dort sind Anfangszeiten, Umgangsregeln, Sicherheiten und Bewegungsräume zugesagt und werden garantiert. Hier muss der Pädagoge machtvoll auftreten (vgl. Foucault 1975). Herbart spricht im Zusammenhang mit einem geordneten – zuchtvollen – Unterrichtsrahmen von der „Regierung“, die „Ordnung schaffen“ soll. Allerdings zählt diese unverzichtbare Leistung nicht zur eigentlichen Erziehung (Herbart 1806/1982, 32 ff.).

4. These: Erziehung stellt grundsätzlich einen themenzentrierten Diskurs – und keine gegenstandsbezogene Produktion dar. Dies bedeutet: Es geht z. B. nicht in erster Linie darum, ein gewünschtes Verhalten zu „produzieren“, indem Trainingsprogramme oder Verstärkersysteme installiert werden, sondern darum, die innere Bearbeitung eines Themas anzuleiten und zu ermöglichen. Wenn Pädagogen es für wichtig halten, dass ihre Educanden eine bestimmte Schulleistung erbringen, soll nicht die gewünschte Verhaltensweise – z. B. die Leistungssteigerung – Ziel sein, sondern steht möglicherweise ein komplexes Problemfeld wie „das eigene Tempo finden“, Angst oder Selbstbewusstsein zur Besprechung und Klärung an. Es geht dann nicht darum, Schritt für Schritt das gewünschte Verhalten zu „produzieren“, sondern den Themenkomplex Arbeitsorganisation, eigene Motivation, Selbstsorge zu besprechen. Auf diesem Wege ist im günstigsten Fall am Ende der Krise nicht nur die Problemlösung für den konkreten Fall als solche gelungen, sondern ein grundsätzliches Lebensthema bearbeitet.

5. These: Das Erziehungsverhältnis vollzieht sich in einem bilateralen Beziehungswandel und erfüllt sich nicht nur in kindlicher Verhaltensänderung. Erzieher und Educand verändern sich demnach gleichermaßen. Diese Feststellung ist insbesondere im Hinblick auf die Organisation des Lehr-Lernprozesses und die Machtposition des Pädagogen – in der Schule u. a. hinsichtlich der Notengebung und der Versetzungsentscheidungen – bemerkenswert. Allerdings fordert diese These nicht grundsätzlich Neues. Betrachten wir nämlich vor unserem geistigen Auge das Verhalten und die Umgangsformen eines beliebigen Lehrers in unserem Leben diachronisch, so stellen wir fest, dass sich dieser Pädagoge im Laufe der Jahre verändert hat. Ähnliches lässt sich auch mit Blick auf Eltern mit mehreren Kindern berichten. These 5 fordert also, dass sich der Pädagoge in seinen Reflexionen der pädagogischen Praxis auf eine Veränderung im *jetzt* aktuellen Prozess einlässt und den jeweiligen Schüler als unmittelbaren Interaktionspartner würdigt.

6. These: Erziehung ist immer ein stimulierender Vorgang. Will heißen: Der verantwortungsvolle Pädagoge regt Fantasien an, gibt Impulse, lädt zum Träumen ein und begleitet letztendlich mehr und mehr beim Übergang in die Phase der Selbsterziehung. Derartige Mündigkeit, Selbstständigkeit und Autonomie führen zu einem gewissen Maß an Situationsüberlegenheit. Der mündige Mensch muss sich nicht in eine als leidvoll, determiniert oder entmündigend empfundene Situation fügen. Vielmehr sollte er grundsätzlich eine kritische Haltung hinsichtlich der Gültigkeit des Negativcharakters einer Situation einnehmen. Nicht die Situation, die Entwicklung, die Verhaltensweise der Mitmenschen oder auch nur das Wetter bestimmen den Verlauf des Lebens, sondern der Mensch selbst gibt den Interpretationsrahmen für jedes Ereignis vor. Dies führt dazu, dass Erziehung immer zugleich die Befähigung zur

Wahrnehmungsveränderung beinhaltet. Selbstverständlich wird es einem noch so mündigen Menschen nicht in jeder Situation gelingen, selbstkritisch mit seiner jeweiligen Wahrnehmung umzugehen, also gewissermaßen Distanz zu seinem Ergehen einzunehmen. Dennoch hilft Erziehung zur Mündigkeit, indem Interpretationsgewohnheiten, Handlungsweisen und die eigenen Wahrnehmungsmuster gewohnheitsmäßig kritisch reflektiert werden.

Für einen pädagogischen Umgang mit anderen Menschen ist das bewusst gelebte Prinzip der Selbstverantwortung unabdingbar. Dazu gehört eine grundsätzliche Infragestellung der *objektiven Wirklichkeit* und die Akzeptanz von *subjektiven Wahrnehmungen* und *inneren Logiken* der einzelnen Individuen innerhalb ihrer Plausibilitätsstruktur. Der Pädagoge reflektiert, was einerseits unbewusst die Wahrnehmung lenkt und andererseits in Problemsituationen Handlungsmöglichkeiten definiert: die persönlichen Grenzen.

Lassen Sie uns mit einer Knobelaufgabe in das Thema der persönlichen Grenzen einsteigen: Bitte verbinden Sie alle 9 Punkte mit insgesamt maximal 4 geraden Linien, die Sie allerdings ohne abzusetzen zeichnen müssen.

Abbildung 3: Aufgabe: Verbinden Sie bitte alle Punkte mit nur 4 geraden Linien und setzen Sie dabei den Stift nicht ab (Ellinger 2010, 65)

Vermutlich haben Sie einige Versuche unternommen und sich vielleicht währenddessen schon geärgert, dass Sie sich darauf eingelassen haben. Und wenn Sie noch eine Weile länger herumprobieren, steigen vielleicht ganz düstere Gedanken in Ihnen auf: „was hat 'n das schon wieder mit Pädagogik zu tun?" oder „in so 'nem Zeug war ich noch nie gut". Gelöst werden kann diese einfache Aufgabe nur, indem wir gedanklich Grenzen außer Acht lassen. Während unsere misslingenden Lösungsversuche unmerklich innerhalb der latent gegebenen Grenzen kreisen, ist in diesem Fall nur ein Versuch von Erfolg gekrönt, der *ausbricht* und latent vorhandene Grenzen erweitert. Die Lösung finden Sie auf der nächsten Seite.

Erziehungssituationen sind in der Regel durch Grenzerfahrungen unterschiedlicher Art geprägt. Hierbei ist nicht nur an die Grenze der Belastbarkeit zu denken, z. B. einer Betreuungsperson angesichts vehementer Verhaltensprobleme ihres Educanden oder an die Leistungsgrenze einer Lehrerin, die nun auch noch ein weiteres Kind mit Lernproblemen in ihrer Klasse fördern soll. Grenzerfahrungen lassen sich auch in der empfundenen Verletzung meiner Intimsphäre, im Ende meiner körperlichen Unversehrtheit oder meiner Selbstbestimmung erleiden. Und drittens können spezifische persönliche Grenzen auch als lästig oder regelrecht hinderlich empfunden werden – beispielsweise die eigene Überängstlichkeit, Schüchternheit oder ein Begabungsmangel; und schließlich erscheinen bestimmte Grenzen als gegeben und zunächst neutral, die dann situationsbezogen mehr oder weniger durchlässig gestaltet werden müssen, so z. B. die Organisation von Nähe und Distanz, die eigene Meinung inmitten Andersdenkender oder die Bereitschaft, über innerste Gefühle zu sprechen. Mit Blick auf Kinder und Jugendliche sprechen wir Pädagogen dagegen häufig davon, dass „Grenzen gesetzt werden müssen“ und dass „irgendwann eine Grenze erreicht“ sei, die wir bewachen sollten. Kinder und Jugendliche müssen, so heißt es, lernen, dass sie sich an Grenzen zu halten haben, ob es ihnen passt oder nicht.

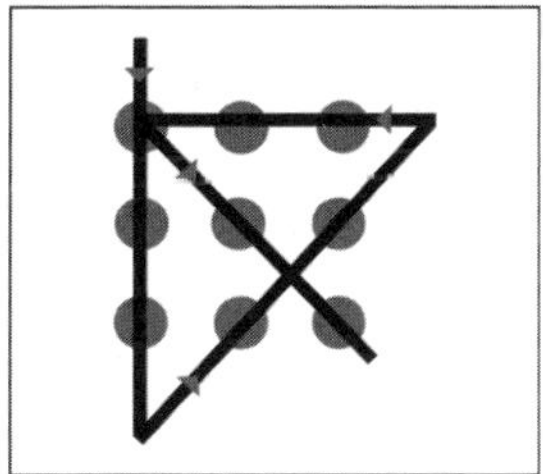

Abbildung 4: Die Lösung der Aufgabe gelingt nur denjenigen, die die gedachten Grenzen kreativ überwinden (Ellinger 2010, 67)

Aber bleiben wir noch einen Augenblick auf einer eher theoretischen Ebene. Viele Menschen erleben ihre Grenzen zunächst gar nicht als Einschränkung, leiden jedoch, ohne es zu reflektieren, unter deren Folgen. So kann es eine Frau z. B. als ganz normal empfinden, sich in Gruppen ab drei Personen im Hintergrund zu halten – und damit auch den Lauf des Gespräches nur selten mit zu beeinflussen. Vielleicht hat sie aber genau damit später ein Problem, weil auf diese Weise anfallende Entscheidungen, Themenfestlegungen und Vereinbarungen immer von anderen getroffen werden. Von anderen, die vielleicht wesentlich weniger Sachverstand haben. Vielleicht beginnt diese Frau – weiterhin ohne darüber zu reflektieren –, einem inneren Impuls und der jahrelangen Frustration folgend dann, die männlichen Kollegen zu beeinflussen oder gar im Team zu intrigieren, weil sie den berechtigten Wunsch empfindet, ebenfalls Einfluss auf Entwicklungen zu nehmen.

Oder betrachten wir den Schüler, der in seiner Schüchternheit gefangen ist und unter keinen Umständen das Risiko eingehen will, Arbeit in schulisches Lernen zu investieren und bei Misserfolg als „unfähig“ dazustehen. Dann entwickelt er schon lieber eine arrogant wirkende „Is’-mir-doch-Wurscht“-Haltung und bleibt damit weit hinter seinen Möglichkeiten zurück. Die auftretenden Probleme in der Schule und Familie werden dann von ihm nicht mit der beschriebenen Grenze assoziiert. Oder denken wir an den jungen Mann, der durch den frühen Tod seiner Mutter und die resultierende Verlustangst ein ausgeprägtes Sicherheitsverhalten entwickelt hat. Er hält in allen Dingen 100 % Ordnung. Vor der Urlaubsreise und nach dem Urlaub werden jeweils zwei weitere Tage freigenommen, um das Auto zu pflegen, alle verwendeten Gegenstände gründlich zu reinigen und auch in der Wohnung alles wieder millimetergerecht auszurichten. Er ist nicht mehr frei, spontan ein paar Tage länger zu bleiben oder Besuch zu empfangen oder eine ehrenamtliche Aufgabe zusätzlich zu übernehmen.

Die beschriebenen Grenzen treten je nach Persönlichkeit eher in Form auffälligen, oppositionellen und störenden Verhaltens auf oder aber schlagen sich in schüchterner, unauffälliger und zurückgezogener Verhaltensweise nieder. So gesehen bedürfen sowohl „grenzenlos" erscheinende (weil externalisierend agierende) Kinder und Jugendliche Hilfe in der Erweiterung ihrer Grenzen als auch stille und zurückgezogene (weil internalisierend reagierende) Kinder und Jugendliche.

Tabelle 1 zeigt im Überblick idealtypisch und exemplarisch einige wesentliche Dimensionen menschlicher Grenzen, ihrer Bedeutung für das Individuum sowie mögliche Fehlfunktionen und ihre negativen Folgen. Wenn es in der pädagogischen Arbeit darum geht, „Grenzen erweitern zu helfen", klingt dies für manche Pädagoginnen und Pädagogen, die mit „schwierigen" Kindern und Jugendlichen arbeiten, beinahe wie die Aufforderung, Öl ins ohnehin schon kaum mehr zu bändigende Feuer zu gießen. Allerdings wurzeln bei näherer Betrachtung viele der als zügellos und grenzenlos empfundenen Verhaltensweisen in verhängnisvollen Funktionsstörungen von menschlichen Grenzen. Grundsätzliche Ängste, Verlassenheitsgefühle und Komplexe sind Grenzen, die Verhalten steuern und determinieren. Falscher Umgang mit Altersgenossen und fehlgeleitete Identifikationen und Anpassungen legen Kinder und Jugendliche mitunter auf zügellos anmutendes Verhalten fest, das allerdings im Kern durch (mittlerweile?) unüberwindbar scheinende Grenzen bedingt ist. Tabelle 1 lässt trotz der skizzenhaften Zusammenfassung erkennen, dass ein „Zuviel" an Grenzen sozial mitunter ebenso schädlich sein kann wie das weitgehende Fehlen einer persönlichen Grenze.

Tabelle 1: Funktionen und Störungen menschlicher Grenzen im Überblick (Ellinger 2010, 68 f.)

Lfd Nr.	Beschreibung der Dimension	Bedeutung der Grenze	Fehlfunktionen und negative Folgen
1	Zugehörigkeit und Verbindung (= Gemeinsame Grenze einer Gruppe einschließlich des Individuums nach außen)	• Bedürfnis der Geborgenheit und des Zuhauseseins wird befriedigt • Vertrauen, Offenheit, Erholung sind psychohygienisch wichtige Momente • Bewusstsein von „Ingroup" und „Outgroup" strukturiert den Alltag • Bewusstsein der eigenen Rolle in einer Gruppe wächst • Entwicklung eines sicheren Bindungsmusters ist möglich • befriedigende Intimität ist möglich	• Verschmelzen des Individuums mit seiner Gruppe (z. B. Clique) führt zu immer größerem Bestreben, sich anzupassen (Konfluenz) • Individuum übernimmt Eigenschaften anderer Gruppenmitglieder unhinterfragt (Introjektion) • Zugang zur eigenen Persönlichkeit ist versperrt, eigene Eigenschaften werden anderen Personen zugeschrieben (Projektion)

(Fortsetzung Tabelle 1)

Lfd Nr.	Beschreibung der Dimension	Bedeutung der Grenze	Fehlfunktionen und negative Folgen
2	Eigenständigkeit und Abgrenzung (= Grenze zwischen einem Individuum und einer Gruppe oder einzelnen Individuen)	• Selbstbewusstsein ist möglich, es entstehen eigene Ziele, ein eigener Geschmack, eigenes Auftreten und ein eigener Stil • Konfliktfähigkeit und Kommunikationsfähigkeit können ausgebildet werden • eigene Empfindungen und Wertschätzungen formen den Charakter • freie Entscheidungen für engere Beziehungen und feste Bindungen werden möglich	• Kontaktgrenze ist zu starr, sodass Impulse nicht nach außen gelangen: Die Person verfährt stellvertretend mit sich so, wie sie andere behandeln will – z. B. in Form von Autoaggressionen (Retroflektion) • Kontakt wird vom Individuum willentlich einschneidend reduziert (Deflektion) • Erlebnisse aus der Umwelt werden nur gedämpft wahrgenommen, mittelfristig ist Abstumpfung die Folge (Desensitivierung)
3	Angst und Furcht (= Intrapersonale Handlungsgrenze)	• Warnsignal bei Gefahr ist lebenswichtig • Situationen mittelbarer und unmittelbarer Bedrohung werden als solche erkannt • Reflexion angemessener Handlungsstrategien wird möglich • sorgfältige Risikoabwägung bringt im günstigen Fall Mut und Handlungsfreiheit hervor • durch erfolgreiche Bewältigung von Angst wachsen Selbstbewusstsein und Ich-Stärke	• Ängstlichkeit und neurotische Züge (Kontrolle) schränken den Aktionsradius des Individuums ein und verkomplizieren den Alltag. Von Angststörungen spricht man dann, wenn: – Trennungsangst, – Posttraumatische Belastungsstörungen, – Phobien wie Agoraphobie oder soziale Phobie auftreten
4	Ressourcen und Kräfteökonomie (= Intrapersonale Handlungsgrenze)	• Prioritätenregulation zwingt zur Strukturierung des Lebens • Leistungsmotivation entsteht durch positive Einsatz-Ertrag-Bilanzen und Verstärkungen nach dem Überwinden von Widerständen • Erfolgserlebnisse stärken das Erfolgsmotiv • Regulation, Anspannung und Entspannung stellen wichtige Selbstkompetenzen dar	• bei chronischer physischer und psychischer Überlastung schwindet die Wirksamkeit der Grenze und macht Hoffnungslosigkeit Platz • bei chronischer Unterforderung oder abwechselnder Unter- und Überforderung stellt sich mitunter Leistungsangst ein
5	Emotionalität (= Intrapersonale Handlungsgrenze)	• Erlebnisqualität entsteht • Antizipation wird ermöglicht • Sozialkompetenz baut auf emotionale Intelligenz • Persönlichkeitsprofil entwickelt sich sowohl konstant in verschiedenen Lebenssituationen als auch situationsbezogen	• Überangepasstheit ist häufig Folge von Übersteuerung und/ oder Ängstlichkeit • emotionale Blockaden und Verhaftetsein in emotionalen Befindlichkeiten machen handlungsunfähig • Erlernte Hilflosigkeit, Depressionen und chronische Entmutigungen führen zur Situationsergebenheit (Resignation)

Wie können wir nun (uns selbst und) anderen Menschen helfen, an der Erweiterung konkreter Grenzen zu arbeiten? Stellen wir uns zur praktischen Veranschaulichung einen Augenblick vor, ich wollte Sie, liebe Leserin und lieber Leser, dazu überreden, mit nackten Füßen auf einen Scherbenhaufen zu steigen und dort sogar einen Luftsprung zu wagen. Für Sie ist ein solches Ansinnen womöglich höchst befremdlich und unsinnig dazu. Außerdem – und hierin besteht die Relevanz des Beispiels für unsere Fragestellung – halten Sie eine solche Aktion für gefährlich, für lächerlich und für unangenehm. Sie spüren beinahe körperlich, wie persönliche Grenzen Sie davon abhalten, meiner Einladung Folge zu leisten. Sollte mir dennoch in überschaubarer Zeit einschlägige Überzeugungsarbeit gelingen, dürfte es daran liegen, dass mindestens einer der folgenden Faktoren stark genug war:

a) Vertrauen zur erziehenden Person
b) Gegenseitiges Verständnis
c) Gruppendynamik
d) Motivationsstruktur

Der Entschluss, eigene Grenzen nicht nur wahrnehmen und beschreiben zu lernen, sondern diese bei Bedarf auch zu erweitern, wird wesentlich erleichtert, wenn ein *belastbares Vertrauensverhältnis* vorliegt und die begleitende und herausfordernde Person vertrauenswürdig ist. Zur Vertrauenswürdigkeit tragen der positive Vorbildcharakter, natürliche Autorität, Kritikfähigkeit und Kommunikationsbereitschaft bei. Grenzerweiterungen geschehen mitunter allein auf das glaubwürdige Wort einer Vertrauensperson hin.

Gegenseitiges Verständnis entsteht dort, wo sich zwei Menschen über Bewertungen, Erlebnisse und Gewohnheiten austauschen und in ihrer jeweiligen Position respektieren. Wenn es um die Erweiterung persönlicher Grenzen geht, sind zuvor häufig auch andere Problemfelder besprochen und diskutiert worden. Verständnis ist dabei nicht gleichzusetzen mit „Einverständnis". Allerdings hat Verständnis viel mit „Stehenlassen" zu tun. Hieraus kann dann die Chance des Nachvollziehens erwachsen. Wenn ich die Plausibilität einer Reaktion und eines Handelns, auch ohne sie zwingend für gut zu halten, nachvollziehen kann, ist es möglich, Grenzerweiterungen zu initiieren, die nicht zugleich die gesamte Logik der Plausibilitätsstruktur infrage stellen müssen. Anders formuliert: Wenn ich erkenne, dass mich jemand zu einer Grenzerweiterung ermutigen will, dessen übriges Auftreten durch Interesse an meiner inneren Logik und Respekt für meine Lebensorganisation geprägt ist, lasse ich mich womöglich auf einen (Um-)Lernprozess ein. Dieser Prozess ist dann Schritt für Schritt nachvollziehbar und konsensfähig zu gestalten. Dabei findet in der pädagogischen Diskussion die Tugend der Ambiguitätstoleranz zunehmende Beachtung. Sie beschreibt die Fähigkeit bzw. den Entschluss, andere Meinungen und Lebensentwürfe – aber insbesondere auch unaufgelöste Spannungen, ungewisse Entwicklungen und nicht geklärte Widersprüche –stehenzulassen. Ambiguitätstoleranz spielt sowohl in Lernprozessen selbst als auch im zwischenmenschlichen Verständnis eine wichtige Rolle (vgl. Bauer 2019).

Immer wieder wird die Wirkung *gruppendynamischer Prozesse* unterschätzt. Wenn in der Peergroup des Jugendlichen Grenzüberschreitungen angebahnt und bisweilen mit ungutem Ausgang forciert werden, leuchtet dies den zeitweise verzweifelten außenstehenden Erwachsenen sofort als logisch ein. Grenzüberschreitungen hebeln konkret Schutzfunktionen aus und sind deshalb abzulehnen. Das gleiche Aktionspotenzial gilt es aber, im Sinne der Ermutigung nicht zu Grenzüberschreitungen, sondern zu gemeinschaftlichen Grenzerweiterungen zu nutzen. Dabei sei der Hinweis erlaubt, dass ein verantwortlicher Umgang mit gruppendynamischen Prozessen wünschenswert ist. Verzichtet die Fachkraft auf den bewussten Umgang mit den Emotionen und psychosozialen Vorgängen in einer Gruppe, überlässt sie diese dem Zufall, verhindert aber nicht grundsätzlich, dass sie Kraft entfalten.

In seiner Analyse *motivationsabhängiger Handlungssteuerung* unterscheidet Werner Correll (2007) fünf menschliche Grundbedürfnisse. Sie stellen individuell unterschiedliche Dringlichkeiten dar und bilden den Rahmen für „primäre" und „sekundäre" (d. h. intrinsische und extrinsische) Motivation. Jeder Mensch weist diese fünf Bedürfnisse auf, jedoch in unterschiedlicher Dringlichkeit. Demnach ist der eine Mensch z. B. dringlich nach Grundbedürfnis Nr. I, ein anderer nach Nr. III motiviert. Beide erleben bei entsprechenden Befriedigungshandlungen intrinsische Motivation.

Solche „Grundmotivationen" sind nach Correll (2007, 32 ff.) die folgenden:

I Soziale Anerkennung: Streben nach Geltung in einer Gruppe und das Geachtet-Werden haben einen hohen Stellenwert. Die Mode, die zeitgemäße Freizeitbeschäftigung, Status, Prestige etc. sind vorrangige Bedürfnisse des Menschen mit dieser Motivpriorität. Der nach sozialer Anerkennung Strebende muss nicht zwingend die höchste Geltungsstelle anvisieren, es genügt ihm mitunter ein unangefochtenes Ansehen im Mittel der Bezugsgruppe.

II Sicherheit und Geborgenheit: Ein so motivierter Mensch möchte nichts tun, was ihn auffallen lässt. Er strebt nicht in erster Linie nach Anerkennung und Prestige, sondern vielmehr nach Unauffälligkeit, Gesundheit und Sicherheit. Dementsprechend werden Nützlichkeits- und Vernunftgedanken sowohl seine Freizeitplanung und das Hobby als auch das schulische Leben und später die Berufszufriedenheit strukturieren.

III Vertrauen: Der auf diese Weise grundmotivierte Mensch strebt elementar nach einem (oder mehreren) Menschen, dem/denen er vertrauen möchte und von dem/denen er selbst wiederum vertrauensvolle Zuwendung erwartet. Primär nach Vertrauen Motivierte sprechen gerne (und lang) über persönliche Dinge und legen Wert auf persönliche Achtung, Wertschätzung und Vertrauenswürdigkeit.

IV Selbstachtung: Prinzipien wie Pünktlichkeit, Ordnung, Rechtschaffenheit und Wahrheit gelten als oberstes Gut und entscheidender Leitfaden für selbstachtungsmotivierte Menschen. Sie neigen zum Einzelgängertum und sind unabhängig vom eigenen Wohlergehen dann zufrieden, wenn Absprachen, Vorgaben, Gesetze und Ziele erreicht werden. Häufig ordnen selbstachtungsmotivierte Menschen ihre Bequemlichkeit und körperliche Unversehrtheit einem höheren Sinn oder Ziel unter.

V Unabhängigkeit und Verantwortung: Diese Bedürfnisdominanz steht für das Streben des Menschen nach einem eigenen Tätigkeitsbereich, nach einer Führungsposition oder gar nach Einfluss. Der so motivierte Mensch ist geprägt durch Realismus und Bereitschaft zum Engagement für die Gemeinschaft oder/und für einen mittelbar gemeinschaftlichen Wert wie Kunst, Wissenschaft oder Ähnliches. Mitläufertum, Priorität der Prinzipientreue und unbedingtes Ringen um Vertrauenspersonen sind ihm ebenso fern wie das Streben nach Sicherheit oder soziale Anerkennung um jeden Preis.

Das individuelle Wissen, Können und Wollen beim Schulkind und Jugendlichen entwickelt sich durch intentionale Erziehung zunächst in der Familie und dann in der Schule. Im späten Jugendalter treten an die Stelle der *Schulerziehung* mehr und mehr die Strukturen einer wachsenden *Selbsterziehung* des jungen Erwachsenen. Die Grundbedürfnisse treten nicht nur individuell in unterschiedlichen Dringlichkeitsstufen auf, sie rotieren mitunter auch in besonderen (u. a. auch schwierigen) Lebenssituationen wie beispielsweise Pubertät, nach dem Tod eines nahestehenden Menschen, im Alter oder nach dem Erreichen eines wichtigen Lebenszieles. Damit ist der einzelne Mensch einerseits als grundsätzlich primär nach I, II, III, IV oder V motiviert beschreibbar. Er ist zufrieden, wenn sein Leben – und auch die jeweiligen kurzfristigen Lebensumstände – ihm die Befriedigung des jeweils dringlichen Grundbedürfnisses bescheren, er also im eigentlichen Sinne primär motiviert lebt. Andererseits nehmen aber Lebensereignisse auch Einfluss auf die dringliche Bedürfnisspitze eines Menschen. Nicht nur Persönlichkeitsvariablen und angeborene Neigungen legen die primären Bedürfnisse fest, auch äußerliche Veränderungen und Entwicklungen neh-

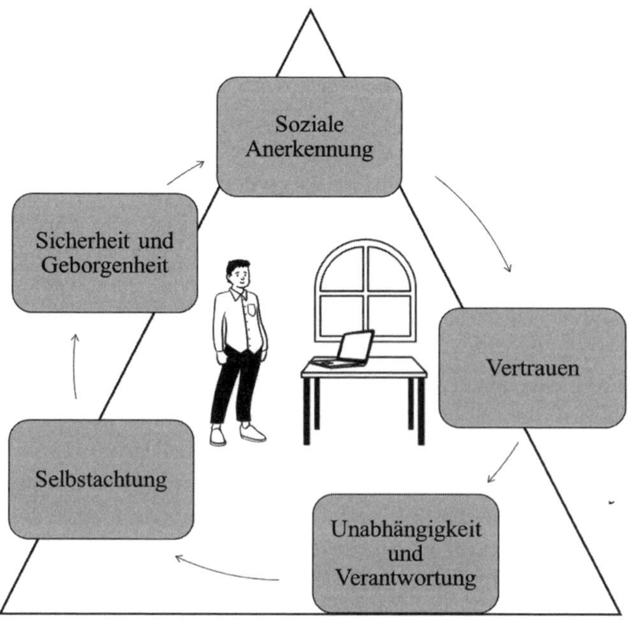

Abbildung 5: Dringliche und weniger dringliche Grundbedürfnisse (Correll 2007)

men Einfluss. Bezogen auf unsere Überlegungen zur Erweiterung von persönlichen Grenzen bedeutet dies: Der Scherbenhaufen kann auf verschiedene Weise „den Nerv" der unterschiedlich dringlichen Grundmotive ansprechen: Soziale Anerkennung (I), Beweis des Vertrauensverhältnisses (III) oder Selbstachtung (IV) können ebenso zum Besteigen des Scherbenhaufens führen, wie das Grundmotiv der Sicherheit und Geborgenheit (II) oder der Unabhängigkeit und Verantwortung (V) davon abhalten kann.

Die vorgestellten Thesen zur Erziehung und die Überlegungen zur Grenzerweiterung sind geeignet, gewohnte hierarchische Umgangsformen zwischen dem Lerner und einem Pädagogen auf den Kopf zu stellen. „Autorität", so könnte ein Einwand lauten, „lässt sich nicht einfach durch Diskussion ersetzen. Weisungsbefugt ist und bleibt nun einmal der Pädagoge. Wo kommen wir denn hin, wenn der Pädagoge zum Diskussionsteilnehmer degradiert wird?" Autorität hatte nicht zu allen Zeiten den Geschmack von Befehl und Gehorsam bzw. notwendiger Ansage und Weisungsbefugnis. Und wenn es darum geht, einen professionellen Erziehungsbegriff zu entwickeln, schließt dieses Bemühen auch die Bestimmung der Autorität ein.

Dem ursprünglichen Wortsinn folgend, kann die lateinische *auctoritas* als „fördernde Überlegenheit" übersetzt werden. Wir finden hier weder den zwingenden Hinweis auf rechtliche Weisungsbefugnis noch auf ein Machtpotenzial anderer Art.

Im römischen Staats- und Privatrecht herrschte ein bemerkenswert positives Autoritätsverständnis vor. So ist in der römischen Verfassung eine sorgfältige Unterscheidung zu finden zwischen der Autorität, die beim Senat lag, und der Macht (*potestas*), die der Magistrat innehatte. Bürgerinnen und Bürger suchten den Rat der Senatoren. Sie wurden als Autoritäten geachtet und aufgrund ihrer Lebenserfahrung, Bildung und Uneigennützigkeit ernst genommen. Zum Wesen der auctoritas gehörte nach damaligem Verständnis unabdingbar, dass sie durch die Vertrauenswürdigkeit ihres Trägers überzeugte. Die adligen Senatoren galten als moralisch vorbildlich und umfassend gebildet.

Staatliche Macht und gesetzgeberische/richterliche Amtsgewalt lagen hingegen in den Händen der Magistratsmitglieder. Einer solchen Macht mussten sich die Bürgerinnen und Bürger beugen. Sie leisteten Gehorsam und führten in diesem Sinne ein rechtstreues Leben.

Seit der Revolution der Gracchen (133–121 v. Chr.) war der moralische Verfall des Adels in aller Munde. Mit diesem moralischen Niedergang wurde die Vertrauenswürdigkeit der Senatoren und damit der Wert ihrer Autorität mehr und mehr infrage gestellt. Allerdings verbanden sich noch in der Person des Kaisers Octavian (69 v.–14 n. Chr.) ad personam die institutionelle Macht (*potestas*) mit der persönlichen Autorität (*auctoritas*). Seine Vertrauenswürdigkeit hatte er sich zuvor als siegreicher Kaiser beim Volk verdient. Seine Nachfolger reduzierten das Wortfeld der Autorität durch ihr Machtgehabe nach und nach. Im Laufe der Geschichte ging sowohl begrifflich als auch inhaltlich jedes Bewusstsein vom ursprünglichen Inhalt wirklicher positiver Autorität verloren. Die Kirche im Mittelalter mit ihren z. T. menschenverachtenden Praktiken und erbärmlich schwachen Stellvertretern auf Erden, die Säkularisierung des

Autoritätsbegriffs in der Zeit der Aufklärung, die theatralischen Formen der Autorität in der Weimarer Republik, die Pervertierungen aller Formen von Autorität im totalitären Nazireich und schließlich der Aufstand gegen jede Autorität in der Zeit der Studentenrevolte löschte offensichtlich jede Spur vom ursprünglichen Inhalt der *auctoritas* im kollektiven Gedächtnis und alltagssprachlichen Gebrauch (vgl. Eschenburg 1976). Heute steht der deutsche Begriff *Autorität* umgangssprachlich der *Macht* sehr nahe.

Für die Frage nach einem pädagogisch sinnvollen Umgang ist das, was *auctoritas* ursprünglich ausdrückte, von zentraler Bedeutung. *Alltagssprachlich* werden heute mit dem Begriff der Autorität vier Aspekte umschrieben:

- *Persönliche Autorität* wird einer Person freiwillig zugesprochen. Sie verdient Respekt und wird aufgrund ihrer persönlichen Ausstrahlung und Vertrauenswürdigkeit als Autoritätsperson anerkannt. Diese Beschreibung deckt sich mit dem Begriff der *auctoritas*.
- *Amtsautorität* wird bestimmten Personen zugebilligt und diesen damit eine bestimmte rechtswirksame Rolle zugesprochen. Es kann sich dabei z. B. um Polizeibeamte, Zugbegleiter oder Schiedsrichter handeln. Die Bedeutung der Amtsautorität kommt derjenigen der *potestas* nahe.
- *Fachautorität* wird denjenigen Personen zugesprochen, die in einem konkreten Fachgebiet Kompetenzen aufweisen und deshalb in Bezug auf ein beschreibbares Problemfeld im Volksmund die „absolute Autorität“ sind. Dies kann beispielsweise Computerkenntnisse, Sicherheit in Rechtsangelegenheiten, medizinische Kompetenz usw. betreffen. Die Fachautorität ist keine Person, sondern lediglich eine sachbezogene Autorität. Eine Unterordnung erfolgt in der Regel aus den Zwängen einer Notlage.
- *Administrative Autorität* wird Personen zugebilligt, die verwaltungsbezogen über Herrschaftswissen verfügen und vor dem Hintergrund dieses Gefälles Macht ausüben können. Das möglicherweise erlangte Einflussvermögen reicht von der Macht des Hausmeisters zur Belegung oder Schließung der Halle am Wochenende bis zur Kenntnis des Bibliothekars über das System der Teilbibliothek.

Pädagogisches Handeln, das zur Selbstständigkeit und Mündigkeit des Educandus führen soll, verlangt freiwilliges Vertrauen und persönlichen Respekt. Für die Position des Pädagogen in der Schule bringt dies eine schwierige Situation mit sich: Selbst diejenigen Lehrer, die vor dem Hintergrund einer erworbenen Vertrauenswürdigkeit und persönlichen Kompetenz *auctoritas* entfalten *könnten*, werden mitunter durch das feste Gefüge struktureller Macht (Amtsautorität) in Form von Notengebung, Zeugnissen, Versetzungsunsicherheit und Verweisdrohung korrumpiert und können kein gänzlich druckfreies Autoritätsverhältnis zu den Schülern aufbauen. Vom richtigen Verständnis der Autorität, im Sinne einer fördernden Überlegenheit, hängt jedoch in der Erziehung vieles ab. Es darf dabei weder auf die für das erzieherische Zeigen notwendige Überlegenheit noch auf die unbedingte Absicht, dem Educandus auf dem Weg zur Selbsterziehung zu dienen, verzichtet werden. Eine ausführliche und lesenswerte Auseinandersetzung mit dem, was in unserem Zusammenhang auch *pädagogische Autorität* genannt werden könnte, hat Roland Reichenbach (2011a) vorgelegt. Als Fortsetzung der Familienerziehung und zur Vorbereitung auf die Phase der Selbsterziehung zielt die Schulerziehung auf spezifische Inhalte des Wollens und auf spezifisches Wissen, z. B. Inhalte unterschiedlicher Fächer. Darüber hinaus gewinnen spezifische Inhalte des Könnens Bedeutung, wie z. B. der Erwerb grundsätzlicher Problemlösekompetenzen und später der selbstgesteuerten Wahrnehmungsveränderung.

1.4 Nähe und Distanz in pädagogischen Handlungsfeldern: Protokoll einer Ortsbegehung

Pädagogisches Handeln geschieht in der Begegnung, im Kontakt, in der Nähe. „So nah wie möglich und so distanziert wie nötig", sagen die einen, „so distanziert wie möglich und so nah wie nötig", die anderen. In der pädagogischen Fachdiskussion ist es kaum realistisch, eine konsensfähige Zusammenfassung davon zu geben, wie das emotionale, räumliche und soziale Verhältnis von Nähe und Distanz sein muss, damit Beziehung in der Schule und an außerschulischen Lernorten gelingt. Eigentlich müssen wir noch weiter zurückrudern und verschärft Folgendes formulieren: Es wird uns nicht einmal gelingen, eine konsensfähige Zusammenfassung dessen zu geben, was *man überhaupt unter Nähe und Distanz versteht.* Dem Vernehmen nach ist nicht einmal die Diskussion darüber entschieden, ob Nähe z. B. nur in einem gemeinsamen *Raum* stattfinden oder auch über tausende Kilometer empfunden werden kann. Ebenso besteht Diskussionsbedarf, welche Rolle *Zeit* spielt. Kann ich mich noch nach Jahren einem vielleicht inzwischen verstorbenen Lehrer nahe fühlen und mich von seinem Vorbild, seiner Liebe und seinem Rat leiten lassen? Oder einfacher: Ist ein Brief, der drei Wochen zuvor in Australien geschrieben wurde, Medium der Nähe zwischen zwei Menschen? Und noch eine dritte Dimension ist zu bedenken: Ist Nähe eigentlich immer etwas Gutes oder nicht vielmehr ebenso häufig unangenehm, schlecht und bedrohlich? Wann ist Nähe gut und wann wird sie zur Gewalt?

Im Hinblick auf unseren zweiten Begriff wird es nicht besser. Im Alltag wissen wir, dass sowohl Nähe als auch Distanz situationsabhängig sinnvoll und auch destruktiv sein können. Wer schon einmal im Museum zu nah an einem beeindruckenden Gemälde stand, weiß, dass drei Schritte Distanz Wunder bewirken können. Aus dem gleichen Grund hilft die Helikopter-Perspektive beim Formel-1-Rennen, das Unfallchaos beim Start nachzuvollziehen. Oder ich muss in Google Earth „weit wegzoomen", um die aufregende Reiseroute von Würzburg nach Bergen in Norwegen im Überblick zu sehen.

Distanz ist im Alltag aber nicht nur für Hobbys ein wertvolles Gut. So ist etwa zu hören, dass ein Ehemann nach dem dritten heftigen Zusammenstoß mit seiner Frau „Abstand braucht, um nichts Unüberlegtes zu tun" und in seinen Wohnwagen gezogen ist, oder dass ein Kollege auf eine Provokation hin nicht spontan reagiert, sondern „eine Nacht drüber schlafen will", bevor er eine Antwort gibt.

Nähe und Distanz scheinen schillernd und finden sich in normativ entwickelten, empirisch begründeten oder philosophisch-diskursiven Darstellungen auf unzähligen Buch- und Aufsatzseiten wieder. Eine belastbare Zusammenfassung oder auch nur ein gelungener Überblick scheinen ausgeschlossen. Aus diesem Grund sollen in den folgenden Leseminuten schlicht Akteure in verschiedenen pädagogischen Handlungsfeldern zu Wort kommen. Sie wurden zu ihren Erinnerungen, Prinzipien, Überzeugungen und Erfahrungen befragt – und Ergebnis ist ein Eindruck davon, was im Kontext professioneller Erziehungs- und Bildungsarbeit über Nähe und Distanz gedacht, behauptet, gesagt – und irgendwie auch gefühlt – wird. Am Ende dieses Streifzugs durch pädagogische Handlungsfelder lässt sich ein vorsichtiges Fazit ziehen: Die selbstgesteuerte Regulation von Nähe und Distanz scheint nicht nur ein wichtiges Ziel der Erziehung zum mündigen und verantwortungsbewussten Bürger, sondern zugleich ein menschliches Grundbedürfnis zu sein. Nähe und Distanz *entstehen nicht einfach* durch einen Raum, eine Situation, eine Zeitdimension, Leistungsdruck oder eine Hierarchie, sie werden vielmehr von Menschen *gestaltet*. Hierfür scheint es Handlungs- und Haltungsmaxime zu geben. Aber sehen Sie selbst ...

Etappen der Ortsbegehung

Die gesammelten Meinungen, Statements, Thesen und Berichte stammen aus folgenden Quellen: Neue Studentinnen und Studenten werden nach Erinnerungen aus ihrer Schulzeit gefragt, erfahrene Lehrkräfte geben Auskunft über ihre handlungsleitenden Prinzipien, Examenskandidaten entwickeln Thesen zum Problemfeld Nähe und Distanz und Lehrkräfte ziehen Resümee zu ihrem digitalen *(umgangssprachlich „Distanz“-)*Unterricht während der Coronapandemie im Jahr 2021.

Tabelle 2: Überblick zu den befragten Akteuren in pädagogischen Handlungsfeldern

	Befragte Personen	**Frage/Aufforderung**
Gruppe 1	Lehramtsstudentinnen und -studenten in der Anfangsphase ihres Studiums	„Erinnern Sie einen besonders guten/eine besonders gute Lehrerin und einen besonders schlechten Lehrer/eine besonders schlechte Lehrerin aus ihrer Schulzeit? Bitte begründen Sie, warum Sie diese ausgewählt haben (eine Seite)“
Gruppe 2	Lehrkräfte mit viel Berufserfahrung in unterschiedlichen Schulformen und Funktionen	„Wenn Sie ein Prinzip benennen sollten, das für Sie und Ihre Arbeit mit den Schülern zentral ist, welches wäre das? Es geht um Ihr Motto/Ihren Glaubenssatz“
Gruppe 3	Studentinnen und Studenten kurz vor Abschluss ihres Lehramtsstudiums	„Bitte formulieren Sie eine eigene These zum Spannungsfeld Nähe und Distanz“
Gruppe 4	Lehrkräfte, die digital unterrichten	„Wie kommen Sie im digitalen Unterricht vor dem Hintergrund der Frage nach Nähe und Distanz zurecht?“

Von Gefängniswärtern mit Hornbrille und Schülerflüsterern mit Autorität

Ortsbegehung Gruppe 1: Studentinnen und Studenten erinnern sich an ihre Lehrkräfte

In Zusammenhang mit verschiedenen Grundlagenveranstaltungen für angehende Lehrerinnen und Lehrer an der Universität Würzburg erfüllten 240 Teilnehmende die Aufgabe, über ihre Erinnerungen an einen besonders guten Lehrer/eine besonders gute Lehrerin und an einen besonders schlechten Lehrer/eine besonders schlechte Lehrerin in ihrer eigenen Schulzeit zu schreiben. Die Aufsätze machten vier immer wieder auftauchende Merkmalgruppen eines guten Lehrers und vier Merkmalgruppen eines schlechten Lehrers sichtbar. Der „Traumlehrer" wird im Zusammenhang mit seiner persönlichen Autorität und Beziehungsfähigkeit, Humor und Gelassenheit, Motivationsfähigkeit und engagierten Unterrichtsgestaltung und schließlich Reflexionsfähigkeit und Transparenz beschrieben. Ein „Alptraumlehrer" dagegen ist in vielen Fällen ein demütigender Zyniker, durchsetzungsschwacher Geheimnisträger, distanziert oder gleichgültig und wird in manchen Fällen schließlich als unberechenbar, teils hart, teils laissez faire beschrieben. Für unsere Umschau mit Blick auf die Bedeutung von Nähe und Distanz in der Schule sind im Wesentlichen zwei Beobachtungen interessant, die in unterschiedlichen Narrativen häufig vorkommen:

Distanziertheit kombiniert mit *struktureller Machtausübung* auf der einen Seite, *persönliche Autorität* und *Beziehungsfähigkeit* auf der anderen. Die Aufsätze sind mit Zustimmung der Autorinnen und Autoren ausschnittweise in einem Buch veröffentlicht worden (Ellinger/Brunner 2015), deshalb können wir hier wörtlich zitieren. Eine Studentin beschreibt die Distanziertheit und strukturelle Machtausübung ihres Alptraumlehrers wie folgt:

> „... Lehrer S. betritt punktgenau eine Sekunde nach dem Gong das Klassenzimmer. Tarzanartiger Schrei nach Ruhe und gleichzeitiges Knallen der Tasche auf den Tisch forderten ihm so viel Energie ab, dass er sich erst mal auf ebendiesen setzen muss. Drei Schlucke Kaffee später findet er endlich die Kraft, sich mit einem Fingerschnipsen den Hefteintrag der letzten Stunde vorlegen zu lassen. Verstehendes Nicken beim Durchlesen. Seufzen. „Ach, nur so weit sind wir wieder gekommen ... okay." Alle wissen, was nun folgt. Lehrer S. weiß es auch und grinst. Der einzige Moment dieser unendlich langen 45 Minuten, in dem sogar B. aus der letzten Reihe es nicht wagt, den Mund zu öffnen. Genussvoll und mit schneckenartiger Langsamkeit zieht Lehrer S. das gefürchtete rote Büchlein aus seiner Tasche. Aufschlagen. Blättern. Zwischendurch immer wieder den Blick über den Bücherrand hinaus auf einzelne Schüler in der Klasse. Wegschauen. Ja nicht in die Augen sehen. Dann folgt der finale Schuss. „Eva, du bist heute dran!" Während 29 Schüler ein Dankgebet zum Himmel schicken, durchlebt Eva innerhalb von drei Schrecksekunden die fünf Phasen der Trauer nach Elisabeth Kübler-Ross: 1. Nichtwahrhabenwollen: Er meint die andere Eva, ich habe mich sicher verhört. 2. Zorn: Mal ganz im Ernst – was soll das? Wieso ich? 3. Verhandeln: Ich war doch vor zwei Wochen erst dran. Oh bitte, nicht heute! 4. Depression: Ich bin tot. Das war's dann

mit der vier im Zeugnis. 5. Akzeptanz: Vielleicht hab' ich ja einen Geistesblitz ... oder Sarah kann mir was einsagen."

Viele Schüler erleben die Distanziertheit ihrer „Alptraumlehrer" neben der strukturellen Machtausübung auch durch mangelnde Empathie, regelmäßige Demütigungen, Intransparenz und demonstriertes Desinteresse. In einigen Aufsätzen wird geschildert, wie Lehrer zeitweise allgemein erpresserische Verhaltensweisen zeigen, dann wieder Aggressivität gegenüber einzelnen Schülerinnen und Schülern entwickeln. Viele Berichte zeugen zunächst beinahe entschuldigend von dem „unbestritten kompetenten Fachmann" und der „sicherlich echten Expertin auf ihrem Gebiet". Diesen Huldigungen folgt dann überzufällig häufig die Beschreibung extrem „sachbezogen dozierender Fachlehrer ohne jede innere Verbindung zu den Schülern". Dabei wird Sachkompetenz von den Schülerinnen und Schülern keineswegs zwingend mit Distanz assoziiert. Kommen wir noch einmal zurück zum Phänomen der Abfrage, die offensichtlich in bayerischen Schulen eine wichtige Rolle spielt. Im zweiten Beispiel beginnt die Autorin ihre Schilderung des „Traumlehrers", den eine *persönliche Autorität* auszeichne, ebenfalls in der Abfragesituation:

„... Zu Beginn der Stunde gab es immer die obligatorische Abfrage, die so gestaltet war, dass wir uns jedes Mal wunderten, wie viel wir eigentlich wussten. Herr W. holte immer mehr aus uns heraus, als bei uns drin war."

In vielen Aufsätzen werden Lehrkräfte mit persönlicher Autorität geschildert. Ein Student nennt einen solchen Lehrer den „Schülerflüsterer", weil dieser seine Schüler durch absolute Vertrauenswürdigkeit und im Rahmen einer persönlichen Beziehung unterstützt.

„Nähe hat viel mit Hühnerpädagogik zu tun"

Ortsbegehung Gruppe 2: Lehrkräfte mit Berufserfahrung legen sich auf einen Glaubenssatz fest

Auf der Suche nach Meinungen zu Nähe und Distanz in pädagogischen Handlungsfeldern wurden insgesamt 15 Lehrerinnen und Lehrer nach dem wichtigsten Prinzip in ihrer pädagogischen Arbeit gefragt. Mehr als die Hälfte der Befragten waren überfordert, nur lediglich ein Prinzip bzw. ein Leitmotiv benennen zu dürfen. Sie gaben zunächst zwei oder drei „wichtige Prinzipien" an und hatten dann im Anschluss die Gelegenheit, auf eines zu reduzieren. Die Befragten arbeiten oder arbeiteten an Berufsschulen, Grundschulen, Gymnasien und Sonderschulen bzw. Sonderpädagogischen Förderzentren. Ihre Positionen sind unterschiedlich. Sie bekleiden Rektoren- und Konrektorenposten, arbeiten als abgeordnete Lehrkräfte oder in der zweiten Lehrerbildungsphase, sind als Mobile Sonderpädagogische Dienste (MSD) unterwegs oder genießen bereits nach langer Berufstätigkeit den Ruhestand. Die offene Frage nach den wichtigsten Prinzipien für die pädagogische Arbeit sollte Hinweise darauf geben, ob unser Thema *Nähe und Distanz* hier eine wichtige Rolle spielt. Insgesamt wurden zehn verschiedene Prinzipien genannt, die kurz im Sinne der Pädagoginnen und Pädagogen erläutert werden sollen.

Die ***Hühnerpädagogik*** wird vom Prinzip her von drei Befragten genannt. Sie beschreiben ihre Art, Schülerinnen und Schüler zu motivieren, indem sie die Valenz einer Aufgabe hervorheben: Ein Problem, ein Thema, eine Fragestellung oder eine Unterrichtsform soll von sich aus verlockend sein. Schüler dürfen nicht getrieben und bedroht werden, sondern folgen freiwillig, weil der Gegenstand sie ruft. Ein pensionierter Sonderschullehrer erläutert dieses Prinzip anhand des bekannten Tricks, wie Hühner z. B. zur Nacht von einem Gartenareal zurück ins Gehege gebracht werden. Gescheucht würden sie gackernd in alle Himmelsrichtungen ausbrechen und den armen Jäger lange beschäftigen, bis alle dort sind, wo sie hinkommen sollen. Wenn der Mensch allerdings mit dem üblichen Futtereimer und der klopfenden Kelle voran ins Gehege geht, wird er kein Huhn verlieren, sie folgen, weil der Eimer Anziehungskraft besitzt. Valenz unterscheidet sich von Motivation und setzt voraus, dass sich der Pädagoge dem Schüler zuwendet und ihn verstehen will.

Drei weitere Befragte geben an, dass den Schülerinnen und Schülern stets erkennbar sein muss, dass der Pädagoge oder die Pädagogin aus keinem anderen Grund als aus ***Liebe und Zuwendung*** handelt. Eine Grundschullehrerin spitzt zu: *„Man kann mit Kindern nur gut arbeiten, wenn man sie liebt“*. Eine steile These – zumal eindeutig geklärt werden muss, dass es hier selbstverständlich nicht um körperliche Liebe in irgendeiner missbräuchlichen Form geht. Gemeint ist hier ein grundsätzliches Zugewandtsein, eine Begeisterung für Kinder, ein Interesse an ihrer Entwicklung und eine Freude am Umgang mit ihnen. Wenn Kinder nicht geliebt werden, beginnen sie zu nerven. Auch wenn die Kinder unerklärlicherweise „blöde Fragen stellen“, in den spannendsten Momenten eines liebevoll vorbereiteten Unterrichts geistig abwesend sind, im Schullandheim total ausflippen oder sich beim Museumsbesuch unmöglich benehmen, brauchen sie beständige Zuwendung und keine Abrechnung. Zwei Sonderschullehrerinnen wählen ihr Motto im Blick auf die Möglichkeit, eine optimale Distanz zu schaffen. Sie führen ***Humor*** als ihr Bekenntnis an. Sinngemäß lässt sich dieses wie folgt zusammenfassen: *„Hauptsache die Kids können jeden Tag mindestens einmal richtig lachen.* Allerdings nicht böse, gehässig oder auf Kosten eines Kindes, sondern einfach über eine komische Situation, über einen lustigen Fehler oder weil irgendjemand einen blöden Witz erzählt hat“. Humor ermöglicht *Distanz* zu sich selbst, zu einer peinlichen Situation, zu Fehlern und Demütigungen und hilft allen Gruppenmitgliedern, sich zu entspannen und „es nicht so ernst zu nehmen“. Eine Gymnasiallehrerin legt sich eher in Richtung ***Nähe*** fest: „Aus meiner Sicht ist ***Gerechtigkeit*** *die Grundlage eines fairen Miteinanders.* Nicht eine objektive Gerechtigkeit, die nach dem Motto *alle gleich behandeln* verfährt, sondern gerecht im Sinne eines Beziehungsbegriffs. Jeder bekommt das, was in der Beziehung zwischen ihm und mir gerecht ist. Ich bin seine Lehrerin und will ihn unterstützen, ihm helfen und für ihn ein Vorbild sein. Dann bin ich also gerecht, wenn ich mich so verhalte, wie es ihm speziell guttut, hilft und ihn zum Nachdenken bringt. Das kann bei jedem Schüler etwas anderes sein.“

Für eine pensionierte Lehrerin, die im mobilen sonderpädagogischen Dienst eingesetzt war, gilt als wichtigste Orientierung ihre Autorität: *„**Autorität** ist für mich etwas, das Vertrauen voraussetzt.* Ich will ohne Druck und ohne Zwang auskommen und leiten. Wenn die Kinder Angst vor mir haben oder denken, dass ich am Ende doch nur das mache, was für mich das Einfachste ist, hab' ich verloren".

Zwei Kollegen aus einem Sonderpädagogischen Förderzentrum geben an, dass das **Rahmensetzen** für sie zum zentralen Motto für ihren Umgang mit den Kindern geworden sei: „So wie ein romantisches Abendessen nicht durch das Essen und die Uhrzeit allein zum romantischen Essen wird, sondern durch den wunderschön gedeckten Tisch, die leise Musik, eine indirekte Beleuchtung und den besonderen Wein, wird auch eine Unterrichtsstunde, ein Stuhlkreis, eine freie Lernzeit *erst dann besonders, wenn ein Rahmen gegeben ist.*" Der Hinweis dieser beiden Pädagogen ließe sich wie folgt zusammenfassen: Für die verlässliche pädagogische Situation brauchen wir den Rahmen eines Rituals, der proaktiven Leitung und der Strukturierung durch die Lehrerin oder den Lehrer. Letztendlich bedeutet, einen Rahmen zu setzen, auch: den Anfang und das Ende zu bestimmen, einen Plan zu haben, zu agieren und nicht nur zu reagieren.

Vier weitere Nennungen sind ebenso interessant: Ein Sonderschullehrer sagt: *„Ich möchte bei meinen Jugendlichen **Routinen durchbrechen**"*. Häufig stellen sich schon früh in der Schule ungute Gewohnheiten ein, die längst nicht immer zu konstruktiven Autopiloten werden. Das Prinzip, Routinen zu durchbrechen, zielt darauf ab, zum neuen Nachdenken zu verführen und keine Gewohnheit und keine festen Abläufe als unwiderruflich anzusehen.

Der Konrektor einer Berufsschule steht zu seinem Leitmotto: *„Wenn ich **Spaß** habe, haben die Schüler auch Spaß.* Sobald ich merke, dass mir diese Art Unterricht oder Umgang mit den Schülern keine Freude mehr bereitet, muss ich etwas ändern, denn sonst verlieren auch bald die Schüler die Lust am Lernen". Für eine Sonderschullehrerin steht fest, dass Beziehung alles sei. ***„Erst Beziehung, dann Erziehung, dann Unterrichten"***. Ohne Beziehung, ohne Nähe und ohne Verbindlichkeit gibt es für diese Kollegin keine gute professionelle Pädagogik. Und schließlich erinnert ein pensionierter Hochschullehrer, der einige Jahrzehnte als Lehrer in einer Sonderschule tätig war: *„Lernen hängt immer von der gelungenen Kombination einer gebotenen Information mit einer praktischen **Erfahrung** zusammen"*. Der Pädagoge sollte nicht Fragen beantworten, die niemand gestellt hat, oder Informationen liefern, die mit dem Leben der Schüler nichts zu tun haben. Wenn er nicht nahe am Schüler ist, verliert er die Möglichkeit, nach dieser Maxime zu handeln.

„Nähe und Distanz dürfen nicht auf Kompromissen beruhen"

Ortsbegehung Gruppe 3: Examenskandidatinnen und -kandidaten formulieren Thesen

21 im Studium fortgeschrittene Studentinnen und Studenten wurden aufgefordert, vor dem Hintergrund ihres – im Schnitt bislang 8-semestrigen – Lehramtsstudiums

eigene Thesen zum Problemfeld zu formulieren. Die Arbeitsgruppen umfassten zwei bis drei Teilnehmer und sollten sich auf jeweils eine gemeinsame kurze These einigen. Für das Verfassen standen mehrere Wochen zur Verfügung, die Ergebnisse wurden in Seminarsitzungen von allen Studentinnen und Studenten diskutiert. Neben der in der Überschrift verwendeten These sind noch neun weitere entstanden:

1. „Eine offene, suchende Haltung der Welt und sich selbst gegenüber ermöglicht es mir, offen und tolerant mit anderen umzugehen und Nähe zuzulassen."
2. „Toleranz sieht nur, aber urteilt nicht."
3. „Die dynamische Balance aus Nähe und Distanz ergibt sich durch das Aushandeln von Persönlichkeit."
4. „Geteilte Bedeutungsräume schaffen ein optimales Verhältnis von Nähe und Distanz."
5. „Bindung an Regeln und Grenzen setzt persönliche Bindung an vertraute Personen voraus."
6. „Nah oder distanziert zu sein, hängt vom gegebenen Umfeld ab und ist situativ."
7. „Die gewünschte Nähe und Distanz eines Individuums ist zu gleichen Teilen abhängig von der gesprochenen Sprache und der Körpersprache."
8. „Um Konflikte aufdecken und bearbeiten zu können, bedarf es einer anerkennenden Kommunikation, damit Anknüpfungspunkte für ein gelingendes Miteinander geschaffen werden können."
9. „Nur durch Autonomie kann ich Entscheidungen in Bezug auf Nähe und Distanz sicher treffen."

„Es läuft gut – aber nur, weil ich vorher schon eine gute Beziehung zu den Kids hatte"

Ortsbegehung Gruppe 4: Lehrkräfte berichten vom digitalen Unterrichten während der Coronapandemie

In den letzten Monaten sahen sich unzählige Lehrerinnen und Lehrer mit der Aufgabe konfrontiert, ihre Schülerschaft digital zu unterrichten. Wenn sie auf ihre Erfahrungen angesprochen werden, sind diese sehr unterschiedlich. Einerseits waren in Deutschland bereits nach wenigen Wochen Lockdown erste Evaluationsstudien zu digitalen Unterrichtssequenzen – z. B. zum Aufsatzschreiben im Rahmen webbasierten Unterrichts – abgeschlossen und veröffentlicht. Andererseits ruderten Lehrkräfte noch lange zwischen Postzustellung von Unterrichtsmaterialien und Telefonanrufen bei den Eltern ihrer Schülerschaft hin und her. Inzwischen, so scheint es, hat digitaler Unterricht seinen Schrecken verloren. Für unsere Ortsbegehung auf der Suche nach einem Verständnis von Nähe und Distanz in pädagogischen Handlungsfeldern wurden 11 Lehrerinnen und Lehrer, die aktiv und verlässlich digital unterrichten, zur Sache befragt.

Den Berichten ist gemein, dass verschiedene Aspekte problematisiert werden, die allerdings offensichtlich nicht zulasten der Beziehung gehen. Ein Hauptschullehrer gibt zu Protokoll, dass sein digitaler Unterricht in erster Linie deshalb so gut läuft, weil er „vorher schon eine gute Beziehung zu den Kids hatte". Guter Unterricht ist möglich, weil man eine gute Beziehung hat. Hingegen ist nach dem Bericht einer DaZ-Lehrerin nach monatelangem Präsenzunterricht und bester Stimmung im Kurs der „Sprachenunterricht ... schlicht unmöglich, weil Sprechenlernen mit genauem Hinsehen und Hinhören, mit Übungen zu zweit und auch mit gemeinsamem Lachen, lockerem Erzählen und Bilder-aus-der-Heimat-Zeigen zu tun hat." Distanz erschwert Sprachenlernen, weil Nähe informell entsteht und ungebundene Lernzeiten braucht, die digital kaum möglich sind.

Einige Lehrer berichten davon, dass digitaler Unterricht endlich eine Lücke in ihrer Beziehung zu den Schülerinnen und Schülern geschlossen habe, weil der Blick in die Familie und in das Zimmer des Schülers möglich wurde. *„Einige Schüler haben sich richtiggehend darüber gefreut, dass endlich mal über den Bildschirm alle Klassenkameraden und die Lehrerin bei ihnen zu Hause waren"*, berichtet eine Berufsschullehrerin. Nähe bedeutet in solchen Lesarten also einerseits, *mit deinem Leben vertraut zu sein* bzw. gegenseitig *das Zuhause zu kennen*. Auf der anderen Seite ist in den Erzählungen auch immer wieder von mangelnden Zugriffsmöglichkeiten seitens der Lehrkraft auf die Schüler die Rede. Wenn Lehrkräfte von Krisen erzählen, enden diese Narrative häufig beispielsweise mit der Bemerkung „... dann machen sie unabhängig davon, was ich sage oder drohe, die Kamera aus oder verlassen gleich ganz den Chat". Offensichtlich eröffnet der digitale Unterricht den Schülern die Möglichkeit einer selbstbestimmten Form der Distanzierung. Während grundsätzlich im Unterricht durch Sprache Meinungsverschiedenheiten geklärt und innere Kündigungen der Schüler verhindert werden können, machen Schülerinnen und Schüler im digitalen Lernsetting immer wieder von der Möglichkeit Gebrauch, den Prozess einseitig abzubrechen.

Alle befragten Lehrer berichteten davon, dass digitaler Unterricht im Vergleich mit der Präsenzschule anstrengender sei, weil man sich dem Gegenüber viel bewusster und kraftraubender zuwenden müsse. „Ich muss genauer hinsehen, weil einerseits die Körpersprache und andererseits die Prosodie schlechter zu erkennen sind." Das heißt also: Nähe und Verständnis haben im Normalfall mit analoger Kommunikation zu tun, mit dem Erfassen eines Gesamtsinns, mit dem Körper des Gegenübers. Der Zwang, digital unterrichten zu müssen, hat möglicherweise einen neuen Zugang geschaffen und die Mehrzahl der befragten Lehrerinnen und Lehrer scheint dies „näher" zu ihren Schülerinnen und Schülern gebracht zu haben.

Ergebnis der Ortsbegehung: Optimale Nähe durch selbstgesteuerte Distanz

Offensichtlich geht es in den Narrativen und Thesen nicht um die eine oder andere Form maximaler Nähe und minimaler Distanz oder – umgekehrt – die eine oder andere Form minimaler Nähe und maximaler Distanz. Das gemeinsame Problembewusstsein der pädagogisch Aktiven identifiziert sowohl Nähe als auch Distanz in pädagogischen Situationen als angemessen, erstrebenswert und sogar grundlegend, aber unter Umständen wiederum als problematisch und übergriffig. Beide – Nähe und Distanz – sind nicht an Raum und Zeit gebunden und werden wiederum nicht durch Technik oder Fachwissen maßgeblich beeinflusst, wohl aber durch die grundsätzliche Haltung der Protagonisten.

Dabei finden sich in den Narrativen neben den Bedingungen für freiwillige Nähe – wie beispielsweise die natürliche Autorität, die Beziehung und die Liebe als Priorität – auch Rechtfertigungen für selbstbestimmte Distanz. Ein Schüler, der den Zoom-Raum verlässt, will sich von einer als problematisch empfundenen Situation entfernen bzw. geht dysfunktional mit seiner Angst um. Wenn es dagegen die Möglichkeit gibt, sich konstruktiv von einem aktuellen Problem zu distanzieren, ohne die Situation als Ganzes zu verlassen, trägt dies womöglich zur Aufrechterhaltung der Nähe bei. Solche funktionalen Distanzphänomene unterstützen also Nähe.

Wenn *Sprache* benutzt werden kann, um körperliche Auseinandersetzung oder räumliche Trennung abzuwenden, wird eine Distanz zum Problem geschaffen und die An-Näherung weiterhin ermöglicht. Sprache arrangiert als Distanzphänomen Nähe. Neben der Sprache wird auch immer wieder *Humor* als Distanzphänomen mit der Potenz, *An*-Näherung zu ermöglichen, beschrieben. Sowohl in den Erzählungen der ehemaligen Schülerinnen und Schüler über die „guten Lehrer" als auch in der Sammlung der „wichtigsten Prinzipien" erfahrener Pädagoginnen und Pädagogen sowie in den Berichten der digital unterrichtenden Lehrerinnen und Lehrer wird humorvoller Umgang, werden „witzige Spiele" und „die Fähigkeit, über sich selbst zu lachen", betont. Dem schottischen Philosophen und Historiker David Hume (1711–1776) wird folgendes Zitat zugesprochen: „Verstand und Genie rufen Achtung und Hochschätzung hervor, Witz und Humor erwecken Liebe und Zuneigung." Humor verbessert aus Sicht der Befragten nicht nur die Stimmung in einer Gruppe und Klasse, sondern öffnet darüber hinaus den Weg, Ansichten zu relativieren, Widersprüche und Streitfragen vorerst stehenzulassen und ungewöhnliche Auffassungen und Einstellungen weiterzudenken.

Welche Bedeutung haben Nähe und Distanz in pädagogischen Handlungsfeldern? Die Fähigkeit, selbstgesteuert und soziabel optimale Distanz und konstruktive Nähe zu schaffen, ist auf dem Weg zu einem mündigen und verantwortungsvollen Leben in verbindlicher Gemeinschaft unabdingbar.

Zusammenfassung des ersten Kapitels

Wenn wir nun den Sack zubinden wollen, hilft es vielleicht, zunächst einige zentrale Erkenntnisse zu erinnern und sie dann anhand eines konkreten Lernanlasses zu bedenken.

Wer beim Lernen helfen will, lässt sich auf einen Erziehungsprozess ein. Wer erziehen will, muss zuvor verstehen. Und wer erziehen will, muss ebenso anerkennen. Ein Lernhelfer dressiert nicht und konditioniert nicht, sondern verhandelt, bespricht, hilft beim Finden von Lösungen und Bearbeiten von Themen. Ein Lernhelfer bleibt nicht emotional unbeteiligt, sondern hat die Aufgabe, Lernhemmungen zu verstehen. Jeder Mensch beurteilt und handelt logisch innerhalb seiner individuellen Plausibilitätsstruktur. Das tut er auch im Lernprozess. Professionalität im pädagogischen Handeln geht bewusst mit der Unwägbarkeit des Lernens um und erweist sich darin, dass der Pädagoge oder die Pädagogin keine schnelle Erklärung parat hat und zu wissen glaubt, wie der Lerner bei Bedarf – im Stile einer trivialen Maschine – „repariert" werden kann.

Vergleichen wir die pädagogische Arbeit als Lernhelfer für einen Moment mit der Aufgabe, einen Berufskraftfahrer zu betreuen, der in seiner Firma unentwegt zu wenig Zeit für zu viele Fahrten zugestanden bekommt. Nach einigen Monaten schreit seine gesamte Erscheinung nach Schlaf, Erholung, menschlicher Wärme und einem guten Essen mit Wein und Musik. Seine ewige Eile, der nervenaufreibende Job, die ständige Verantwortung haben Spuren hinterlassen. Und obwohl er ein guter Fahrer mit viel Routine und körperlich überzeugender Fitness ist, sammelt er zurzeit „Punkte in Flensburg", vergisst wiederholt die Handbremse, verwendet das falsche Motorenöl und stellt sich insgesamt im Straßenverkehr ziemlich dusselig an.

Sie sind nun, weil Sie in unserem Gedankenspiel Trainer für Berufskraftfahrer mit Zertifikat für Wiedereingliederung von Punktesündern sind, beauftragt, u. a. diesen Herrn, nennen wir ihn Karl-Heinz, wegen seiner „Fahrstörungen" zu fördern. Das vordergründige Ziel ist freilich die erwartete Leistung, da geben wir uns keinen Illusionen hin. Ein Pädagoge will, dass sein Schüler lernt und das Gelernte zeigt. Trotzdem würden Sie sich mit einem einseitigen Nachhilfeprogramm beinahe schuldig machen. Diesen geschundenen Mann dürfen sie nicht ausschließlich einem Fahrtraining, der Unterweisung im Umgang mit der Feststellbremse und einem Einzelkurs in Sachen Motorenöle unterziehen. Vielleicht wäre er anschließend – was diese Dinge betrifft – vorübergehend fehlerfrei, aber die ganzheitliche Gemengelage, die ihn erst in seine vertrackte Situation gebracht hat, ist mitnichten behoben. Er braucht pädagogische Hilfe – einen temporären Erziehungshelfer –, weil er ein Mensch mit Gefühlen und Haltungen (Wollen), Kenntnissen und Kognitionen (Wissen), Wahrnehmungen und motorischen Fähigkeiten (Können) ist und nicht als triviale Maschine funktioniert. Reine Lerntrainings mögen evidenzbasierte Ergebnisse zeitigen, gehen aber nicht nur aus humanistischer Sicht am Kern des Problems vorbei.

Pädagogik des Lernens zielt in den unterschiedlichen Problemlagen auf die Selbstermächtigung des Lerners, auf die Entwicklung seiner Selbststeuerung und seines Lernmanagements ab.

2 Lernprozess und seine Tücken

2.1 Idealtypischer Lernprozess

Der Pädagogik des Lernens geht es um die Implementierung eines mündigen Lernmanagements und somit um die Weiterentwicklung des wechselseitigen Verhältnisses von *Ich* und *Welt*. Im konkreten Lernprozess wird also das Verhältnis des Lerners zu sich selbst, zur Welt und zum anderen Menschen verändert. Jeder Lernprozess fordert den Akteur in allen drei Lerndimensionen und steckt ihm zunächst das Ziel, seine Kompetenz im Blick auf den Umgang mit dem Lerngegenstand zu erweitern. Darüber hinaus ist der Lerner gefordert, sein selbstständiges Lernmanagement weiterzuentwickeln. In den verschiedenen Phasen des Prozesses wird er immer wieder Lernhemmungen, Verständnisschwierigkeiten und Nicht-Verstehen erleben, die ihn irritieren, ins Stocken bringen und auf Hilfe verweisen. Dieser Kreislauf begleitet den Menschen über den gesamten Lebenslauf: Von Geburt an lernt er, erlebt Lernhemmungen und profitiert von geeigneten Lernhilfen (vgl. Loch 1999). Wir müssen diese Erkenntnis sogar noch zuspitzen: Der Mensch wird auf die Dauer ohne Lernhemmungen nicht lernen zu lernen. Nur aus der Überwindung des routinierten und vermeintlich störungsfreien Lernens, nur aus dem Raumgeben der Irritation, die sich aus der Konfrontation mit Unbekanntem ergibt, kann Neues entstehen. Fehler, Nicht-Wissen und Nicht-Verstehen sind Voraussetzungen dafür, der eigene Lernmanager zu werden. Sobald an krisenhaften Stellen des Lernprozesses Lernhilfe nötig wird, lernt der Mensch zunächst einmal, Spannungen auszuhalten, Probleme zu beschreiben und zu erkennen, Lernstrategien zu verfeinern und Quellen der Lernhilfen zu erschließen. Wir sollten Fehler also feiern, Nicht-Wissen begrüßen und Ratlosigkeit als Freund empfangen, denn in der Nähe von Lernhemmungen entsteht über die Bereitschaft, externe Lernhilfe anzunehmen, auch sukzessive die Fähigkeit, eigene Lernhilfe zu akquirieren. In seinem lesenswerten Buch zum problematischen, nämlich überwiegend vermeidenden Umgang mit Fehlern in pädagogischen Institutionen und in der Arbeitswelt entwickelt Martin Weingardt (2004) die Forderung nach einer *operativen Fehleroffenheit*. Dabei stellt er fest, dass „Irrtümer" und „Fehler" unterschiedliche Komponenten innerhalb einzelner Handlungsabläufe bezeichnen, die auf kognitive und haptative Aspekte Bezug nehmen. *Irrtümer* beschreiben einen feststellbaren defizitären *Kenntnisstand*, die *Fehler* dagegen *Ausführungsvorgänge* und damit unerwünschte prozessuale Anteile. Beide Komponenten, Irrtümer und Fehler, interferieren vielfältig. So lösen defizitäre Kenntnisstände beispielsweise falsche Beurteilungen, Planungsprozesse und Handlungsvorgänge aus – und umgekehrt (vgl. ebd. 2004, 209).

Der Mensch wird im Lernprozess mit der Bewältigung eines komplexen Ineinander von Wissens-, Könnens- und Wollensaspekten konfrontiert. Dabei kommt einer konstruktiven Fehleranalyse zentrale Bedeutung zu. Lerner machen im Blick auf die Lerndimensionen sinnhafte Fehler, die auf ein *„Wozu?“* und weniger auf das *„Warum?“* hinweisen können. Es gilt also festzuhalten, dass der Lernhemmung sowohl im idealtypischen Lernprozess als auch im lebenslangen Lernen eine besondere Bedeutung zugesprochen werden muss. Wenden wir uns noch einmal dem Moment der Lernhilfe zu. Sie ist auf die Beseitigung oder Verringerung der Lernhemmung fokussiert und kann in unterschiedlichen Formen – von außen oder selbstgesteuert und intendiert oder zufällig – auftreten. Häufig bringt das zufällige Verhalten oder Nachfragen eines Mitschülers oder Mitmenschen ein „Aha!“-Erlebnis – man spricht dann von *intuitiver Lernhilfe*. Lernhelfer im Alltag müssen keine Pädagogen sein, vielmehr wird strukturierte und professionelle pädagogische Lernhilfe nur dann notwendig, wenn sich Lernhemmungen nicht auflösen oder überwinden lassen. In einem solchen Fall erlebt der Lerner z. B. seine Bemühungen als unwirksam und das Widerstanderleben als unüberwindbar und fordert Lernhilfe von außen. Lernhemmungen stellen damit den Normalfall menschlichen Lernens dar und eben nicht die Ausnahme, die es zu vermeiden gilt.

In der mittleren Kindheit, dem frühen Jugendalter und Jugendalter findet eine große Zahl der täglichen Lernprozesse im schulischen Kontext und in der überwiegend klar strukturierten Gemeinschaft mit Gleichaltrigen statt. Die Lehrpläne der Schulformen und Jahrgangsstufen orientieren sich am Wissen-Lernen, am Wollen-Lernen und am Können-Lernen. So sind bei den formulierten „Kompetenzerwartungen“ und den „Inhalten zu den Kompetenzen“ durchgängig Verweise auf das Können: „Wahrnehmen, Erkennen, Fähigkeit entwickeln“ etc., auf das Wissen: „Verstehen, Memorieren, Lernen“ etc. und auf das Wollen: „Leistungsbereitschaft, Selbstbewusstsein, Wertorientierung, Engagement“ etc. zu finden. Lernen ist auf Ganzheitlichkeit angelegt und über allem steht der Anspruch, dass in der Schule auch das Lernen gelernt werden muss. Damit ist klassisch gemeint, dass der Schüler lernt, Herr der eigenen Motivation, der eigenen Regulation und seiner Lernstrategien zu sein. *Lernen-Lernen* stellt im Rahmen der Schulerziehung ein wichtiges Etappenziel auf dem Weg zur Autonomieentwicklung dar. Im schulischen Lernen weiß der oder die Betroffene angesichts einer spezifischen Lernhemmung häufig schon sehr bald zu beurteilen, ob das Lernversagen in Zusammenhang mit fehlendem Wissen und Verstehen steht (Wissen), ob er aufgrund von Konzentrationsmangel und unangemessenen Lernstrategien nicht zum Erfolg gekommen ist (Können) oder aber ob Angst, Langeweile oder Heimweh seiner inneren Beteiligung im Weg stehen (Wollen). Kinder und Jugendliche haben pubertätsbedingt während der Phase der Schulerziehung neben der Bewältigung des oft umfangreichen Schulstoffs bahnbrechende persönliche Entwicklungsaufgaben zu bearbeiten. Diese führen dann – unabhängig von der unmittelbaren Lernaufgabe – nicht selten zu Lernbeeinträchtigungen.

Nach Entlassung aus der Schule, der Feier der Volljährigkeit oder dem symbolträchtigen Auszug aus dem Elternhaus muss der junge Erwachsene als sein eigener Erzieher bestehen, denn er tritt in die Phase der Selbsterziehung ein. Irgendwann ab dem 18. Lebensjahr geht es in Deutschland formal darum, sein eigenes Leben zu verantworten. Es tauchen neue Lernprozesse auf, die in die Herausforderung einer selbstständigen Lebensgestaltung eingebettet sind. Selbstständiges Leben einschließlich der notwendigen Entscheidungen, Verwaltungsgänge, Ressourcenplanungen etc. muss gelernt sein, weswegen folgerichtig in der Selbsterziehungsphase eine Kernkompetenz der Betroffenen darin besteht, notwendige Lernhilfen selbstständig zu organisieren. Mit der Zeit entsteht das, was Sozialforscher einen Lebensstil nennen. Der erwachsene Mensch durchläuft Lernprozesse selbstorganisiert. Er beginnt, Lernhemmungen zu identifizieren und zu bearbeiten. So können beispielsweise das Prokrastinieren, die Vergesslichkeit und ungünstige Prioritäten durch Haushaltspläne, Selbstbelohnungen, die Bildung von Interessensgemeinschaften und ähnlichem angegangen werden. Schließlich stellt das Selbstständigwerden den Erwachsenen auch im Hinblick auf die Dimension des Wissens vor Herausforderungen: Es besteht Unsicherheit darüber, welches Waschmittel für welche Wäsche benötigt wird, wie Kartoffeln gekocht und Nudeln mit Sauce zubereitet werden oder bei welcher Autoversicherung die Familie bisher Kunde war. Derlei Wissen muss nicht mehr aus dem Brockhaus oder von Mama und Papa erworben werden. Die geeigneten Internet-Plattformen und Freundeskreise gehören zu den selbstorganisierten Lernhilfen, die sich der junge Mensch in der Phase des frühen Erwachsenenalters erschließt.

Lernhemmungen lassen sich mit Blick auf geeignete Lernhilfen nicht vom Lerngegenstand selbst ableiten, sondern müssen häufig unabhängig davon aus der Perspektive des Lerners gedacht werden. Wenn z. B. Anton aus Kapitel 1 in der dritten Klasse eine Textaufgabe wiederholt nicht richtig zu lösen vermag, liegt zunächst die Vermutung nahe, dass er nicht über das mathematische Wissen verfügt oder den Vorgang schlicht nicht verstanden hat – also in der Dimension des Wissens scheitert. Allerdings besteht auch die Möglichkeit, dass die Schwierigkeit, längere Texte sinnentnehmend zu strukturieren (Können), oder seine Angst vor einem erneuten Versagen (Wollen) zum Misserfolg führen. Eine Lernhilfe müsste dann beispielsweise eine Textbearbeitungsstrategie mit verschiedenfarbigen Textmarkern oder eine Angstbewältigung beinhalten. Tabelle 3 stellt die Bedeutung der Lerndimensionen dar.

Tabelle 3: Lerndimensionen, denkbare Lernhemmungen und Lernhilfen beim Lösen einer Textaufgabe (Ellinger/Hechler 2021, 140)

Mittlere Kindheit Entwicklungsthema Kulturtechnik: Mathematik	**Schulische Lernaufgabe: Lösen einer Textaufgabe**		
	Lerndimension	**Lernhemmung**	**Denkbare Lernhilfe**
Wissen/Kenntnisse und Kognitionen	Kenntnis der notwendigen Rechenoperationen, mathematisches Grundverständnis, systematisches Vorgehen	keine Problemlösefähigkeit, Grundrechenarten mangelhaft, Rechenweg nicht memoriert	Repräsentatives und ostensives Zeigen: Erklärung, Beispielrechnungen, Übungsmaterial

(Fortsetzung Tabelle 3)

Mittlere Kindheit Entwicklungsthema Kulturtechnik: Mathematik	**Schulische Lernaufgabe: Lösen einer Textaufgabe**		
	Lerndimension	**Lernhemmung**	**Denkbare Lernhilfe**
Können/Fähigkeiten und Fertigkeiten	Fähigkeit, dem Text relevante Informationen zu entnehmen, Entwickeln und Nutzen geeigneter Lösungs- und Darstellungsstrategien	Ablenkbarkeit, schlechte Lesefähigkeit, geringes Strukturierungsvermögen	Ostensives und direktives Zeigen: Techniken zur Textbearbeitung, Konzentrationshilfen
Wollen/Einstellungen und Haltungen	Ausdauerndes Probieren, systematisches Suchen nach konstruktiven Verständniszugängen	Misserfolgserwartung, Mutlosigkeit, Verunsicherung, erlernte Hilflosigkeit, frustrationsbedingter Motivationsmangel	Reaktives Zeigen: Erfolgserlebnisse anbahnen, Ich-Stärkung

Michael Göhlich und Jörg Zirfas (2007) entfalten grundlegend für dieses Verständnis von Lernen vier Aspekte lebenslangen Lernens: Das Wissen-Lernen, das Können-Lernen und das Leben-Lernen, das die Dimension des Wollens widerspiegelt. Übergeordnet – und sozusagen als Aufgabe einer Pädagogik des Lernens zu identifizieren – benennen sie das Lernen-Lernen, das sich per definitionem in allen Dimensionen mitdenken lässt.

Erlauben wir uns für wenige Minuten einen kleinen Exkurs zur Frage, um welche Art Kompetenzen es im Weiteren gehen soll, wenn wir darüber nachdenken, wie die Educanden das Management über ihr eigenes Lernen ergreifen können. Um den Erwerb welcher Kompetenzen geht es im lebenslangen Lernen? Theodor W. Adorno prägte in seiner kritischen Analyse gesellschaftlicher Strukturen das geflügelte Wort „Es gibt kein richtiges Leben im falschen" (Adorno 1969, 42). Übertragen auf unser Thema könnten wir parallel formulieren: „Es gibt kein richtiges Lernen im falschen Kompetenzbegriff". Die Beschreibung dessen, wer in welchem Lebensbezug oder Beruf ein „kompetenter Mensch" sei und wer nicht, ist gesellschaftlichen Veränderungen unterworfen. Der im Wort angedeutete „Vergleich/Wettstreit" („competition") hat in der Entwicklung der Menschheit unterschiedliche Dimensionen dessen betont, was einen Menschen oder eine Menschengruppe im Vergleich zu anderen als stärker bzw. handlungsfähiger hervorhebt. Grob formuliert rückt in der vorindustriellen Welt ***a) die Energie*** als entscheidender Faktor ins Zentrum der Betrachtung handlungsfähiger und durchsetzungsstarker Menschen. Wohnen am Fluss und Nutzung von Wasserkraft, körperlich starke Statur, militärisches Potenzial etc. wurden als Handlungsfähigkeit angesehen und dienten einer gewissen Vormachtstellung. Energie bezieht sich auf Muskelkraft, materielle Ausstattung wirkt sich geografisch oder generalisiert aus und betrifft auch Kollektive.

Durch die Erfindung der Dampfmaschine und ähnlicher Kraftgewinnung sowie die Möglichkeit der Stromerzeugung wird Energie als zentrales Merkmal dann aber zunehmend nivelliert. Energie ist reichlich verfügbar und dient nicht länger als Differenzlinie zwischen „kompetent“ und „nicht kompetent“. An ihre Stelle tritt ***b) das Wissen***. Informationen, Ausbildung und Spezialisierungen werden zum neuen Wesensmerkmal des kompetenten Menschen – desjenigen Menschen, der über Handlungsfähigkeit verfügt. Wissen und Information sind funktionell, spezialisiert und auf das Individuum bezogen.

Obwohl die vorgenannte Kompetenzdefinition in einigen Regionen und unter bestimmten Bedingungen weiterhin als wesentlich angesehen werden, ist heute weltweit auch diese Form der Kompetenz als nivelliert anzusehen. Im Zeitalter sekundenschneller Internetverbindung – und damit Informationsbeschaffung – stellt das Wissen kein Alleinstellungsmerkmal des Handlungsfähigen mehr dar. Informationen können heute nahezu von jedem nahezu überall nahezu in Nullzeit beschafft werden. Heute sind nun ***c) Verständnis und Umsetzungsfähigkeit*** von zentraler Bedeutung. Kompetenz beinhaltet Kommunikation, Werteorientierung, Komplexitätserfassung und die Fähigkeit, Zusammenhänge zu analysieren und handelnd zu beantworten. Spezialwissen, Einzelkenntnisse und Gedächtnisspeicher verlieren ihre allein maßgebliche Bedeutung für Handlungsfähigkeit. Bildungsinstitutionen, die solche Veränderungen nicht aufgreifen, bilden am Puls der Zeit vorbei.

Für die lebenslangen Lerner gilt Ähnliches: Theoretische Fachwissenschaft (Wissen) oder Praxisorientierung (Können) allein werden den Anforderungen kompetenten Handelns im komplexen Alltag nicht mehr gerecht. Verständnis, Bereitschaft zur Kooperation sowie Umsetzungsfähigkeit stellen im Wesentlichen die Kompetenzen des modernen Menschen dar, nicht spezialisierte Einzelfertigkeiten und Wissensbestände allein. Exkurs Ende.

Fassen wir in Abbildung 6 die bisher entwickelten Vorstellungen des lebenslangen Lernens zusammen. Jeder Lernprozess geht seitens des menschlichen Lerners mit der Beteiligung der Lerndimension des Könnens, des Wissens und des Wollens einher, egal, ob es um das Einradfahren, eine komplexe Rechenaufgabe oder das Leben in einer festen Beziehung geht. Weil alle Lerndimensionen beteiligt sind, kann auch jede für sich zur Hemmung und schließlich zur umfänglichen Störung führen. Lernen erfolgt in der Zirkelstruktur von Lernhemmung, Lernhilfe und Lernen, und findet über den gesamten Lebensverlauf in den unterschiedlichen Erziehungsorten der Familienerziehung, der Schulerziehung und der Selbsterziehung statt.

Es geht also, so haben wir festgestellt, im pädagogisch geleiteten Lernprozess um die Aneignung nicht genetischer Tätigkeitsdispositionen, die allerdings – darauf weist Oliver Hechler in seinem lesenswerten Beitrag zur *Erziehung als Grundbegriff der Pädagogik* nachdrücklich hin – „nur durch eine Vermittlungsleistung, die als didaktische Seite der Erziehung gelten kann“ gelingt (Hechler 2022, 141). Demnach rückt das Lehr-Lern-Verhältnis zwischen dem Lernenden und einem Pädagogen ins Zentrum. Dabei ist das ***Zeigen*** die zentrale Signatur des Lehrers. Nach Klaus Prange und Gabriele Strobel-Eisele (2006) lässt sich die Zeigegeste in vier Formen unterteilen: ***Ostensives Zeigen***

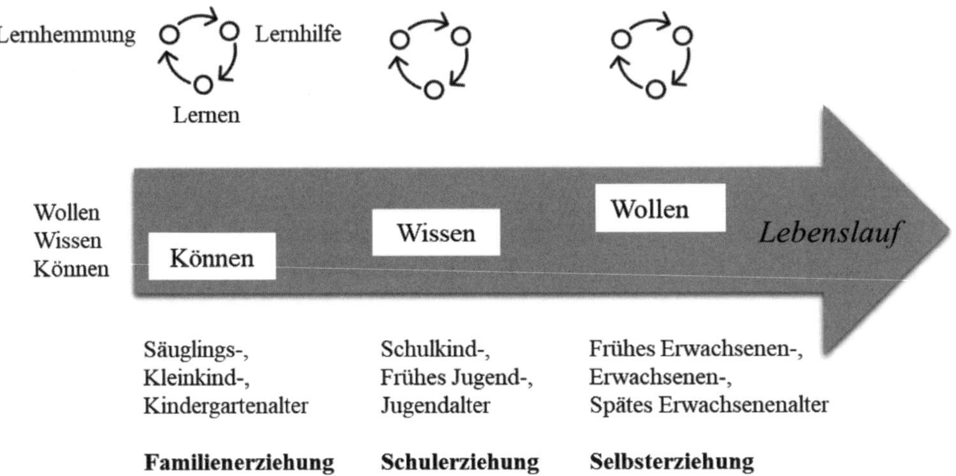

Abbildung 6: Lebenslanges Lernen

beschreibt das *übende Zeigen*. Prange und Strobel-Eisele führen dazu aus: „Die Übung stellt eine pädagogische Handlungsform dar, in der auf die elementaren kindlichen Lernbewegungen immer wieder mit unterstützenden, auffordernden Eingriffen von Seiten des Erziehers geantwortet wird" (ebd., 53). Ziel des übenden Zeigens ist das Hervorbringen von Gewohnheiten und Routinen, die im Leben des Lernenden in bestimmten Zusammenhängen entlastende Autopiloten einzurichten helfen. Auf diese Weise gelingt es dem Menschen, sein Leben teilweise ressourcensparend automatisiert zu leben. So muss nicht immer alles neu durchdacht und bewusst geplant werden. Ostensives Zeigen spielt sowohl in konkreten unterrichtlichen Lernsituationen, z. B. bei der Überwindung dysfunktionaler Verhaltensweisen, als auch mit Blick auf die Ausgestaltung des Lebenswandels eine Rolle. Ostensiv gezeigt wird also, wenn der Pädagoge etwas vormacht, mitmacht und hinsichtlich des anschaulich Gezeigten zur übenden Aneignung anhält. Das ***repräsentative Zeigen*** zielt dagegen auf Darstellung, Unterrichtung und Vortrag. Pädagogisches Handeln im repräsentativen Modus ist nach Prange/Strobel-Eisele die „Darstellung der Welt, ein Zeigen und Sehenlassen des Unsichtbaren" (ebd., 61). Repräsentatives Zeigen ist im Kern sprechendes, kommunikatives Zeigen. Durch Unterrichtung werden Sachverhalte und Situationen, die nicht anschaulich vor Augen geführt werden können, durch Reden und Erklärung zur Darstellung gebracht.

Der repräsentativ zeigende Pädagoge bezieht sich auf Themen, die im Kontext des Zeigens nicht so ohne Weiteres vergegenständlicht bzw. sichtbar gemacht werden können und trotzdem für eine funktionierende Lebenspraxis in personaler Selbstbestimmung von Relevanz sind. Unterricht, Vortrag und theoretische Erörterung spielen im Erziehungsprozess von jeher eine zentrale Rolle, bedenkt man, dass die Versprachlichung zeitlebens eine Form der Bewusstseinsbildung darstellt.

Das ***direktive Zeigen*** kann als Aufforderung zur Selbsttätigkeit begriffen werden. Der Educand wird aufgefordert, selbstständig aktiv zu werden. So paradox es klingen mag, sind Selbstbestimmung, Mündigkeit und Verantwortungsbereitschaft als die zentralen Ziele der Erziehung zunächst in hohem Maße auf Fremdbestimmung angewiesen. Die Aufforderung des Pädagogen bewegt den Menschen, etwas zu tun oder auch, etwas sein zu lassen. So oder so muss er aber Stellung beziehen. Das auffordernde Zeigen orientiert sich immer am Lernstand des Menschen. Direktives Zeigen führt die am Lernprozess Beteiligten in eine riskante Phase, weil nicht klar ist, was aus der Aufforderung werden wird. Der Lerner zeigt, ob er sein Lernen moderieren und dabei konstruktiv umsetzen kann, was er zu können oder zu wissen glaubt. Obwohl das direktive Zeigen ohne viele Umwege beim gemeinten Akteur landet, denn es geht ja schließlich um eine Handlungsaufforderung, stellt es doch ein Erziehungsmittel dar. Durch die Ansprache der selbstbestimmten Anteile der Person entfaltet sich eine positive Wirkung auf die Persönlichkeitsentwicklung des Menschen. Die Formulierung der Aufforderung kann auch zu einem Zeitpunkt im Lernprozess erfolgen, an dem noch kein ostensives oder repräsentatives Zeigen erfolgte, der Lernprozess also womöglich beim ungelösten Problem, bei einer Herausforderung oder schlicht bei einer offenen Frage beginnt. Das ***reaktive Zeigen*** schließlich entspricht konzeptuell der Rückmeldung. Rückmeldung als pädagogische Form thematisiert das Lernen selbst und verweist darauf, wie der Erzieher das Handeln des Lernenden beurteilt, Fehler zu nutzen empfiehlt und was aus seiner Sicht das übende, darstellende und auffordernde Zeigen bewirkt hat. Die Rückmeldung zielt nicht auf die Person, sondern auf die Tat des Educanden, sie wertet das Werk aus und erarbeitet im Idealfall Handlungsoptionen. Andernfalls können Kränkungen und Demütigungen entstehen, die das Verhältnis zwischen den Lernpartnern beeinträchtigen. Rückmeldungen stellen eine hohe Kunst pädagogischer Intervention dar, weil sie ermutigen, ernüchtern, korrigieren, auf neue Ideen bringen und antreiben können.

Dem pädagogisch Handelnden stehen also grundsätzlich vier Formen des Zeigens zur Verfügung. Er kann etwas vormachen oder mitmachen und damit durch Übung die Aneignung anleiten, er kann einen Sachverhalt oder eine Situation durch Vortrag und Erläuterung zur Darstellung bringen, er kann zum Tätigwerden oder zur Unterlassung auffordern oder er kann eine Rückmeldung zu einer Phase des Lernprozesses und zu den Ergebnissen der Bemühungen geben. In der Praxis des Erziehens werden diese pädagogischen Handlungsweisen allerdings selten in Reinform zur Anwendung gebracht. Die dargestellte Trennung dient der Veranschaulichung, wobei sicherlich der Schwerpunkt auf jeweils eine elementare Form gelegt wird, weil ja der Lernbedarf des Zöglings vorgibt, ob nun mehr geübt, Wissen vermittelt oder an die Einsicht appelliert werden sollte.

Fokussieren wir zunächst den idealtypischen Lernprozess nach Heinrich Roth (1963), der behauptet, so oder ähnlich verlaufe jeder gelingende Lernprozess in der Schule oder anderswo. Weil es keine namhaften Gegenstimmen gibt, legen wir unseren weiteren Überlegungen vorläufig dieses Model zugrunde.

Abbildung 7: Der idealtypische Lernprozess (vgl. Roth 1963)

In knappen Worten beschrieben, verläuft der idealtypische Lernprozess also so: Das lernende Kind – unser beispielhafter Anton – ist motiviert, neue Dinge und interessante Sachverhalte kennenzulernen und lässt sich darauf ein, über etwas Unbekanntes, ein Rätsel, eine Herausforderung oder schlicht etwas Neues nachzudenken. In der Schule wäre dies der vom Lehrer eingeführte Lerngegenstand, im Alltag handelt es sich um ein konkretes Problem, eine Zwangslage oder ein unerreichbar scheinendes Ziel. Im Rahmen seiner Überlegungen zum Lehr-Lernprozess betont Hans Rauschenberger (1967), dass pädagogisch bedeutsam in einem Lernprozess auch die Zeit *vor* der Motivationsphase sei. Es stellt sich für Rauschenberger die Frage, woher überhaupt der Wille kommt, eine empfundene Wissenslücke zu schließen. Durch das Entstehen dieses Interesses wird für Rauschenberger deutlich, wie Lernen grundsätzlich verläuft: Dem Manifestwerden der Aufmerksamkeit für einen Gegenstand oder einen Sachverhalt, den man nicht kennt, geht eine frühere – nicht reflektierte – Kenntnisnahme voraus. Während damals die neue Erfahrung verdrängt wurde, weil sie zum bisherigen Denkzusammenhang nicht passte, kann der erneut bemerkte Erkenntniswiderstand „nun, da er ja inzwischen wieder vergessen ist, *wie neu* ergriffen werden. Für den, der sich so zu interessieren beginnt, ist es, als ergriffe er den Gegenstand spontan“ (ebd., 73). Für den Pädagogen ergibt sich aus dieser Erkenntnis eine besondere Verantwortung: Lange vor der Beachtung eines Gegenstandes seitens des Lernenden müssen vom Lehrer mit Geduld Gegenstände und Sachverhalte dargeboten und Problemstellungen vorgestellt werden, die zunächst unbeachtet bleiben und – im günstigen Fall – viel später interessieren. Im Rahmen der ersten Phase entsteht nur so und *erst dann* der Wille, Nicht-Wissen zu beseitigen. Für den institutionell ungebundenen Lerner erweist sich ein anregungsreiches Leben als gute Grundlage für den Einstieg in das Lernen-Lernen.

Ganz gleich, um welche Art Lernherausforderung es sich handelt, sie erregt im Lerner einen *Widerstand*, weil Anton schlicht nicht versteht bzw. *noch* nicht versteht, wie das, was er erlebt, funktionieren könnte. Widerstandserleben stellt eine wichtige Voraussetzung des Lernens dar. Das Erleben meiner Inkompetenz in einer praktischen Herausforderung führt mich zum Lernen. Ohne Nicht-Können, Nicht-Wissen oder Nicht-Wollen kann ich nichts Neues lernen. Damit ist auch klar, dass am Anfang eines Lernprozesses ein praktisches Problem steht. Diese Erkenntnis verweist einmal mehr auf den Charakter der Pädagogik als praktische Wissenschaft, deren Ausgangspunkt *die Praxis* ist. Wenn Anton das reale Leben als Herausforderung – und damit als Widerstand – erfährt, kann er sich darauf einlassen, eine Lösung zu finden. Dabei ist ihm dann vielleicht nicht klar, wie das, was er sieht, zu bewerten ist, oder er versteht einzelne Schritte seiner Beobachtung nicht oder aber die gestellte Aufgabe lässt sich auf den ersten Blick als Ganzes nicht lösen. Der Widerstand weckt nun seine Neugierde. Er will wissen, was da los ist, wie das funktioniert oder welche Schritte zu einer Lösung des Problems führen. Ohne Widerstandserleben gibt es kein Lernen, wie es auch kein Lernen ohne Motivation gibt. Sobald Anton dann *Einsicht* bzw. eine Erkenntnis über denkbare Lösungswege erlangt hat, führt er das Problem einer *Lösung* zu und *übt* bzw. wiederholt die Lösungsschritte in verschiedenen Formen. Den Abschluss des gelungenen Lernprozesses bildet die Fähigkeit, das Gelernte so weit zu abstrahieren, dass eine *Übertragung* auf andere Lebensbereiche, die Formulierung von Prinzipien, das Entwickeln einer Eselsbrücke oder der Aufbau eines neuen Selbstbewusstseins möglich werden.

Ein solcher idealtypischer Lernprozess ist in ähnlicher Weise für unterschiedliche Lerngegenstände beschreibbar. Ganz gleich, ob es um den Erwerb von Fertigkeiten und Geschicklichkeiten geht, die primär im Bereich des Könnens liegen – wie etwa beim Erlernen des Jonglierens mit drei Bällen –, oder um die Vorbereitungsphase auf eine Lateinklausur, deren Anforderungen primär in der Dimension des Wissens und der Kognition liegen, oder wir an das Training vor einem Marathonlauf denken, für den u. a. der Aufbau von Ausdauer und Leistungsbereitschaft nötig sind. Wenn wir also davon ausgehen, dass sowohl beim Können-Lernen als auch beim Wissen-Lernen und beim Leben-Lernen (Wollen) diese Grundstruktur maßgeblich ist, sind auch Beeinträchtigungen und Brüche im Lernprozess entlang des Schemas erklärbar. Somit werden pädagogische Interventionen bei der Begleitung von Lernern sichtbar. Wenden wir uns also den Tücken des Lernprozesses zu.

2.2 Beeinträchtigter Lernprozess

Beeinträchtigungen im Bereich der Motivation

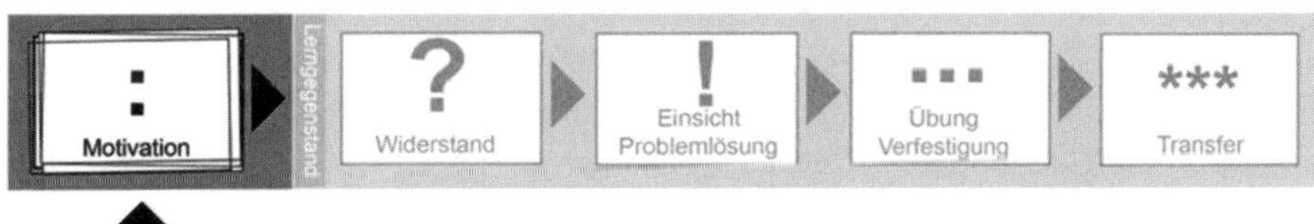

a. Erlernte Hilflosigkeit
b. Risikovermeidung
c. Entfremdungserfahrungen
d. Motivationslabilität
e. Motivationsgebundenheit

Abbildung 8: Beeinträchtigungen im Bereich der Motivation

Martin Seligman (2010) beschreibt mit dem Phänomen der *a) erlernten Hilflosigkeit* einen Motivationszustand, in dem Kinder nicht davon ausgehen, dass ihr persönliches Erleben in hohem Maße von eigenen Aktivitäten abhängig ist. Durch alltägliche Lernprozesse, in deren Verlauf sie begreifen mussten, dass ihr eigenes Ergehen *Folge der Handlungen anderer* Menschen ist, tritt mit der Zeit Resignation im Hinblick auf die eigene Wirksamkeit ein. Weil die sogenannte Kontrollüberzeugung des Lerners im Zuge dieser Erfahrungen stark abgenommen hat, scheint eigene Aktivität mit der Zeit „überflüssig“ geworden zu sein und wird nicht mehr oder nur noch unter bestimmten Bedingungen gezeigt. Kinder legen mit der Zeit eigene Handlungsimpulse ab, wenn sie häufig erlebt haben, dass ihr eigenes Tun nicht erfolgreich war. Mitunter entsteht dieser Eindruck nicht etwa, weil sich niemand um sie kümmert oder sie gar in Verwahrlosung aufwachsen, sondern ganz im Gegenteil: weil sich z. B. eine Betreuungsperson *zu intensiv* bzw. in dysfunktionaler Weise um diese Kinder gekümmert hat. Klassische Beispiele einer solchen Übersteuerung sind gut gemeinte „schnelle Hilfen“ wie das Tragen der Tasche, der Jacke oder vielleicht sogar des ganzen Kindes auf dem Weg in den Kindergarten, Hilfen im zweiten Teil einer Bastelarbeit, Hilfen bei Schulaufgaben oder das Erledigen ungeliebter Aufräumarbeiten. Neben der einschleichenden Bequemlichkeit nähren diese Erfahrungen im Kind die Überzeugung, einige Aufgaben und Arbeiten nicht allein schaffen zu *können*. Solche Zuwendungen haben häufig ihre Gründe in der intendierten Unterstützung des Kindes durch die Eltern, aber auch in der knapp bemessenen Zeit des eiligen Alltags. So kommt es vor, dass – bleiben wir in unseren Erzählungen ruhig bei unserem imaginären Freund – Anton am Morgen zwar beherzt die lange Außentreppe in seine Kindergartengruppe in Angriff nimmt, Papa aber dann auf der Hälfte der Strecke seinen Sohn mit einem raubtierähnlichen Ausruf unter den Arm klemmt und ihn rasch nach oben befördert. Das macht beiden Spaß und Papa kommt auf diese Weise schneller wieder ins Auto, um heute nicht zu spät zur Arbeit zu kommen. Wenn Anton auf diese und ähnliche Weise immer wieder lernt, dass er Dinge nicht zu Ende bringt, wird er sich immer weniger selbstwirksam erleben und immer öfter um die Hilfe anderer bitten.

Einen ganz anderen Fall *erlernter Hilflosigkeit* erlebt ein Junge aus Antons Gruppe. Samuel ist schon 5 Jahre alt und liebt den Kindergarten. Leider kann er nicht jeden Tag da sein, weil ihn seine Mutter bisweilen erst nach Ende der morgendlichen Abgabezeit bringt, und leider kann er auch häufig nicht mit den anderen Kindern raus auf den Spielplatz, weil er die falschen Schuhe, keine Regenjacke oder auch nur kurze Hosen anhat. Samuel hat sich angewöhnt, erst einmal auf die Ansage der Kindergärtnerin zu warten, ob speziell er persönlich beim geplanten Programmpunkt dabei sein kann oder in die Nachbargruppe gehen soll. Auf diese Weise lernte er, bei allen Aktionen zuvor auf persönliche Anweisungen zu warten. Später in der Schule wird es ihm genauso ergehen: Bei Lese-, Schreib- oder Bastelarbeiten, die von den Kindern während des Unterrichts in Stillarbeit durchgeführt werden sollen, wird er immer auf eine „besondere Einladung“ – so nennt es seine Lehrerin – warten. Er traut sich längst nicht mehr zu, wie alle anderen selbstorganisiert und ohne besondere Zuwendung seine Arbeit zu verrichten. Kinder wie Erwachsene können auch im Lernprozess Selbstwirksamkeit wiedererlernen. Dabei sollte jede Art Rückmeldung unmittelbar auf das eigene Handeln zurückzuführen sein. Je unmittelbarer ein Feedback auf das Tun erfolgt, desto wirksamer kann der erlernten Hilflosigkeit begegnet werden. Der Lerner wird erinnert, dass sein Handeln ohne Hilfe möglich und erfolgreich ist.

Eine zweite Form der Motivationsbeeinträchtigung ergibt sich aus einem negativen *Selbstbild*. Neben der oben bereits genannten *Kontrollüberzeugung* bilden das Selbstbild und das *Selbstkonzept* wichtige Instanzen dessen, was wir Identität nennen. Verweilen wir für fünf Leseminuten bei diesen Pfeilern einer gesunden Persönlichkeit, bevor wir uns wieder der Motivationsbeeinträchtigung zuwenden. Die *Kontrollüberzeugung* beschreibt allgemein meine individuelle Vorstellung davon, inwiefern mein Ergehen *von den eigenen Handlungen abhängt und inwiefern nicht*. Dies bezieht sich auf die komplexen Sachverhalte, wie beispielsweise meine Gesundheit, drohende Unfälle, den Lebensverlauf etc., und – wie oben dargestellt – auch auf alltägliches Handeln, Lernen, Erfolge und Aktionen. Die Kontrollüberzeugung ist gering, dass ich viele Situationen oder auch allgemein mein ganzes Leben so gut wie gar nicht wirkungsvoll gestalten und kontrollieren kann. Vielmehr bin ich eventuell der Überzeugung, dass äußere Einflüsse und auch andere Menschen umfangreicher darüber bestimmen, wie, wo und mit wem ich lebe, als ich selbst.

Das Gegenteil von Selbstwirksamkeitserleben sind Ohnmachtsgefühle, die entstehen, wenn ich eher *ge-lebt* werde, anstatt zu leben. Das *Selbstkonzept* umfasst die *rationale Einschätzung meiner Fähigkeiten und Fertigkeiten*. Allgemein wird es als das *selbstbezogene Wissen* bezeichnet. Ich bin z. B. der Überzeugung, dass ich ein guter Mathematiker, sportlich und zudem geschickt im Umgang mit Pinsel und Farbe bin. Das Selbstkonzept umfasst die kognitive Komponente meiner Selbstwahrnehmung und beinhaltet neben den Ergebnissen nachprüfbarer Evaluationen in Form beispielsweise von Schulnoten oder sportlichen Leistungen auch die gewachsene Überzeugung von meinen Kompetenzen, die mitunter durch gedankliche Schlussfolgerungen entstanden sind. Dieses selbstbezogene Wissen schließt auch Erkenntnisse über eigene Emotionen, das Selbstbewusstsein und sogar die Kritik an der eigenen Einschätzung auf der Metaebene ein. Damit ist das Selbstkonzept auch Regulationsinstanz des Selbstbewusstseins, weil ich mir Gedanken über meine Gedanken machen kann.

Im Unterschied zum Selbstkonzept umfasst das *Selbstbild* die *emotionalen Aspekte meiner Selbsteinschätzung* und stellt damit die affektive Komponente meiner Identität dar. Es ist das Ergebnis meiner Selbstbewertung, die durchaus auch unbewusst vonstattengehen kann und im Wesentlichen in den ersten Lebensjahren geprägt wird. Entscheidend sind dabei Erlebnisse, die dazu führen, dass ich mich als wertvoll wahrnehme, dass ich mich als geliebt, beliebt und angenommen ansehe und dass ich davon ausgehe, schon „ganz in Ordnung“ zu sein. Negative Ausprägungen sind Minderwertigkeitskomplexe, Gefühle des Ungeliebt- und Überflüssigseins und das Gefühl, als Mensch und Mitglied der Gesellschaft weniger wert zu sein als andere. Ein negatives Selbstbild lässt die Überzeugung wachsen, dass nichts fehlen würde, wenn ich nicht da wäre, und dass mich womöglich sogar wenige vermissen würden. Das Ergebnis sind u. a. Unsicherheit, Ängste, Zurückgezogenheit und mangelndes Selbstbewusstsein.

Bei dieser zweiten, häufig anzutreffenden Form einer Motivationsbeeinträchtigung handelt es sich um das *b) Bemühen einer Risikovermeidung*. Betroffen sind Lerner, für die Lernen deshalb eine Bedrohung darstellt, weil sie ihren Wert von ihren

Leistungen abhängig machen. Einfach formuliert könnten wir sagen: Weil sie die Inhalte des Selbstkonzeptes und des Selbstbildes zusammengebracht haben, scheint ihr Wert als Mensch, ihre Liebenswürdigkeit, ihre Position in der Bezugsgruppe, ihre Bedeutung für andere von dem abzuhängen, was sie zu leisten imstande sind. „Wenn ich diese Aufgabe nicht schaffe, bin ich blamiert und verliere weitere Wertschätzung" oder „Beliebt ist, wer möglichst wenig falsch macht. Damit ich nicht negativ auffalle, lass ich mich lieber nicht auf den Lernprozess ein". So führt das Motiv der Risikominimierung „lieber faul als dumm rüberkommen" dazu, dass grundsätzlich attraktive, lebensspendende und zutiefst menschliche Lernprozesse eine Bedrohung darstellen. Um weitere Verletzungen, Enttäuschungen und letztlich Gefährdungen zu vermeiden, lassen sie sich auf kein Risiko des Scheiterns mehr ein und nehmen nur noch „Herausforderungen" an, die sie von vornherein absehbar leicht bewältigen. Sie lernen nicht, weil das Lernen zu riskant geworden ist. Kinder sind bereit, überschaubare Risiken einzugehen, wenn sie über ein starkes Selbstbewusstsein verfügen. Wenn der vom Kind so gefühlte Automatismus, dass ein Lernrisiko grundsätzlich zum Scheitern führt, durchbrochen wird und es dem Lehrer gelingt, Erfolg in den realen Optionsbereich des Lernprozesses zu rücken, kann sich das Kind wieder auf den Lernprozess einlassen. Selbst im Falle weiterer Misserfolge ermöglicht eine ganzheitlich positive Einstellung zur eigenen Stärke und Leistungsfähigkeit dann das Einlassen auf Lernen.

Im Zusammenhang mit der Motivationsphase im idealtypischen Lernprozess treten abseits von erlernter Hilflosigkeit und Risikovermeidung immer wieder auch *c) Entfremdungserfahrungen* auf, die mit dem *Ausbleiben von Resonanzerlebnissen* zu tun haben. An Schulen z. B. wird der gesellschaftliche und bildungspolitische Anspruch herangetragen, das Interesse und die Neugierde aller Kinder aus dem Bereich des Spielens und ihrer vorschulischen Welterfahrung aufzugreifen und vermehrt auf schulische Lerngegenstände zu lenken. Dennoch haben Statistiken eine klare Botschaft: Nach wie vor besteht ein signifikanter Zusammenhang zwischen sozialer Herkunft und Bildungserfolg auf allen Stufen schulischer Bildung und Hochschulbildung (vgl. El-Mafaalani 2012; 2020). Offensichtlich klaffen pädagogischer Anspruch und institutionelle Wirklichkeit weit auseinander. Kinder, deren Background sich vom Mainstream-Milieu unterscheidet, werden in der bürgerlich geprägten Institution Schule hinsichtlich ihrer Lernbegleitung benachteiligt. Das hängt – ungewollt – mit der Art und Weise zusammen, in der Pädagogen das Resonanzerleben eines Teils ihrer Educanden ermöglichen und andererseits Entfremdungsprozesse der anderen zulassen. Resonanz ist als ein wechselseitiges Beziehungsgeschehen zwischen Subjekt und Welt zu verstehen, das von einem gegenseitigen Reagieren aufeinander bestimmt ist. Das Subjekt wird a) angesprochen, tritt b) aktiv in eine wechselseitige Beziehung zur Welt ein und erlebt c) innere Veränderung, ein Lernen und sogar Lernen-Lernen. Die bewegenden Erfahrungen sind dabei d) in gewissem Sinne unverfügbar, d. h., sie sind nicht nach bestimmten Regeln und Formen herzustellen, sondern entziehen sich der Planbarkeit.

Das Lernen stellt also einen offenen Prozess dar und dabei ein unwägbares Ende in Aussicht (vgl. Ellinger/Kleinhenz 2022b, 31). Mit dem Begriff der Entfremdung ist eine bestimmte Form der Beziehungslosigkeit gemeint. Subjekt und Welt stehen sich nichtssagend oder sogar als Feinde gegenüber. Es lassen sich zwei Entfremdungsmodi des Lerners unterscheiden: Zum einen beschreibt *Indifferenz* eine gleichgültige Haltung. Die Welt, die Herausforderung oder die Lernaufgabe erscheinen festgelegt und für den Menschen unbedeutend. Deshalb erlebt er sich umgekehrt auch als irrelevant für diese Welt, für diesen Lernprozess und für die angebotene Herausforderung. Zum anderen beschreibt *Repulsion* eine grundsätzlich verhärtete Haltung des Lerners. Der Mensch hat das Gefühl, sich ständig gegen die Welt behaupten und „verpanzern" zu müssen, weil von ihr in erster Linie Gefahren ausgehen. In beiden Fällen findet keine Öffnung gegenüber dem Lerngegenstand statt. Entfremdung stellt das Gegenteil von Resonanz dar: Eine stumme und kalte Funkstille (ausführlich bei Ellinger/Kleinhenz 2022b, 33 ff. und 116 f.). Weil Lernen auf Resonanzerfahrung angewiesen ist, wirken Entfremdungsprozesse – ob in der Schule oder andernorts – motivationsbeeinträchtigend. Hier braucht jeder Lerner irgendwann einmal Lernhilfe, indem er dabei unterstützt wird, das Problem – oder einfacher: *die Sache* als relevant zu begreifen. Lernen funktioniert nur, wenn es von einer realen, interessanten, klar vor Augen stehenden und beschreibbaren Fragestellung oder Zielsetzung inspiriert ist. Wir können uns nicht oft genug klarmachen, wie wichtig deshalb die ansprechende, realitätsnahe und von der Praxis ausgehende Beschreibung dessen ist, worum es hier und jetzt gerade geht. Mitunter ist sogar bereits bei der Beschreibung des Problems die Beteiligung des Lerners – vor dem Hintergrund seiner Lebenswelt und Erfahrung – ein wichtiger Teil wirksamer Lernhilfe.

Der Schweizer Heilpädagoge Emil E. Kobi stellt in seinem lesenswerten Buch *Die Rehabilitation der Lernbehinderten* weitere denkbare Beeinträchtigungen im Bereich der Motivation zusammen (Kobi 1980, 23 ff.), von denen wir exemplarisch zwei bedenken wollen: Die *d) Motivationslabilität* (ebd., 28) beschreibt einen Zustand, der zeitweise überschießende Motivation und geradezu überbordende Aktivität beinhaltet – und kurz darauf in Motivationsschwäche verfällt, die einem Zusammenbruch gleicht. Erfolglosigkeit und Misserfolgserlebnisse veranlassen die so beeinträchtigten Lerner immer wieder, sich gegen ein Versinken in Apathie und Gefühllosigkeit aufzulehnen. Allerdings stellt die Motivationslabilität ein Problem nicht nur für den Einstieg in, sondern auch für das positive Erleben von Lernprozesse(n) dar. Kinder und Jugendliche, die Motivationslabilität aufweisen, sind häufig verzweifelte und verunsicherte Kinder, die sich gegen ein als drohend empfundenes Versinken in der Handlungsunfähigkeit aufbäumen. Sie suchen Hilfe in der Strukturierung ihrer Aufmerksamkeit und hinsichtlich ihrer Arbeitsstrategien im bevorstehenden Lernprozess. Motivationsanregungen sollten zugleich Strukturierungshilfen beinhalten, die den betreffenden Kindern Mut machen, indem sie Anknüpfungspunkte für ihre Vorkenntnisse finden. Franz Wember (2020) weist in seinen Ausführungen zum direkten Unterricht auf die Bedeutung einer Strukturierungsphase für die Festigung der Motivationslage dieser Lerner hin. Solche Strukturierungshilfen können auch klare Anweisungen beinhalten, bestimmte Erinnerungen wachrufen oder ermutigen, dieses oder jenes noch einmal zu erzählen.

Last but not least stellt die *e) Motivationsgebundenheit* eine „extreme bzw. nicht mehr altersgemäße soziale Gebundenheit der Leistungsmotivation an bestimmte Personen" dar (Kobi 1980, 29). Kinder, die z. B. aufgrund früher unsicherer Beziehungen zu ihren primären Bezugspersonen ein unsicher-ambivalentes Bindungsmuster entwickelten, erleben Motivationsbeeinträchtigung, indem sie nur zum Lernen motiviert sind, wenn eine spezielle Person anwesend ist. So könnte z. B. Marvin im Mathematik- und Deutschunterricht nur mitdenken und sich innerlich engagieren, wenn Frau Schmidtbauer anwesend ist. Von anderen Lehrkräften ist er für diese und andere Fächer nicht zu begeistern. Motivationsgebundenheit kann sich auch hinsichtlich eines Raumes, einer Uhrzeit oder einer Schülergruppe entwickeln und gründet im Wunsch nach Sicherheit durch menschliche Nähe oder durch ein gewohntes Setting. Lernprozesse scheitern häufig schon bevor sie begonnen haben, wenn sich der Lerner einer Motivationsbeeinträchtigung unterwirft. Lernen-Lernen beinhaltet die Regulation meiner emotionalen Befindlichkeit und Motivationslage.

Beeinträchtigungen im Bereich des Widerstandserlebens

Im idealtypischen Lernprozess entsteht eine Dissonanz zwischen dem Beobachteten, Gehörten, Herausfordernden und dem, was ich schon weiß. Ich gerate ins Stocken, komme nicht weiter, beginne zu rätseln und suche eine Erklärung für „das Neue". Der bereits erwähnte Emil E. Kobi geht davon aus, dass „auf der Stufe des Widerstandes vor allen Dingen der Entstehungsort möglicher Frustrationen und Überforderungen gesehen werden" muss (Kobi 1980, 33). Das für das Lernen wichtige Widerstandserleben muss ggf. erlernt werden, weil es andernfalls zum Erliegen des gesamten Lernprozesses führt.

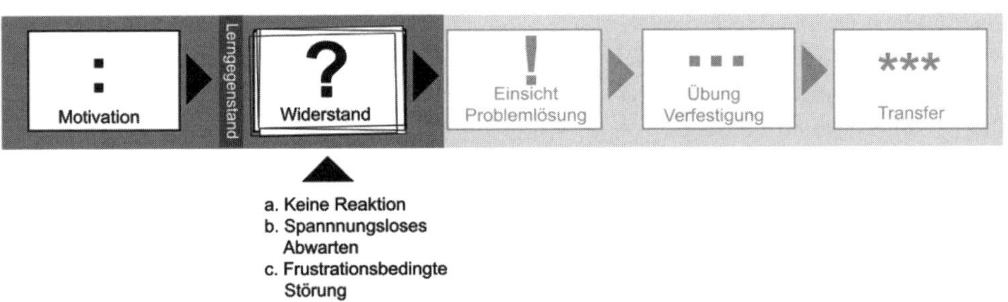

Abbildung 9: Beeinträchtigung im Bereich des Widerstandserlebens

Immer wieder kommt es bei Erwachsenen und auch bei Kindern vor, dass die Lerner *a) den Widerstand gar nicht registrieren.* Sie erkennen die „Merkwürdigkeit" nicht und schauen über Ungereimtheiten hinweg. Ein derartiges Phänomen können Sie bei einer Zaubervorstellung im Kindergarten beobachten. Die Vorschulkinder erkennen in der Regel den Widerstand. Sie „wissen" schon, dass kein Zauberer der Welt eine

Münze durch den Ärmel in einen Becher zaubern kann und wollen jetzt wissen, „wie er das gemacht hat". Ihre jüngeren Geschwister dagegen freuen sich häufig einfach nur über die tolle Überraschung – nach dem Motto: „Wo zaubert er die Münze wohl als Nächstes hin?" Ein solches Nicht-Registrieren von Widerständen wird im schulischen Kontext bisweilen auf mangelnde kognitive Leistungsfähigkeit zurückgeführt, hängt aber häufig auch mit einer flüchtigen Bewertung, einer gleichgültigen Haltung, einer irreführenden Erwartung oder einem grundsätzlichen Missverständnis aufgrund mangelnder Vorkenntnis zusammen, weil das Problem thematisch außerhalb ihrer Welt liegt. Ernst Begemann (1968) spricht im Zusammenhang mit der Begleitung sogenannter „soziokulturell benachteiligter" Kinder von der Notwendigkeit einer *Eigenwelterweiterung* als didaktischer Aufgabe. In einigen Fällen ist es sicherlich auch angemessen, schlicht von mangelnder Allgemeinbildung zu sprechen. Dieser Sachverhalt trifft auf manches Nicht-Registrieren eines Widerstandes zu, wenn der Lerngegenstand als solcher in der Welt des sozial benachteiligten Schülers fremd ist. Hier muss sorgfältig von einer Intelligenzminderung unterschieden werden. Der regelmäßige Austausch über Vorlieben, Gewohnheiten und Prioritäten in der Welt des Lehrers und des Lerners hilft, sowohl derartige Beeinträchtigungen zu vermeiden als auch den Horizont beider Gesprächspartner zu erweitern. In jedem Fall lohnt es sich, den möglichen Grund eines Nicht-Registrierens zu besprechen. Eine Beeinträchtigung im Widerstandserleben tritt auch durch das *b) spannungslose Abwarten* auf. Für manche modernen Lerner, ob Kind, Jugendlicher oder Erwachsener, scheint das Abwarten auf die Fortsetzung der Geschichte zur Gewohnheit geworden zu sein. Sie haben häufig niemals gelernt, Spannung aktiv zu ertragen und an ihrem Abbau mitzuwirken, weil sie im Unterschied zu früheren Generationen oder auch im Unterschied zu anderen Lebensstilgruppen nicht lernen, spannende Geschichten, Rätsel und Abenteuer entweder vorgelesen zu bekommen oder durch eigenes Lesen zu erarbeiten. So wird gelernt, Spannungen zu ertragen und auszutragen. Wenn ein Lerner allerdings schon früh Spannung in der Regel durch Stillhalten „bewältigt", indem er z. B. einen Film schlicht weiterlaufen lassen und mehr oder weniger en passant erfahren kann, wie die Geschichte ausgeht, kann dies zum Grundmuster seines Umgangs mit Rätselhaftem, Ungeklärtem – und eben mit Widerständen im Lernprozess – werden. Von außen betrachtet wirkt ein solcher Lerner womöglich einfach dumm. Allerdings handelt es sich dabei schlicht um Gewohnheit, der Auflösung von Widerständen auf diese Weise als Zuschauer beizuwohnen, anstatt sich aktiv daran zu beteiligen. Der Pädagoge ist gut beraten, im konkreten Lernprozess keinen Widerstand abzubauen, bevor sich die Kinder aktiv an der Beschreibung und der „Besteigung" des Berges beteiligt haben. Ein selbst formulierter Widerstand, der klar im Raum steht, ist der beste Garant dafür, dass sich ebenfalls Widerstand im Kind regt. Widerstand gegen den Widerstand. Und schließlich verhindern *c) frustrationsbedingte Störungen* den erfolgreichen Umgang mit dem Widerstand. Dabei stellt diese Bezeichnung im Grunde ein Sammelbecken für unterschiedliche Einflussfaktoren auf den misslingenden Umgang mit Widerständen dar. Der Begriff *frustra, lat. vergeblich, nutzlos, erfolglos, umsonst*, soll hier nicht als Bezeichnung für etwas Negatives verstanden werden. Der erfolglose Ausgang eines Lernprozesses ist nicht an sich negativ. Auch ist ein Lernprozess mit großem Widerstand an sich nicht zwingend frustrierend. Selbst erfolglose und vergebliche Versuche, einen Widerstand zu überwinden bzw. ein Nicht-Wissen aufzulösen, sind nichts Schädliches – auch wenn in diesem Zusammenhang von einer Frustration gesprochen wird. Frustrationsbedingte Störungen im Widerstandserleben entstehen dann, wenn Misserfolge im Lernprozess nicht angemessen verarbeitet werden können oder konnten. Die Erfahrung beispielsweise, dauernd an einem zu hohen Anspruch zu scheitern, kann zu einer frustrationsbedingten Störung führen. Eine ähnliche Wirkung hat die Erfahrung permanent zu niedriger Anspruchsniveaus. Sowohl dauerhaft nicht herausfordernde als auch durchgängig nicht zu bewältigende Widerstände prägen den Umgang mit Lernwiderständen negativ.

Beeinträchtigungen im Bereich der Problemlösung

Unabhängig von den Ausführungen zur zentralen Bedeutung des Zeigens muss auf eine weitere Problematik hingewiesen werden: Soll im Lernprozess Resonanzerleben ermöglicht werden, ist von entscheidender Bedeutung, dass sich zwei möglichst eigenständige, gleichwertige Individuen auf den Lerngegenstand einlassen und in Kontakt zueinander treten. Ein resonanzverhindernder Faktor ist darin auszumachen, dass diese grundsätzliche Gleichheit der Akteure vor dem Hintergrund der möglicherweise eindeutig fachlichen Überlegenheit des Pädagogen übergangen wird.

In seinem Buch *Der unwissende Lehrmeister* (2007) stellt Jacques Rancière die pädagogische Notwendigkeit des *konservativen* Erklärens radikal infrage und etabliert stattdessen die Grundannahme der „Gleichheit der Intelligenzen“. Die gängige Auffassung dessen, was man unter „Erklären“ versteht, geht seiner Ansicht nach von einem strukturierten, nach didaktischen Ansprüchen und schulischen Anforderungen hierarchisierten Vorgang aus. Erklären stellt demnach eine anleitende Führung des Lernenden durch den Lehrmeister dar. Dabei geben die Intelligenz und das Wissen, die Erfahrung und die Position des Lehrmeisters den Ton an. Dadurch, dass aber die Schülerinnen und Schüler von der Intelligenz, dem Wissen und der Erfahrung des Lehrmeisters geführt werden, so kritisiert Rancière, werden sie ausschließlich *zu seinem* Wissen und nicht etwa zu ihrem eigenen geführt. Auf diese Weise findet durch den Vorgang des *Beibringens* von Wissen tatsächlich ein *Bringen* von etwas Fremdem und eine Unterordnung statt. Die zu durchlaufenden Schritte vom Einfachen zum Komplexen sind vom Wissen der Lehrkraft strukturiert. Deshalb stellt Rancière die naheliegende Frage, ob der Schüler unter Umständen nur fremde Aneignungsgedanken lernt, die für ihn selbst nur bedingt Kontakt zur Welt an sich herstellen (vgl. ebd., 14). Man könnte auch sagen: In der erklärenden Logik herrscht die Vorstellung, dass die komplexe Wirklichkeit der scheinbar unterkomplexen Intelligenz des Lernenden angepasst werden muss. Dies ist nach Rancière nicht nur übergriffig, sondern vor dem Hintergrund der Lernerfahrungen und Lernaufgaben jedes Menschen in seinem gesamten Leben paradox (vgl. Ellinger/Kleinhenz 2022a, 100). Menschen lernen von Kindheit an selbstverständlich eigenständig ohne explizite Erklärungen. Sie erwerben ihre Muttersprache, erkunden ihre Umwelt und kommen bis zum Eintritt in die

Schule in keiner Situation auf die belastende Idee, im Lernen versagt zu haben oder etwas nicht zu verstehen. Was sich zeigt, ist die grundlegende Lernfähigkeit aller Kinder als anthropologische Konstante. Menschliche Lerner können sich grundsätzlich auf die Welt ausrichten und diese im Rahmen einer wechselseitigen Beziehung aneignen. Dieses natürliche und unkomplizierte Verhältnis zu Problemen, Fragestellungen, Rätseln und Unerklärlichem wird vom Zeitpunkt der Einschulung durch das selbstverständliche *Beibringen* externer Erklärungen zur Verdummung überführt. Während die Kinder ihre Welt und auch die Rätsel darin zu Beginn ihres Lebens also auf eigene Weise verstanden haben, wird jetzt erwartet, dass sie nehmen, was ihnen nach der Logik des Lehrers beigebracht wird. Es ist als Paradoxon zu betrachten, dass ausgerechnet sogenannte „schlechte Lerner“ meist verstärkt mit derart übergriffigen Erklärungen überfrachtet werden, anstatt sie zur ursprünglichen Form ihrer Welterkundung, einer selbstorganisierten Art zu lernen, zurückzuführen. Beeinträchtigungen im Bereich des Problemlösens sollen häufig durch besseres, kleinschrittigeres und leistungsdifferenzierteres Erklären behoben werde. Mitunter findet eine regelrechte Inflation des Erklärens statt, die dann selbstbewusst *Förderung* genannt wird. Daran, dass die Beeinträchtigung mit der lehrerseitigen Haltung des Erklärens selbst und mit der damit verbundenen Herabwürdigung und dem entstehenden Gefühl der Minderwertigkeit und Ohnmacht zusammenhängen könnte, wird dabei weniger gedacht (vgl. ebd., 101).

In der Phase der Problemlösung geht es nicht um die Vermittlung eines Stoffes, um das Beibringen und Anhäufen von Wissen. Vielmehr schließt erfolgreiches Lernen in einer Problemsituation immer zugleich die zunehmende Fähigkeit ein, beim späteren Lernen ähnliche Probleme schneller zu erfassen. Dabei spielen bereits für Jerome S. Bruner (1973) die intuitiven Anteile des Lehr-Lernprozesses eine große Rolle. Gelungene Lernprozesse bilden und stärken Grundstrukturen intuitiven Denkens und Lernens aufseiten der Schülerinnen und Schüler und seitens der Lehrpersonen. Von zentraler Bedeutung sind dabei die Vielfalt der ermöglichten Erfahrungen beim Lernen, die Ermutigung zur Spontanität, zum Fantasieren, zum Spekulieren und zum Raten sowie die Unterstützung eines positiven Selbstbewusstseins (ebd., 70 f.). Diese Art nicht festgelegter Unterrichtung, freier Förderung, begleiteten Experimentierens, die sich nicht in feste Zeittakte, auf eine bestimmte Quadratmeterzahl und abfragbare Methoden festlegen lässt, sucht bei den Schülern letztendlich das, was Jörg Hauschildt (1995) das „Klick“ und Copei (1930) den „fruchtbaren Moment“ im Erkenntnisprozess nennt. Hier geht dem Lernenden ein Licht auf, hier fällt der Groschen, hier wird etwas auf einmal klar. Generationen von Lernern erleben diesen Moment von Zeit zu Zeit in den verschiedenen Unterrichtsfächern. Einige ringen verzweifelt und mehr oder weniger erfolgreich, andere haben sich dem Nicht-Verstehen ergeben und dritte bilden parallele Erkenntniswelten aus, indem sie nach hilfreichen YouTube-Filmen suchen oder über das Internet Lernmaterialien besorgen. Der Genuss eines „Aha!“-Erlebnisses und damit verbunden das Selbstbewusstsein, lernen zu können, ein Problem zu lösen, selbstwirksam zu sein, wird mit zunehmender negativer Lernerfahrung ausgeschlossen.

Zur Beschreibung des fruchtbaren Moments und seiner Genese untersucht der phänomenologisch orientierte Pädagoge Friedrich Copei bereits in den 1920er-Jahren die Entstehungsgeschichten unterschiedlicher wissenschaftlicher Erfindungen, Entdeckungen und individuell kreativer Leistungen. Er stellt ein Phasenmodell intellektueller Erkenntnis vor, das seinen Analysen zufolge für jeden geistigen Prozess Gültigkeit hat. Dabei bildet der fruchtbare Moment einen zentralen Punkt im Verlauf einer sukzessiven Entwicklung in vier Phasen (vgl. Copei 1930).

Phase I beschreibt *das Auftreten einer schmerzhaften Lücke im bisherigen Wissen.* Am konkreten Fall wird eine Diskrepanz zwischen erlebter Wirklichkeit und dem eigenen Wissensbestand bewusst. Es entsteht der Wille, die entstandenen Fragen beantworten, den Widerstand überwinden zu können. Wie besprochen haben einzelne Schüler möglicherweise in einer frustrierenden Lernkarriere gelernt, dass spannungsloses Abwarten oder das Nichtbeachten von Widerständen dieser Art geeignete Reaktionen auf eigene Wissenslücken sind. Für die Anbahnung des fruchtbaren Moments ist es bedeutend, die Diskrepanz zwischen bisherigem Wissen und der Fähigkeit, aktuell Erlebtes zu erklären, als schmerzhaft, unangenehm, bohrend und herausfordernd erleben zu lassen. Dabei sollten Neugier und nicht Angst vor Versagen, Selbstbewusstsein und nicht Selbstzweifel, Entdeckerfreude und nicht Überforderung die emotionale Befindlichkeit prägen. Diese geistige Bewegung mündet in ***Phase II**, ein ernsthaftes Suchen nach Antwort.* Das lernende Kind empfindet qualvolle Spannung des Nicht-Wissens, will intuitiv das Problemfeld gliedern, strukturieren und nach Ansatzpunkten suchen. Die Schülerinnen und Schüler stellen methodische Überlegungen an und entwickeln eine intensive Aufmerksamkeit, eine Erwartungshaltung, ein konzentriertes Hinsehen und Analysieren. Diese Phase bringt nun sehr grundsätzliche Lösungsstrategien und -kompetenzen zum Vorschein, die über das konkrete Problem hinaus bedeutend sind. In dieser Phase ist es wichtig, individuelle Formen der Stofferarbeitung, individuelle Lernformen, individuelle Organisations- und Ordnungsmuster zu erlauben bzw. zu ermöglichen. Schließlich ereignet sich in ***Phase III** der fruchtbare Moment / die Intuition / die „Empfängnis" einer geistigen Vision.* Die erlösende Idee erhellt das Problemfeld für einen Moment wie eine Leuchtrakete. Das Nicht-Wissen weicht einem Lösungsansatz, es entsteht eine Konzeption. Dieser Moment der Intuition wird mitunter wie etwas Mystisches, nicht Beeinflussbares und Unverfügbares erlebt. In ***Phase IV*** schließlich erfolgt das sogenannte *„Austragen" der Erkenntnis.* Die Schüler festigen die Idee, hinterfragen ihre Richtigkeit, überprüfen deren Funktionieren, formulieren die entworfene Konzeption aus, planen das weitere Vorgehen und wählen eventuell geeignete Methoden und Verbündete für eine Übertragung ihres Aha-Erlebnisses auf andere Zusammenhänge. In dieser Phase fallen „Üben" und „Verfestigen" mit dem „Transfer" aus unserem idealtypischen Verlauf eines Lernprozesses zusammen.

In seiner Dissertationsschrift entwickelt Friedrich Copei 1930 seine Idee anhand eines detailliert beschriebenen Praxisbeispiels. Der Anfang seiner Darstellung soll uns helfen, in die für die damalige Zeit besonders revolutionäre Logik des Konzeptes einzutauchen.

Das Milchdosenbeispiel:
Auf eine Schulwanderung hat einer der Jungen eine Büchse kondensierte Milch mitgebracht, die von den meisten Landkindern als etwas Neues angesehen und schon deshalb mit Interesse betrachtet wird. Feierlich öffnet der Besitzer die Büchse, indem er an einer Stelle ein Loch in den Büchsendeckel bohrt. Er will die Milch ausgießen – aber keine Milch fließt heraus! Nur beim Schütteln spritzen einige Tropfen. Alles staunt: Wie kommt das nur? Die anderen raten ihm: „Du musst das Loch größer machen." Er tut's – ohne merklichen Erfolg. Einer vermutet: „Die Milch ist wohl dick geworden, vielleicht ist das Loch verstopft" – aber eine Verstopfung ist nicht zu entdecken. Die anderen wenden auch ein: „Wir haben ja ganz flüssige Milchtropfen herausspringen sehen!" Der Junge beharrt: „Da muss aber doch etwas davorsitzen, sonst flösse die Milch doch heraus!" Andere sagen ihm: „Aber es sitzt doch nichts davor." Der Lehrer wirft ein: „Nichts?" ein. Antwort: „Nur Luft, sonst nichts, wir haben's ja probiert." Da meldet sich einer der Jungen zu Hilfe. Er schlägt ein zweites Loch in die Büchse, so wie er das schon irgendwo gesehen hat. Allgemeines Staunen, denn plötzlich fließt die Milch in schönem Strahl glatt aus der einen Öffnung. Aber doch nur, solange die Büchse schräg gehalten wird, als man die Büchse senkrecht hinstellt, damit die Milch zugleich aus beiden Löchern kommen solle, hört das Fließen wieder auf, und nur wenige Tropfen kommen. Die Kinder sind verblüfft.

Friedrich Copei schlägt mit Blick auf das Beispiel vor, dass der Lehrer die Kinder mit ihren Fragen, wie das nur kommen könnte, erst einmal heimgehen lässt. Im weiteren Text zeigt der Verfasser detailliert, wie er sich die pädagogische Anbahnung des fruchtbaren Moments vorstellt. So können die Versuche am andern Tag dann wiederholt und skizziert nebeneinandergestellt werden. Zuerst verdeutlichen schematische Zeichnungen Fälle, in denen keine Milch fließt. Wieder wird die Verwunderung darüber ausgesprochen und betont, dass die Milch nicht rauskommt, obwohl sie doch eine Öffnung hätte und es wird von den Schülern gemutmaßt, dass ihr wohl etwas im Weg stehen müsse (Widerstand). Das kann – so wird diskutiert – nur die Luft sein, denn nichts steht sonst im Weg. Also muss wohl im ersten Fall die Luft die Milch nicht ausfließen lassen. Und im zweiten Fall? Da steht auch vor der zweiten Öffnung nur die Luft. Wieder kann hier nur die Luft die Milch zurückhalten. Wer ist nun „stärker", die Milch oder die Luft?

Schließlich wird der dritte Fall analysiert: „Wann fließt es?" Wenn die Milchdose schräg gehalten wird. Wer ist dann der Stärkere? An einem der beiden Löcher ist die Milch stärker, dort fließt sie. Am oberen Loch kann die Milch nicht stärker sein, denn dort kommt sie nicht raus. Copei beschreibt nun Schritt für Schritt, wie die Schülerinnen und Schüler über die Beobachtung eine Ahnung von der doppelten Druckbewegung der ausströmenden Milch und der einströmenden Luft erhalten. Sie probieren, ob ihre Vermutungen stimmen, versperren die Löcher und übertragen das Erkannte auf andere Zusammenhänge ihres Lebens, wie z. B. das Ausschütten einer vollen Flasche. Die Kinder kennen jetzt die Druckwirkung der Luft und die Phasen ihres Lernprozesses sind deutlich zu erkennen: Stutzen, Fragen, Grübeln, Vermuten, Ärgerlichsein, Nicht-Wissen, Probieren und Beobachten, Ordnen und Analysieren der Einzelfälle, Vergleichen, Diskutieren ... und schließlich die Einsicht in den Zusammenhang, der in der Ausgangsfrage gesucht wurde. In Copeis Beispiel aus dem Jahr 1930 greift der Lehrer nur wenig ein. Er nutzt einen Zufall aus, lässt das Problem selbst die Schüler in Beschlag nehmen und riskiert – im Vergleich zum dozierenden Vorführen und Erklären der Theorie – dass seine Schüler an der Problemlösung scheitern, wenn sie nicht einen Weg zur Erleuchtung finden. Auch in Phase II, der ernsthaften Suche nach einer Lösung und dem qualvollen Erarbeiten einer Antwort, sieht sich die Lehrperson in die Verantwortung gestellt, nicht stark strukturiertes oder programmiertes Lernen anzubieten, sondern den Schülern auf dem Weg zum fruchtbaren Moment lediglich möglichst viele Gliederungshilfen, Erarbeitungsoptionen, Zugangswege und Aktionshilfen anzubieten. Während des Lösungsprozesses sind die Schüler voll gefordert und lernen das Lernen. Am Beispiel dieser selbstorganisierten Problemlösekompetenz wird sichtbar, dass die Entwicklung derselben in einem problematischen Verhältnis zu jeder Form der „Curling"-Pädagogik steht. Bereits früh erlebt der Mensch eine weitgehend frei zu gestaltende Weltbeziehung, eine nicht übersteuerte freie Zeit, einen Raum der ungestörten Erkundung seiner Welt – oder aber die häufig gut gemeinte, aber übergriffige Strukturierung, Lenkung und Bewahrung des Kleinkindes, Kindes, Jugendlichen und jungen Erwachsenen im Alltag und in Lernsituationen. Dann wird vorgeschrieben, wie „effektiv gelernt wird", wie „man überhaupt auf Ideen kommen kann" und „warum dieses Chaos hier natürlich das Lernen unmöglich macht".

Der Blick in die sogenannte „Erwachsenenwelt" offenbart allerdings eine Vielzahl unterschiedlicher Konzepte zur Kreativität und zur Produktivität. Das Geheimnis der guten Ideen – und damit in unserem Sinne der Problemlösung – ist in einem Fall ein peinlich aufgeräumtes Arbeitszimmer, im anderen der chaotische Schreibtisch. Es sind zu beobachten: konzentriertes Sitzen und Lesen, Umherlaufen und Musikhören, weitläufige Ateliers, geschlossene Räume, offene Kommunikationswege, selbstverordnete Einsamkeit, unzählige Entwürfe an Tafeln, Wänden und in Mappen, saubere Mindmaps und auch handgekritzelte Skizzen. Die erwachsenen Lerner zeigen, dass sie einen eigenen Zugang zur Kreativität gefunden haben – oder noch suchen. Lernen-Lernen schließt eigenständige Problemlösefähigkeit ein. In heutigen Veröffentlichungen finden sich anstelle der „Anbahnung des fruchtbaren Moments" Überlegungen zur Entwicklung konvergenten und divergenten Denkens. Abbildung 10 gibt drei Phasen wieder, die für eine produktive Problemlösung charakteristisch sind.

Zunächst ermöglicht *konvergentes Denken* durch die systematische und ausdauernde Zuspitzung eines Problems – in Copeis Diktion auf die *„schmerzhafte Lücke"* – die Formulierung dessen, was es zu erkennen gilt: Der Widerstand, die Unmöglichkeit, das Erstaunliche steht klar vor Augen. Von dort kann nun der Raum für *divergentes Denken* geöffnet werden, um neue Ideen, unzensierte Assoziationen, chaotisches Ausprobieren und ungewöhnliche Perspektiven zu skizzieren, zu diskutieren und zu verwerfen. Es entwickelt sich ein Raum der Möglichkeiten und Unmöglichkeiten. Dieser Phase schließt sich dann eine systematische und zuspitzende Auswertung der

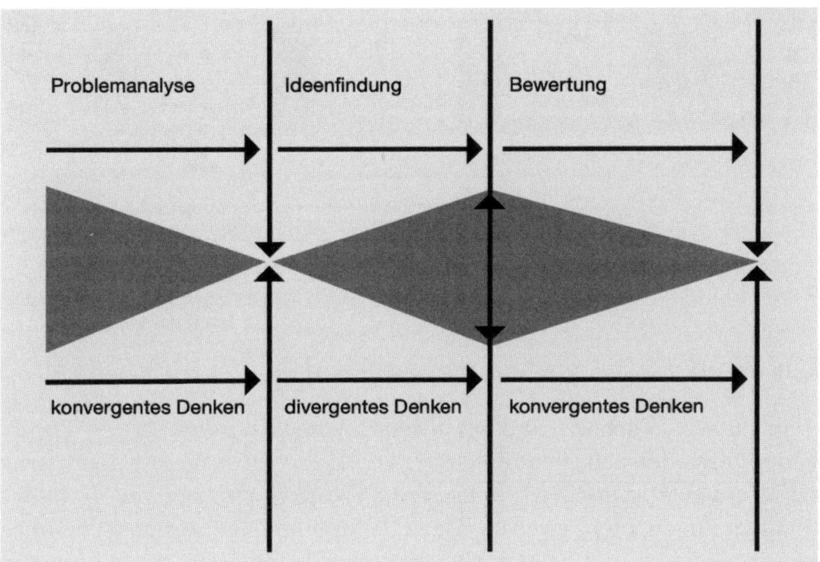

Abbildung 10: Konvergentes und divergentes Denken in Problemlöseprozessen (Backerra et al. 2007, 21)

Ideen und der vorsichtigen Formulierung einer Konzeption – der Lösung – an. Die erneute Phase *konvergenten Denkens* bringt nicht nur zur Reife, wie das konkrete Problem zu bearbeiten ist, sondern erweitert auch en passant das Repertoire an Problemlösestrategien grundsätzlich.

Beeinträchtigungen im Bereich der Übung/der Verfestigung

Das *Üben* hat – wie wir im Zusammenhang mit dem ostensiven Zeigen sehen konnten – eine zentrale Bedeutung im Lernprozess. Hier wird Wichtiges automatisiert, um es später ohne viel Beachtung einfach tun zu können und zudem ohne großen Kraftaufwand als Basis freier Lebensgestaltung zu nutzen. Der übende Lerner macht sich den Erkenntniszuwachs zu eigen. Lernen ohne Übung und ohne Fleiß ist undenkbar. Das Üben begleitet bürgerlich aufwachsende Kinder von früh auf. So lernen sie Fahrradfahren durch Übung, lernen Schwimmen, Frisbee- und Blockflötespielen durch Übung und finden sich mitunter auch im örtlichen Team eines Kinderzirkus' wieder, wo sie verschiedene Dinge üben, um zur Begeisterung der Eltern in der Weihnachtsvorstellung auf dem Seil zu balancieren oder mit Keulen zu jonglieren. Übung ist für die einen schon früh ein täglicher Freund, der zwar Mühe macht, aber am Ende Freude, Stolz und Selbstwirksamkeitsbewusstsein bereitet.

Wenn ein Lerner das *Üben* in seiner frühen Kindheit *a) nicht als Freund kennt*, wird er in späteren Herausforderungen, beispielsweise im schulischen Erledigen von Hausaufgaben, in der mühevollen Vorbereitung auf eine Schulaufgabe oder auch nach dem Abitur im Studium, größte Schwierigkeiten haben, seinen Lernerfolg zu verfestigen. Bisweilen gelingt es Schulkindern bis zur Schulentlassung nicht, fleißig zu sein, weil sie nicht gelernt haben, zu üben. Das kann beispielsweise zwei Gründe

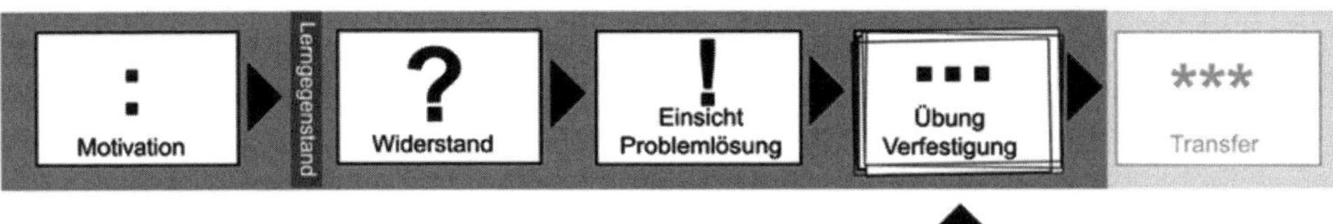

Abbildung 11: Beeinträchtigungen im Bereich Übung und Verfestigung

haben: ein gutes Gedächtnis und schulische Aufmerksamkeit, die in Kombination dazu führen, dass der betreffende Schüler zu Hause nicht üben muss. Lernkompetenz und Mündigkeit schließen allerdings die Fähigkeit ein, sich im Hinblick auf das nötige Maß an Engagement zu moderieren. Selbstständiges Lernen ist demnach trotz maximaler Intelligenz und bestem Gedächtnis nicht möglich, wenn dem Lerner als Handlungsoptionen nicht auch Übung, Fleiß und ein gewisses Maß an Entbehrungsfähigkeit zur Verfügung stehen. Dass Lernen an der Übung scheitert, kann auch *b) mangelnder Aufmerksamkeit* geschuldet sein. Effektive Aufmerksamkeitssteuerung unterliegt in hohem Maße einem Gewöhnungsprozess bzw. auch einem inneren Steuerungsprozess und bedarf bewusster Förderung und Übung. In einigen Fällen liegt auch eine organisch bedingte Aufmerksamkeitsstörung vor, die dann entsprechend therapiert werden sollte. Aufmerksamkeit entsteht im Zusammenhang mit dem Können-Lernen, das u. a. Gewohnheiten, Lebenswandel, Rhythmus und Lernstrategien beinhaltet. Aus emotionaler Sicht führt *c) äußere Ruhelosigkeit und innere Unruhe* zu grundlegender Verunsicherung, Angst und Strukturlosigkeit, die ein konzentriertes und effektives Üben schwierig werden lassen. Schließlich sind *d) Distanzlosigkeit oder auffallendes Insichgekehrtsein* häufig dann Ursachen für Abbrüche des inneren Engagements, wenn sich unsichere Bindungsmuster auf das Durchhaltevermögen im Übungsprozess negativ auswirken, weil der betreffende Schüler unablässig mit Beziehungsarbeit beschäftigt ist. Pädagogische Lernhilfe zielt in solchen Fällen darauf ab, dem Lerner Zugang zu einem positiven Bild des Übens zu verschaffen, indem niederschwellige und lohnenswerte Übungsanlässe angeboten werden. Das kann über Spielgeräte wie Jonglierbälle oder Rhythmusgeräte in Form von Schlaginstrumenten gelingen.

Beeinträchtigungen im Bereich des Transfers

Je eindeutiger ein Zusammenhang zwischen dem angestrebten jeweiligen Können-Lernen, Wissen-Lernen oder Leben-Lernen und dem unmittelbaren Ergehen des Lerners oder zu den größeren Bezügen seines Lebens besteht, desto selbstverständlicher wird er über den unmittelbaren Lerneffekt hinaus ein Prinzip festhalten, eine Regel beherzigen oder eine Kompetenz erwerben. Das Lernen-Lernen, also die mündige und selbstständige Moderationskompetenz für das eigene Lernen, setzt Betroffenheit im Lernprozess voraus. Wie in der Pädagogik als praktische Wissenschaft die Praxis immer älter ist als die Theorie, wurzelt ein potenziell übertragbarer Lernprozess im konkret praktischen Leben, bezieht sich ein solcher Lernprozess auf eigene Erfahrungen, ist sinnvoll und betrifft den Lerner ganz bzw. zieht ihn ganz in seinen Bann. Lernen findet nicht nur unter Beteiligung der Emotionen statt, sondern baut auf Resonanzerleben. Resonanz beschreibt das Empfinden des Lerners, sich lebendig von der Welt berührt und in einen Prozess verwickelt zu fühlen, dessen Ausgang ihn interessiert und den er zugleich nicht kennt und auch nicht kontrollieren kann. Somit setzt Lerntransfer eine Form der inneren Beteiligung am Lernprozess voraus, die weit über das mechanische Idee-Umsetzen, Verhalten-Ändern oder Kulturtechnik-Erwerben hinausreicht. Transfer ist darauf angewiesen, dass das Gelernte logisch in die individuelle Plausibilitätsstruktur eingebaut werden kann. Ein Lerner adaptiert keinen Lerninhalt, der nicht zur Logik seiner Plausibilitätsstruktur passt. Beeinträchtigungen im Bereich des Transfers hängen wesentlich mit einer Entfremdungserfahrung des Lerners zusammen. Wenn der Lernprozess nicht von der Welt des Lerners ausgeht, also am Anfang nicht seine Betroffenheit, sein Problem, sein Gesichtsfeld steht, wird es am Ende auch keinen Transfer und keinen mündigen Lerner geben.

2.3 Pädagogik abseits didaktischer Monokultur

Als zentrale Merkmale eines pädagogischen Lernbegriffs, der – wie gezeigt werden konnte – die anthropologische Seite der *Erziehung* wiedergibt und damit auf mündiges Leben-Können abzielt, sind in Erweiterung zu Michael Göhlich und Jörg Zirfas (2007) fünf Eigenarten zu beschreiben: a) Lernen findet in einem Aushandlungsprozess bzw. dialogisch statt, b) Lernen schließt immer die Dimension des Könnens, des Wissens und des Wollens ein bzw. ist ganzheitlich, c) Lernen erfolgt unter Einbeziehung der individuellen Plausibilitätsstruktur, bzw. ist für den Betroffenen sinnvoll, d) Lernen beginnt in der eigenen Praxis bzw. ist erfahrungsbezogen, und schließlich e) Lernen steigert die Lernkurve im Selbstmanagement bzw. fördert die Selbstständigkeit des Lerners. Vor dem Hintergrund eines derart formulierten Lernbegriffs wird die Zurückhaltung der pädagogischen Fachleute im Hinblick auf den psychologischen Diskurs etwa zu den konstruktivistischen, kognitivistischen und behavioristischen Theorien des Lernens und insbesondere ihren Einfluss auf Teile der pädagogischen Praxis nachvollziehbar. Bedauerlicherweise bewerten viele Vertreter der pädagogischen Psychologie und verschiedener pädagogischer Institutionen, z. B. der Schulpädagogik, Token- bzw. Verstärkersysteme als nahezu alternativlos und strukturieren ihre Didaktik entsprechend nach konstruktivistischen Prinzipien. In ihren *pädagogischen Zugängen zum Lernen* weisen Michael Göhlich et al. (2007) darauf hin, dass „all diese Lerntheorien notwendigerweise mechanistisch und assoziativ konstruiert" sind (ebd., 12). In diesem Sinne wäre die triviale Maschine Mensch beim Lernen mit einem materiellen und standardisierbaren Prozess beschäftigt. Andreas Gruschka

(2011) beklagt deswegen „die fortschreitende Didaktisierung anstelle eines Lehrens des Verstehens“ und meint damit, „dass die Vermittlung selbstbezüglich geworden ist. Sie dient nicht mehr einer bestimmten Sache, sondern betreibt faktisch deren Entsorgung durch die möglichst einfache, zum Auswendiglernen einladende Darstellung eines didaktischen Stellvertreters“ (ebd., 66). Joachim Schroeder (2015) spricht von „unliebsamen Erbschaften der Didaktik“ in der Schule und hat dabei die reduktive Didaktik, den sogenannten heimlichen Lehrplan und einen verbreiteten „didaktischen Monismus“ vor Augen, den in der Praxis nach seiner Einschätzung nur einzelne Pädagogen ganz bewusst mit Gegenentwürfen beantworten (ebd., 83). Und das, obwohl solche Gegenentwürfe bereits vor mehr als 30 Jahren schon vom Didaktiker Horst Rumpf (1991) gefordert werden, indem er dazu aufruft, in pädagogischen Prozessen „die Ärmlichkeit unserer didaktischen Monokultur“ zu überwinden und uns nicht auf „planierte Lernschnellwege mit scharf kalkulierten Aufgaben- und Prüfungshürden drängen zu lassen.“ Er orientiert sich in seinen pädagogischen Bemühungen an „solchen Leuten, die Laien, Anfänger, Kinder nicht zu Landeplätzen für ihr in Fachsprachen verpacktes Spezialwissen reduzieren“ (ebd., 7). An dieser Stelle lohnt sich nun ein genauerer Blick auf die oben behaupteten fünf Merkmale eines pädagogischen Lernbegriffs.

a) Lernen wird ausgehandelt, findet also dialogisch statt. Weil Lernen Erziehung ist und Erziehung einen Aushandlungsprozess darstellt, findet Lernen im Zusammenhang mit pädagogischem Handeln immer dialogisch statt. Wissen entbindet sich prinzipiell im Gespräch bzw. innerhalb einer Beziehung und ist nie ein ganz individueller Vorgang und auch kein einseitiger Vermittlungsakt (vgl. Hechler 2011, 56). Dabei spielen die Grundformen des Zeigens ebenso eine zentrale Rolle wie die Autorität des Pädagogen und die Relevanz des behandelten Lerngegenstandes. Zeigen und Präsentieren des Lerngegenstandes richten sich idealerweise nach der Beziehung und dem Rahmen, nicht nach einer objektivierbaren Form. So sind – wie wir sehen konnten – das ostensive (übende), das repräsentative (vortragende), das direktive (auffordernde) und das reaktive (rückmeldende) Zeigen je nach Gesprächs- bzw. Unterrichtungsverlauf in ihrer Reihenfolge flexibel einsetzbar. Wenn die Bedeutung eines Problems z. B. Betroffenheit auslösen und dadurch auf die Sinnhaftigkeit eines Lernprozesses hinweisen soll, beginnt der Dialog mit einem direktiven Zeigen, das den Lerner z. B. durch sein Widerstandserleben oder durch das Motiv, eine Lösung finden zu wollen, in gedankliche oder körperliche Bewegung setzt. Ein ähnlicher Effekt kann nach dem ostensiven Zeigen entstehen, wenn das zu Übende in der Ausführung immer wieder dezidiert Schwierigkeiten macht und der Lerner nach Theorie und damit dem repräsentativen Zeigen fragt. Aushandeln und Dialog bilden den Rahmen pädagogischen Handelns.

b) Lernen schließt immer die Dimensionen des Könnens, des Wissens und des Wollens ein, ist also ganzheitlich. Auch mit Blick auf Herausforderungen, die sich offensichtlich eindeutig auf eine beschreibbare primäre Lerndimension beziehen – wie dies z. B. beim Begreifen einer mathematischen Ableitung der Fall ist –, wird nach einem pädagogischen Begriff dessen, was hier geschieht, immer die ganze Person des Lernenden einbezogen. Der Lernprozess beansprucht seinen Verstand und seine kognitiven Ressourcen, fordert aber auch Wahrnehmung, eine Lernstrategie und konzentrierte Sorgfalt. Nicht zuletzt muss sich der Lerner auch auf die Herausforderung einlassen, braucht also neben der Lernbereitschaft auch Mut, möglicherweise Ausdauer und überdies die Fähigkeit, Bedürfnisse und Triebe aufzuschieben. Ähnlich ganzheitlich betroffen sind beispielsweise Examenskandidaten in den Wochen vor der ersten Klausurenrunde. Sie wollen Wissen pauken, Verstehen ermöglichen und effektive Darstellungsformen bereitstellen, merken aber, dass sie auf gewisse Weise als ganze Person gefordert sind. Schlaf- und Bewegungsmangel, schlechte Ernährung, viel zu viel Kaffee und auch seit Wochen der Verzicht auf den Liebsten zehren an ihrem Nervenkostüm, vermiesen die Laune und führen bisweilen sogar zu Verzweiflung. Hinzu kommt, dass sie zunehmend fürchten, im Chaos zu ersticken und bald gar nichts mehr finden, was sie sich noch zum Lernen bereitgelegt hatten. Ein erfolgreiches Lernmanagement, also das, was wir oben *Lernen-Lernen* genannt haben, beinhaltet in dieser Phase nicht nur die nachvollziehbare Prüfungsvorbereitung im Sinne einer abrufbaren und erfolgreichen Stoffaufnahme, sondern prägt und betrifft den ganzen Menschen. Seinen Umgang mit Zeit und mit Prioritäten im Hinblick auf Freunde, seine Art, sich selbst zu motivieren und Mut zu machen, die Fähigkeit, in eine entlastende Distanz zu sich selbst und zu seiner Situation zu treten, auch der berühmte Mut zur Lücke und das schlichte Einlassen auf Gewöhnung und Rituale gehören dazu. Bevor ein Examenskandidat sein Examen bestehen kann, muss er sich mehr angeeignet haben als nur das Fachwissen. Ein ausschließliches *Superbrain* besteht kein Examen.

c) Lernen erfolgt unter Einbeziehung der individuellen Plausibilitätsstruktur, ist also sinnvoll. Der Mensch hört zwischen seinem ersten Schrei und der Bahre niemals auf zu lernen. Er bildet seine individuelle Plausibilitätsstruktur und wird dauerhaft keine Verhaltensänderung freiwillig annehmen und auch keine Einsicht erleben, die keinen Sinn ergibt. Innerhalb ihrer jeweiligen Wirklichkeit konstruieren Menschen die eigene Logik/eine „private Logik" (Adler 1927) und bilden ihre eigenen Erklärungsmuster und eigene Interpretationsweisen. Obwohl die gemeinsame Welt der Menschen in einer gesellschaftsübergreifenden Plausibilitätsstruktur Abbildung findet, die zudem transzendierte, also rational nicht begründungswürdige absolute Werte enthält, wie beispielsweise Gleichwertigkeit aller Menschen, finden sich innerhalb einer Gesellschaft – und damit auch innerhalb von Lerngruppen und Erziehungsverhältnissen – verschiedene Logiken, die mit unterschiedlichen Sichtweisen, Erklärungsmustern und Überlegungen einhergehen. Lernen baut – einfach ausgedrückt – auf die sinnvolle Ergänzung oder eine nachvollziehbare Umstrukturierung der individuellen Plausibilitätsstruktur des einzelnen Menschen. Sie funktioniert nicht, indem – im Bild gesprochen – einzelne Elemente schlicht entfernt (z. B. notorische Unpünktlichkeit, eine gesundheitsschädliche Angewohnheit oder Zurückhaltung im sozialen Umgang) und andere ergänzt werden. Das Individuum handelt logisch und lernt dabei einerseits mit Blick auf Lebensgewohnheiten, Rituale und Traditionen innerhalb der milieuspezifischen Plausibilitätsstruktur seiner sozialen Lebensstilgruppe. Andererseits lernt es aber auch abhängig von seiner individuellen Plausibilitätsstruktur, die eine Hierarchie seiner persönlichen Lebenswerte, seine individuelle Bedürfnisstruktur und Motivationslage beinhaltet und seine Leistungsfähigkeit, sein grundsätzliches Anspruchsniveau, seine Copingstrategien bei Stress und Bedrohung und das Ausmaß und die Form seiner persönlichen Risikobereitschaft abbildet. Zudem bildet sich hier sein Rollenverständnis sowie seine Kontrollüberzeugung, sein Selbstbild und sein Selbstkonzept ab. Weil diese Sinnstruktur die Grundlage für Bewertungen, Entscheidungen und Handlungsnormen der betreffenden Person bildet, kommen Lernprozesse zum einen nicht ohne gegenseitiges Verständnis aus und müssen Lernende zum anderen mitunter trotzdem einsame Schritte gehen. Viktor Frankl stellte in diesem Zusammenhang sinngemäß fest: *Ein Mensch kann (fast) alles ertragen, sofern er einen Sinn damit verbindet* (Frankl 2006).

d) Lernen beginnt bei eigener Praxis, ist also erfahrungsbezogen. In seinem bemerkenswerten Buch *Wie wir lernen* beschreibt Walter Guyer die praktische Bedeutung dieses Aspekts unseres pädagogischen Lernbegriffes: „Erfahrung kommt von erfahren im Sinne von er-reichen, er-ringen, er-dauern. Eine Strecke er-fahren heißt mehr, als von ihr Kenntnis zu nehmen. (...) Das Erleiden wie das Tun führen zu jenem Wesenszug der Erfahrung, der in einer inneren *Wandlung* des Menschen besteht." (Guyer 1964, 23, Hervorhebung im Original) Lernen erfolgt also nicht theoretisch, abstrakt und neutral, sondern gründet im eigenen Erleben. Dabei knüpft es auch an bereits gemachte Lernerfahrungen an und korrigiert ggf. früher gezogene Schlussfolgerungen. Der Mensch erfährt eine Wandlung. Aber nicht nur das. Lernen folgt auch einem Manifestwerden des Interesses für einen Gegenstand oder einen Sachverhalt, den man nicht bewusst kennt, mit dem man aber vormals – nicht reflektiert – schon einmal zusammengetroffen ist. Wie wir anhand der frühen Ausführungen von Hans Rauschenberger (1967) sahen, ergibt sich daraus eine fortwährende Entwicklung des Menschen in seinem Lebenslauf, die jeweils wieder Grundlage seines Lernens ist. Gerhard Schad (2013) erinnert im Zusammenhang mit schulischen Lernsituationen daran, dass keine unserer kognitiven Funktionen unabhängig von Emotionalität, von Lust und von Schmerz stattfindet. Nun ergibt sich aber in der Bestimmung dessen, was *Erfahrung – Erleben – Erlebnis* ist, eine gewisse Unklarheit, Schad nennt sie ein „Vakuum, das den Begriff des Erlebnisses und des Erlebens dazu prädestiniert, wie eine Ware behandelt zu werden. (...) Man tut so, als wäre *Erleben* und v. a. auch *Erlebnis* herstellbar wie ein Warenprodukt, damit auch verkaufbar und erwerbbar." (ebd., 228) Die Erfahrungsbezogenheit des pädagogischen Handelns scheint also nicht so einfach handlebar zu sein. Während sich die Werbung des Begriffs des Erlebnisses bemächtigt hat (Fallschirmsprung, Mallorca-Urlaub, Fahrgenuss mit einem neuen Auto etc.), sind ein rasender Fall, Sonne und Meer oder der Geländewagen aber noch keine Garantie für wirkliches *Erleben*. Entscheidend ist vielmehr, was ganz individuell *im Einzelnen* geschieht, während er das *objektivierbare Erlebnis* erfährt. Jeder Mensch hat seine eigenen Gefühle, seine eigenen Erinnerungen, seine eigenen Assoziationen und seine eigenen Zugänge zur emotionalen Bewertung des aktuell Erfahrenen. Vor diesem Hintergrund wird die äußerliche Erfahrung erst durch Reflexion zum subjektiv relevanten Erleben. Schad schreibt in diesem Zusammenhang: „Erleben bedeutet, dass wir nicht nur Angst haben, uns freuen, betrübt sind oder euphorisch, sondern dass wir in diesem Augenblick, in dem wir diese Gefühle haben, auch wahrnehmen, dass wir diese Gefühle haben“ (ebd., 230). Damit tritt der so Wahrnehmende in Distanz zu sich selbst und kann über die emotionale Betroffenheit hinaus das Erlebte reflektieren und zur Grundlage nächster Lernprozesse machen.

e) Lernen steigert die Lernkurve im Selbstmanagement, fördert also die Selbstständigkeit des Lernenden. Jörg Zirfas (2007) beschreibt in seinen Ausführungen zum *Lernen der Lebenskunst* das Lernen ganz allgemein und in unserem Sinne umfassend genug als „Veränderungen von Selbst- und Weltverhältnissen sowie von Verhältnissen zu anderen, die nicht aufgrund von angeborenen Dispositionen, sondern aufgrund von reflektierten Erfahrungen erfolgen und die als begründete Veränderungen von Handlungs- und Verhaltensmöglichkeiten, von Deutungs- und Interpretationsmustern und von Geschmacks- und Wertstrukturen erlebbar sind“ (ebd., 164). Die erworbenen Kompetenzen beziehen sich auf motorische Fähigkeiten und Wahrnehmungen, auf kognitive Prozesse sowie auf Einstellungen und Haltungen, also auf die Entwicklungslinien des Könnens, des Wissens und des Wollens. Jedes einzelne Lernen – so die pädagogische Perspektive – erweitert die Fähigkeit, das eigene Lernen zu moderieren, selbstständig die eigenen Lernprozesse zu gestalten und reflexiv Erfahrungen zu verarbeiten.

3 Erschwerte Bedingungen des Lernens

3.1 Begriffliche Klärung

In der pädagogischen Fachwelt wird mit unterschiedlichen Schwerpunktsetzungen das beschrieben, was allgemein unter *erschwerten Lernbedingungen* verstanden wird. Das Netz pädagogischer Hilfen ist im Wesentlichen aus drei theoriegeleiteten Fadensorten gewoben. Auf die längste Tradition blickt a) die Auffassung, dass Lernbeeinträchtigungen *in einer bestimmten Person* verankert, also qua Geburt oder durch Unfall oder Krankheit erworben, an der betreffenden Person festzumachen sind. In der pädagogischen Praxis wird dann von einem Motto ausgegangen, das ungefähr so lautet: *„Dieser-und-jener-Mensch hat dieses-und-jenes-Problem beim Lernen."* Eine zweite theoretische Perspektive folgt eher der These, dass b) Lernbeeinträchtigungen im Wesentlichen *durch ungünstige Sozialisationsbedingungen* entstehen, Motto wäre hier etwa: *„Seine Lebensumstände haben ihn zum erfolglosen Lerner gemacht, obwohl er sehr begabt ist."* Und schließlich lässt sich noch die Auffassung darstellen, dass Lernbeeinträchtigungen c) durch benennbare *Institutionen* innerhalb eines ungünstigen und selektierenden Bildungssystems erzeugt werden. Motto wäre hier: *„Unser Bildungssystem produziert Lernbeeinträchtigungen bei bestimmten Personen."*

In der Fachliteratur folgen interventionsbezogene Forschungsansätze demnach schwerpunktmäßig der Theorie, dass es sich vorwiegend entweder um

a) personverankerte Lernbeeinträchtigungen,
b) sozial bedingte Lernbeeinträchtigungen oder um
c) institutionell erzeugte Lernbeeinträchtigungen handelt.

Abgesehen von diesen grundlegenden inhaltlichen Perspektiven, die wir später ausführlich reflektieren wollen, fällt ein *begrifflicher* Diskurs ins Auge, der sich nicht nur an einschlägigen Buchtiteln und Zeitschriftenartikeln ablesen lässt, sondern auch an Denominationen von Professuren, universitären Prüfungsordnungen und veränderten Empfehlungen der Kultusministerkonferenz. Die grundlegende Frage lautet: Wie sollen wir das Problem der betroffenen Schüler eigentlich nennen? Ist es hilfreich, in bestimmten Zusammenhängen von „Lernbehinderung", von „Lernstörung", von „Lernbeeinträchtigung" oder von „Lernschwierigkeit" zu sprechen – oder tragen die z. T. sorgfältig verteidigten begrifflichen Nuancen in den verschiedenen Veröffentlichungen kaum zur Klärung der Frage bei, wie den Lernern passende Lernhilfe zukommen kann?

Von ***„Lernschwierigkeiten"*** spricht die Fachwelt weitgehend konsensfähig dann, wenn das Lernen „nicht ohne weiteres klappt". Dazu gehören sichtbare Phänomene wie partielle Minderleistungen sowie eher unsichtbare Zustände, wenn ein Schüler beispielsweise von Versagensängsten gequält wird. Der Begriff der Lernschwierigkeiten ist formal nicht mit einer Klassifikation wie z. B. der ICD-11 oder dem DSM-5 hinterlegt, erweist sich aber als international anschlussfähig und gilt als informelle Bezeichnung für Probleme unterschiedlicher Art und Ausprägung. So werden zu den Lernschwierigkeiten zum einen vorübergehende allgemeine Minderleistungen in der Schule gezählt. Das können durchgängig (zu) langsames Lernen, grundsätzliches Abgelenktsein oder auch Probleme in der Rechtschreibung sein, wie sie Jugendliche immer mal wieder in ihrer Pubertätszeit erleben und deshalb z. B. um ihre Versetzung fürchten. Lernschwierigkeiten können bei Kindern mit Intelligenzminderung ebenso vorkommen wie bei normal begabten oder hochbegabten Kindern. Verschiedene Wissenschaftler bevorzugen diese Bezeichnung, weil es sich dabei um einen *voraussetzungsfreien Oberbegriff* (Gold 2018) für gescheitertes Lernen und Lehren in der Schule handelt. Das durch diesen Begriff bezeichnete Problemfeld scheint niederschwellig und lädt insbesondere zur Ableitung pädagogischer Interventionen ein.

Das bedeutet: Von Lernschwierigkeiten spricht man im Hinblick auf partielles Versagen bzw. vorübergehende Probleme im schulischen Lernen.

Wenn ein Kind dagegen in der Schule in einem oder mehreren Lernbereichen länger dauernd, umfassend und grundlegend zurückbleibt, spricht man allgemein von ***„Lernstörungen"***.

Auch Lernstörungen sind nicht notwendigerweise mit Intelligenzeinschränkungen verbunden. Die international bekannten und verwendeten Klassifikationssysteme für psychische Störungen ICD-11 (WHO 2019) und DSM-5 (APA 2015) stellen Lernstörungen als *umschriebene Entwicklungsstörungen schulischer Fertigkeiten* dar. Dabei fällt allerdings immer dann die durchschnittliche oder unterdurchschnittliche Intelligenz eines Kindes ins Gewicht, wenn es um die genaue Diagnose einer inhaltlich begrenzten Lernstörung geht.

In der aktuell noch gültigen ICD-10 werden abgegrenzte Lernstörungen im Bereich *Lesen*, *Lesen und Schreiben* und *Rechnen* diagnostiziert, sofern die Leistungen (ausschließlich) dort erheblich beeinträchtigt sind, das Kind aber insgesamt mindestens eine durchschnittliche Intelligenz aufweist. Zu finden ist die *Lernentwicklungsstörung* unter dem Code 6A03 im übergeordneten Bereich „Neuronale Entwicklungsstörungen, Lernentwicklungsstörung".

Im Einzelnen wird differenziert zwischen:

- 6A03.0 Lernentwicklungsstörung mit Lesebeeinträchtigung
- 6A03.1 Lernentwicklungsstörung mit Beeinträchtigung im schriftlichen Ausdruck
- 6A03.2 Lernentwicklungsstörung mit Beeinträchtigung in Mathematik
- 6A03.3 Lernentwicklungsstörung mit anderer spezifizierter Beeinträchtigung des Lernens
- 6A03.Z Lernentwicklungsstörung nicht näher bezeichnet

Das DSM-5 definiert *spezifische Lernstörungen* als „Schwierigkeiten beim Erlernen und in der Anwendung von schulischen Fertigkeiten, die dadurch erkennbar sind, dass mindestens eines der folgenden Symptome seit mindestens 6 Monaten vorliegt und trotz gezielter Intervention bestehen blieb“ (APA 2015, 87). Gegliedert werden die Teilbereiche mit folgenden Codes:

- F81.0 Mit Beeinträchtigung beim Lesen (Lesegenauigkeit, Lesegeschwindigkeit oder -flüssigkeit, Leseverständnis)
- F81.1 Mit Beeinträchtigung beim schriftlichen Ausdruck (Rechtschreibung, Genauigkeit der Grammatik und der Zeichensetzung, Klarheit und Strukturierung des schriftlichen Ausdrucks)
- F81.2 Mit Beeinträchtigung beim Rechnen (Zahlenverständnis, Einprägen arithmetischer Fakten, genaues oder flüssiges Rechnen, genaues mathematisches Schlussfolgern)

Daneben soll die spezifische Lernstörung dem aktuellen Schweregrad nach in *leicht*, *mittel* und *schwer* eingeordnet werden.

Die Entscheidung, von *Lernstörungen* und nicht grundsätzlich von *Lernschwierigkeiten* zu sprechen, wird einer eher diagnoseorientierten Beschäftigung mit Lernproblemen gerecht. Ähnlich wie im Bereich der Verhaltensabweichungen die Unterscheidung zwischen den a) „Verhaltensauffälligkeiten“ und b) „Verhaltensstörungen“ zur Entscheidung für die Pädagogen im Fall der a) Verhaltensauffälligkeiten und zur Entscheidung für die Psychiater und Psychologen bei den b) Verhaltensstörungen führt, scheint in der Pädagogik auch die Unterscheidung in *Lernschwierigkeiten* und *Lernstörungen* zu einer grundsätzlichen Schwerpunktsetzung innerhalb der Lernhilfen zu führen. Lernstörungen beschreiben eine eher standardisiert diagnostizierbare Abweichung und scheinen in der Tendenz auf einen pathologischen Sachverhalt hinzuweisen.

Das bedeutet: Lernstörungen sind klassifizierbare und diagnostizierbare Einschränkungen in schulischen Fertigkeiten, die z. T. aus manifestierten Lernschwierigkeiten erwuchsen.

Fallen Lernstörungen auf und können diese mit den Mitteln der Regelschule nicht überwunden werden, wird ein Überprüfungsverfahren eingeleitet, das einen eventuell vorliegenden sonderpädagogischen Förderbedarf ermitteln soll. Im Hinblick auf diese Kinder – mit generalisierten Lernstörungen und sonderpädagogischem Förderbedarf – ging man vor einigen Jahrzehnten von einer ***„Lernbehinderung“*** aus. Gustav Kanter (1974, 126; vgl. 2007) definierte viel zitiert wie folgt: „Als lernbehindert i. e. S. gelten Personen, die schwerwiegend, umfänglich, langandauernd in ihrem Lernen beeinträchtigt sind und dadurch deutlich normabweichende Leistungs- und Verhaltensweisen aufweisen“. Von Lernbehinderung wird heute allerdings nur noch gesprochen, wenn eine Intelligenzminderung diagnostiziert wurde. Der IQ liegt dann zwischen 70 und 85. In ihren Empfehlungen aus dem Jahr 1977 verwendet die Kultusministerkonferenz ebenfalls die pauschale Bezeichnung dieser Schüler als „lernbehinderte Kinder“ und fasst damit eine Schülergruppe mit kognitiv bedingten Minderleistungen, die aber andererseits auch unstrittig häufig von sozialen Benachteiligungsfaktoren betroffen sind (KMK 1977, 3). Solche Sozialisationsbedingungen finden sich in den KMK-Empfehlungen aus dem Jahr 1999 weiter ausgeführt, wohingegen die frühere Betonung der personverankerten Faktoren als Merkmal der betreffenden Kinder weitgehend überwunden ist. Anstatt von *Lernbehinderung* ad personam spricht die KMK fortan viel treffender von ***„Lernbeeinträchtigungen"***. Die Schule soll nun nach dem Willen der KMK ein Ort der Entwicklungsförderung sein, an dem die negativen Bedingungen benachteiligender Sozialisationsbedingungen ausgeglichen und Geborgenheit, Sicherheit, Zuwendung, Wärme, Anerkennung und Vertrauen maßgeblich werden (vgl. KMK 1999, 5). Obwohl dann in den folgenden 20 Jahren die verschiedenen sozialen Gefährdungslagen gesellschaftlich intensiv diskutiert und zudem differenziert dokumentiert werden, scheinen sie in den aktuellen KMK-Empfehlungen aus dem Jahr 2019 doch wieder nur eine Art Hintergrundrauschen zu sein. So findet sich in der Problemdarstellung lediglich die mager wirkende Überlegung, dass dabei „Traumatisierungen, kognitive und organische Erschwernisse ebenso eine mögliche Rolle (spielen) wie das Aufwachsen in einem soziokulturell und sozioökonomisch benachteiligenden Umfeld" (KMK 2019, 6). An die Stelle einer sorgfältigen Analyse sozialer Einflussfaktoren auf schulisches Lernversagen tritt ganz offensichtlich das Bemühen, trotz der unterschiedlichen Inklusionsbestrebungen in einer föderalen Bildungslandschaft eine gemeinsame Empfehlung aller Bundesländer vorzustellen. Das Ergebnis ist eine Art Schimäre, in dem kein konkretes Bild von den betroffenen Kindern und Jugendlichen, keine pragmatische Anweisung für die beteiligten Lehrkräfte und eben auch keine innovativen Visionen für die Überwindung der offensichtlichen sozialen Benachteiligung in der Schule entstehen. Unabhängig von den zögerlichen Fortschritten innerhalb der KMK-Empfehlungen herrscht im Zusammenhang mit Lernproblemen und bezogen auf konkrete pädagogische und schulische Maßnahmen aber Konsens darüber, dass nicht mehr grundsätzlich von einer Form der *Behinderung* gesprochen wird, auch wenn verschiedene Prüfungsämter und Verwaltungsapparate den Wandel der Begrifflichkeiten nicht ohne Weiteres zeitnah nachvollziehen können und auch wenn Rechtsgutachter und Wissenschaftler im Zusammenhang mit der bundesweiten Inklusionsdiskussion in der Schule mitunter Bezug nehmen auf ältere Veröffentlichungen, um politisch motiviert am Sachverhalt der Behinderung festzuhalten.

Das bedeutet: Lernbeeinträchtigungen umfassen alle leichten und gravierenden Lernschwierigkeiten, Lernstörungen und sonderpädagogischen Förderbedarfe, die systemabhängig, personverankert oder herkunftsbedingt verursacht sind.

Pädagogische Forschung bei Lernbeeinträchtigungen findet sich zunehmend im Schnittbereich zwischen Medizin, Soziologie, Psychologie und Technik wieder. Dabei fällt es in manchen Zusammenhängen paradoxerweise schon beinahe schwer, die *Pädagogik* bei Lernbeeinträchtigungen in Abgrenzung zu den genannten Nachbardisziplinen klar zu benennen und pädagogische Zuständigkeiten zu verteidigen. Das Problem liegt auf der Hand: Schulische Minderleistungen lassen sich aus dem Blickwinkel unterschiedlicher wissenschaftlicher Disziplinen naturgemäß unterschiedlich beschreiben und analysieren – und einer Verbesserung zuführen. Nehmen wir z. B. das viel beschriebene Schulversagen von „Kevin“. Medizinische Studien brachten Durchbrüche, weil Kindern, die beispielsweise unter latentem/verdecktem Schielen (Heterophorie) oder einer Störung der Neurotransmittertätigkeiten (ADS) litten, im schulischen Lernen geholfen werden konnte. Psychologische Forschung dagegen stellt hilfreiche Fragen nach Leistungs- und Misserfolgsmotivation, Versagensangst und Metakognitionen oder misst Intelligenz und Anstrengungsbereitschaft und in der Soziologie interessiert man sich für „Kevins“ soziokulturelle Prägung, seine sozialen Bezugssysteme und die Ergebnisse der Einstellungsforschung, um z. B. Stigmatisierungsprozesse erklären zu können. Für andere Kinder und Jugendliche kommen last but not least wesentliche Lernhilfen überwiegend aus Fortschritten in der technischen Forschung: Körperbehinderte, seh- und hörbeeinträchtigte Lerner profitieren beispielsweise von technischer Unterstützung in der mündlichen Kommunikation und beim Lesen und Schreiben von Texten.

Nun geschieht etwas Denkwürdiges: Die deutsche und internationale Öffentlichkeit wird in bemerkenswerter Regelmäßigkeit mit neuen Studien zur körperlichen Fitness von Kindern und Jugendlichen, mit Daten zum Schulerfolg der Kinder weltweit, mit Erkenntnissen zur sozialen Ungleichheit und ihren Auswirkungen und nicht zuletzt mit Forschungsergebnissen zur psychischen Befindlichkeit der Mediengeneration konfrontiert. Dabei scheinen die jeweiligen Darstellungen zwingend zu sein und fordern vom Zeitpunkt ihrer Veröffentlichung an, Maß aller weiteren Überlegungen in pädagogischen Institutionen zu werden. Wer sich zudem in seinen pädagogischen Veröffentlichungen nicht in ausreichendem Umfang auf PISA, IGLU, die UN-BRK oder Hattie bezieht, gilt nicht als aktuell. Während vor dem Hintergrund solcher Publikationen Mediziner, Psychologen und Soziologen im Hinblick auf pädagogische Handlungsfelder in vielerlei Hinsicht bekannte Räder immer wieder neu erfinden, spricht sich bei den eigentlich Zuständigen ebenso regelmäßig herum, dass es sich um eine „Entdeckung“ handelt, über die sich die Lehrerinnen in der Dorfschule bereits vor 40 Jahren austauschten. Das, was Erziehungswissenschaftler seit Jahrhunderten zu sagen haben, scheint so lange banal, bis sich ein Mediziner, ein Psychologe oder ein Soziologe der Sache annimmt. Dann kann der Wein so alt sein, wie er will, er wird – z. B. verpackt in den neuen Schläuchen einer komplexen empirischen Untersuchung oder schlicht in einem englischen terminus technicus – als wegweisende Neuerung diskutiert und vielfach in drittmittellastigen Forschungsprojekten kostenintensiv erneut „gelesen“ (vgl. Brumlik et al. 2013). In einigen Fällen braucht die Öffentlichkeit aber auch keine empirische Erhebung oder englischen Begriff, es reicht – im Bild gesprochen – bisweilen das Etikett „Hirnforscher“ auf einer Flasche, damit die Ausgüsse begierig und unkritisch aufgesogen werden.

Wenn es im Folgenden um die drei Theoriestränge zur Erklärung erschwerter Lernbedingungen geht, werden die Nachbardisziplinen der Pädagogik immer dann zu ihrem Beitrag befragt, wenn pädagogische Bemühungen auf Fragen stoßen, deren Erläuterungen offensichtlich nicht aus dem Bereich der Pädagogik kommen.

3.2 Personverankerte Lernbeeinträchtigungen

Unabhängig von der oben ausgeführten Kritik spielen von den Nachbardisziplinen der Pädagogik die ***Medizin*** und ***Psychologie*** auf unterschiedlichen Ebenen wichtige Rollen. Medizinische Forschungsergebnisse bieten ätiologisches Wissen in Zusammenhang mit Beeinträchtigungen, die infolge von Stoffwechselerkrankungen, Neurotransmitterproblemen oder perinatalen Traumata entstehen. Ebenso können schwere Infektionen (z. B. Meningitis) und damit verbundene Entwicklungsverzögerungen zu Lernbeeinträchtigungen führen. Allerdings ist auch mit Blick auf die WHO-Klassifikation darauf hinzuweisen, dass durch die Erkenntnisse über die Funktionsfähigkeit bzw. gesundheitlichen Faktoren des Menschen pädagogisches Handeln nicht in erster Linie auf ein nachweisbares Gesundheitsproblem oder eine Behinderung Bezug nimmt. Medizinische Forschung darf also nicht zum Taktgeber der Pädagogik werden. Neben der *Humanmedizin* beschäftigt sich die *Psychiatrie* und ihre Forschung mit der Diagnostik und Therapie psychiatrischer Erkrankungen sowie mit deren Prävention. Für die Pädagogik relevante einschlägige Klassifikationen entstammen psychiatrischen Systematisierungen, maßgebliche Forschungsfortschritte, z. B. im Bereich der Emotionsregulation, wurden von Psychiatern veröffentlicht und hilfreiche Neuerungen, z. B. im Bereich medikamentöser Behandlungen, gehören als Ergebnis medizinischer Forschung heute ebenfalls zum Standard. Von der Psychologie sind uns standardisierte Intelligenztests, Bögen zur Verhaltensbeobachtung und psychometrische Verfahren bekannt, die mit dem Ziel entwickelt wurden, den Menschen in seinen Gewohnheiten, seinen Handlungsstrategien und seinen individuellen Möglichkeiten zu erforschen. Einige Psychologen beschäftigen sich auch mit der Beschreibung und Analyse bewusster und unbewusster seelischer Vorgänge und bestellen auf diese Weise ergänzend das Feld der Psychiatrie. Für pädagogisches Handeln bei Lernbeeinträchtigungen sind u. a. Forschungsergebnisse zur Intelligenz, zu Bindungsmodellen, zur Aufmerksamkeitssteuerung, zu Gedächtnisleistungen, zu Metakognitionen und zur Emotionalität relevant (vgl. Schneider/Lindenberger 2018).

Psychische Störungen werden international in zwei Klassifikationen systematisiert.

- Zum einen liegt das in den USA entwickelte *Diagnostische und Statistische Manual Psychischer Störungen* in der fünften Überarbeitung vor, verhandelt als DSM-5 (APA 2015), zum anderen ist
- in Deutschland und anderen europäischen Ländern die *Internationale Klassifikation psychischer Störungen*, herausgegeben u. a. von der Weltgesundheitsorganisation, verbindlich. Sie ist mittlerweile in 11. Revision erschienen (WHO 2019). Da die ICD-11 allerdings noch nicht vollständig veröffentlicht wurde, ist seit Januar 2022 die ICD-10 in der Version 2022 anzuwenden (ICD-10-GM 2022).

Ein wichtiges Instrument zur Klassifizierung der Lern- und Leistungsstörungen ist das Multiaxiale Klassifikationssystem für psychische Störungen des Kindes- und Jugendalters, das auf Basis der ICD-10 und DSM-5 differenziert (vgl. Remschmidt et al.

2017). Durch eine übersichtliche Struktur auf sechs Achsen, von denen wir hier zur Veranschaulichung nur vier besprechen werden, bietet das Multiaxiale Klassifikationssystem (MAS) die Möglichkeit, das Leistungsvermögen und die Einschränkungen eines Kindes in verschiedenen Dimensionen zum Ausdruck zu bringen. Den folgenden Ausführungen legen wir diese medizinische Perspektive des multiaxialen Klassifikationssystems zugrunde. Zunächst soll Tabelle 4 einen Überblick zu den Achsen I bis IV bieten.

Tabelle 4: Personverankerte Störungsbilder nach dem Multiaxialen Klassifikationssystem (vgl. Remschmidt et al. 2017)

Achse	Störungsbilder (MAS)
I z. B.	*Tiefgreifende Entwicklungsstörungen* Ängste und Phobien, hyperkinetische Störung
II z. B.	*Umschriebene Entwicklungsstörungen schulischer Fertigkeiten* Lese- und Rechtschreibstörung, Isolierte Rechtschreibstörung, Rechenstörung
III	*Intelligenzgrade* IQ über 129 sehr hoch IQ 129–115 hoch IQ 114–85 durchschnittlich IQ 84–71 niedrig, Lernbehinderung IQ 70–55 intellektuelle Behinderung
IV z. B.	*Neurologische Erkrankung und Behinderung* Stoffwechselerkrankung, Epilepsie, Sehstörung, Hörstörung, Lähmungen, Multiple Sklerose

Auf *Achse I* des MAS finden sich klassisch psychiatrische Erkrankungen (F84 und F99), die Lernstörungen unterschiedlicher Ausprägung bedingen können. Zu den *tiefgreifenden Entwicklungsstörungen* zählen beispielsweise Schulphobie und Anpassungsstörungen ebenso wie Aufmerksamkeitsstörungen und Schulangst. Hier lassen sich Überschneidungen der Pädagogik bei Verhaltensstörungen und der Pädagogik bei Lernbeeinträchtigungen beschreiben. Wenn ein Schulkind durch widrige Lebensumstände, Veranlagung oder eine ungünstige Kombination aus persönlicher Disposition und Umweltfaktoren tiefgreifende Entwicklungsstörungen ausbildet, führen diese sekundär möglicherweise zu Lernbeeinträchtigungen. Greifen wir das Problem der *Schulphobie* als Beispiel heraus. Hierbei geht es nicht etwa darum, dass Kinder und Jugendliche Angst vor der Schule haben. Vielmehr haben sie krankhafte Angst vor einem unüberwindbar scheinenden Hindernis auf dem Schulweg oder werden von der Angst zurückgehalten, die Familienwohnung zu verlassen bzw. sich von den Eltern zu trennen (Trennungsangst). Während der Schulzeit könnten daheim schlimme Dinge passieren, sodass es bei Rückkehr kein Zuhause oder keine Eltern mehr gibt. Die betroffenen Kinder klagen häufig morgens über Bauchschmerzen, Übelkeit oder das Gefühl, krank zu sein. Unter solchen inneren Spannungszuständen während des

Schulbesuches – und insbesondere infolge der resultierenden Schulabsenzen – leiden natürlich die Leistungen im Lernprozess. Zu den klinisch-psychiatrischen Erkrankungen im Sinne tiefgreifender Entwicklungsstörungen werden auch diagnostizierte Aufmerksamkeitsdefizit- und Hyperaktivitätsstörungen (ADS) gezählt, deren Symptome in vielen Fällen durch medizinische Interventionen gemildert werden, um schulisches Lernen wieder möglich zu machen. Ähnlich problematisch wirken sich Ängstlichkeit und Angststörungen aus. Tiefgreifende Entwicklungsstörungen im Sinne psychiatrischer Erkrankungen stellen insbesondere für die pädagogische Arbeit in der Schule große Herausforderungen dar.

Die *umschriebenen Entwicklungsstörungen* auf ***Achse II*** beinhalten solche Störungen, die im deutschsprachigen Raum auch Teilleistungsstörungen genannt werden (F80 bis F89 – ausgenommen F84, siehe oben). Die ICD-11 führt unter den *Entwicklungsstörungen schulischer Fertigkeiten* Lese- und Rechtschreibstörung auf. Hier wird ersichtlich, dass interdisziplinär orientierte Lernhilfe nötig zu sein scheint, wenn es um Kinder geht, die von einer körperlich beschreibbaren Entwicklungsstörung betroffen sind. Die auf Achse II angeführten Störungen verweisen a) auf einen Störungsbeginn, der in der Regel im Kleinkindalter oder in der Kindheit verortet wird, b) auf Beeinträchtigungen, die eng mit Funktionsstörungen oder Entwicklungsverzögerungen in der biologischen Reifung des ZNS verknüpft sind und c) auf stetige Verläufe der Störungen. Diese Personverankerung ist z. B. aus neuropsychologischer Sicht folgendermaßen zu beschreiben: Weil die im prä- und postnatalen Prozess erworbenen neuronalen Vernetzungen eine wesentliche Voraussetzung für das erfolgreiche Durchlaufen von Lernprozessen und die Ausbildung von Gedächtnisstrukturen darstellen, wirken sich Funktionsausfälle dort auf verschiedenen Ebenen der Lernfähigkeit, der Intelligenz, der Wahrnehmung und der Informationsverarbeitung negativ aus. Lernbeeinträchtigungen sind also die Folge ausbleibender Synapsenbildungen zwischen einzelnen Nervenzellen in der frühen Entwicklung. Die gleiche Symptomatik (mangelnde Synapsenbildung) gründet auch in frühkindlich erlebter, extrem anregungsarmer Umwelt.

Achse III beschreibt den *Intelligenzgrad* von Kindern und Jugendlichen. Hochintelligente Kinder und Jugendliche zählen nicht selten zu den Schülerinnen und Schülern mit Lernproblemen. Weil kein anderes Einzelmerkmal allgemein so hoch mit Schulerfolg korreliert wie die Intelligenz, lohnt sich hier ein detaillierter Blick. Mit zunehmender Lernzeit scheint allerdings die Bedeutung des spezifischen Vorwissens zu- und die der Intelligenz abzunehmen. Begreifen wir Intelligenz als Konstrukt derjenigen Fähigkeiten, die einerseits für die Anpassung an die Umgebung und die Handlungsfähigkeit des Individuums in ihr und andererseits für die Veränderung derselben notwendig sind, wird deutlich, dass Intelligenz kultur- und umweltabhängig ist. So korreliert fluide Intelligenz niedriger mit Schulerfolg als kristalline (vgl. Langfeldt 2014, 32). Dies überrascht nicht sonderlich, verwirklicht sich doch kristalline Intelligenz in den Fähigkeiten und Fertigkeiten, die in der Auseinandersetzung mit der Umgebung gefordert werden, während fluide Intelligenz stark vereinfacht als die „angeborene“ Cleverness aufgefasst werden kann.

James Flynn entdeckte 1987 in Großbritannien den bemerkenswerten Trend, dass der IQ durchschnittlich alle 10 Jahre um 3 Punkte ansteigt (Flynn 1987). Dieser Befund wird nach seinem Entdecker der *Flynn-Effekt* genannt und lässt vermuten, dass ein vorhandenes Gen-Potenzial grundsätzlich durch entsprechend anregende Umweltfaktoren stärker als bisher angenommen gefördert werden kann. Auch wenn die Intelligenzentwicklung als solche im Lebensverlauf differenzierter betrachtet werden muss, sprechen diese Befunde gegen die Annahme, dass Intelligenz eine ausschließliche Sache der Veranlagung und Vererbung sei. Kinder und Jugendliche mit Lernbeeinträchtigungen sind diesen Überlegungen zufolge nicht grundsätzlich unterdurchschnittlich intelligent, bisweilen trifft sogar das Gegenteil zu. Für die Feststellung einer umschriebenen Entwicklungsstörung (z. B. Dyskalkulie, Legasthenie etc.) ist jedenfalls eine Minderung der allgemeinen Intelligenz auszuschließen. Damit kann die Feststellung eines unterdurchschnittlichen IQ zur Einleitung eines Überprüfungsverfahrens führen, das einen eventuell vorliegenden sonderpädagogischen Förderbedarf ermitteln soll, weil die Feststellung und Förderung einer umschriebenen Entwicklungsstörung, wie z. B. der Rechenschwäche, in der Regelschule von mindestens durchschnittlichen Intelligenzleistungen abhängt. Obwohl der Intelligenzwert als ein personverankertes Merkmal gilt, kann er demnach nicht als statisch bezeichnet werden und rechtfertigt auch keine Prognose hinsichtlich eines problemlosen oder problembehafteten schulischen Lernens. Aus neuropsychologischer Sicht kann sogar ein Zusammenhang zwischen der Umwelt des Kindes – einschließlich der pränatalen Lebensphase – und verschiedenen Ebenen seiner Intelligenz angenommen werden.

Auf ***Achse IV*** finden sich Dimensionen der Lernbeeinträchtigung, die *aufgrund einer vorhandenen Behinderung* entstehen. Hier wird grundsätzlich zwischen Primär- und Sekundärbehinderungen unterschieden. Wenn eine Schülerin oder ein Schüler z. B. von Blindheit betroffen ist, gelten Lernbeeinträchtigungen als Sekundärbehinderung. Dem blinden Lerner wird grundsätzliche Vernunftbegabung zugeschrieben und das Lernen soll u. a. durch geeignete sensorische Hilfen und entsprechend strukturierte Angebote ermöglicht werden. Dabei werden sich Schwerpunkte pädagogischer Förderung daran orientieren, ob beispielsweise die Erblindung erst sukzessive eintrat oder ob z. B. eine Restsehfähigkeit besteht. Je nachdem leistet Lernförderung Hilfen zur Selbstständigkeit und zum mündigen Lernen. Ein vergleichbarer Fall von Sekundärbehinderung liegt bei einem Kind mit geistiger Behinderung vor. Der Schüler verhält sich nachvollziehbar anders und *stört* auch den Unterricht und seine soziale Umwelt, gilt aber dennoch nicht als *verhaltensgestörtes* Kind, weil die sogenannten Verhaltensstörungen Folge seiner primären geistigen Behinderung sind. In einigen Fällen werden primäre Beeinträchtigungen spät oder gar nicht entdeckt und führen u. U. zu unangemessenem Verhalten seitens der Pädagogen gegenüber den betroffenen Lernern, wie dies etwa bei komplizierten Schwerhörigkeiten oder unentdeckten Fehlsichtigkeiten der Fall sein kann.

Interventionsforschungen sind aktuell hauptsächlich auf personverankerte Lernbeeinträchtigungen bezogen. Empirische Studien zur Effektivität von Gedächtnistrainings und Programmen zur Aufmerksamkeitsförderung, Evaluationen von Förderprogrammen für mathematische Kompetenzen, Lese-Rechtschreibfähigkeit und unterstützter Kommunikation oder Forschungsprojekte zu offenen und handlungsorientierten Unterrichtsformen machen einen großen Teil der Veröffentlichungen und der finanzierten Forschung aus. Die fehlende Generalisierbarkeit der positiv evaluierten Interventionen hängt dabei wesentlich mit der Heterogenität der Lernenden zusammen. Und diese liegen nicht etwa vor, weil die Sekundärbehinderungen oder Störungsbilder so unterschiedlich sind, sondern weil es schlicht dem Wesen des Menschen als individuellem Lerner entspricht, nicht normiert, vermessen und standardisiert erzogen zu werden. Allerdings spricht auch der aktuelle Bildungsbericht, wie schon seine Vorgänger, erneut nicht davon, dass jedes dritte Kind von LRS oder Dyskalkulie betroffen, auf ein besonderes Konzentrationstraining angewiesen oder nur durch ein spezifisches Classroom-Management zu fördern sei, sondern davon, dass soziale Risikofaktoren signifikant zu verminderten Lernerfolgen und schlechteren Bildungsabschlüssen führen.

Personverankerte Lernbeeinträchtigungen sind nach wie vor weit weniger häufig als Ursachen von Problemen im Lernen bzw. verminderter Lernfähigkeit zu beschreiben als das Aufwachsen in sozialen Gefährdungslagen. Im aktuellen Bildungsbericht ist zu lesen, dass „die Bildungserfolge der Kinder (...) in unmittelbarem Zusammenhang mit der sozioökonomischen Situation der Familie“ stehen. Angesichts der Tatsache, dass jeder dritte Minderjährige von einer der bekannten sozialen Risikolagen betroffen ist (DIPF 2020, 2), ergibt sich hieraus ein zwar weniger prestigeträchtiger, aber eindeutig relevanterer Forschungszweig im Hinblick auf pädagogische Interventionsmöglichkeiten bei schulischen und außerschulischen Lernbeeinträchtigungen. Der zweite Theoriestrang in der Diskussion erschwerter Lernbedingungen bezieht sich auf diesen roten Faden.

3.3 Sozial bedingte Lernbeeinträchtigungen

Soziales Anderssein in der Schule stellt nach wie vor auch dann Prädiktor Nummer 1 für schulischen Mindererfolg dar, wenn sich damit nicht eine tiefgreifende oder umschriebene Entwicklungsstörung, eine unterdurchschnittliche Intelligenz oder eine neurologische Erkrankung und Behinderung verbindet. Das entscheidende Selektionskriterium für die Frage nach erfolgreichem schulischem Lernen ist in Deutschland nach wie vor die soziale Herkunft des Kindes. „Die soziale Differenz betroffener Kinder mündet häufig in einen unseligen Prozess, an dessen Ende dann die einen als dumm, schulversagend und lernbehindert und die anderen als erfolgreiche Lerner, Absolventen und gute Schüler gelten“ (Ellinger/Kleinhenz 2022b, 14).

Zuständig für die Erforschung und Darstellung des gesellschaftlichen Zusammenlebens, sozialer Differenzlinien und sozialer Lagen ist die ***Soziologie***. Im Unterschied zur klassischen Psychologie und zur Medizin steht in soziologischen Forschungen nicht der einzelne Mensch gesondert im Mittelpunkt des Interesses, sondern jeweils auch sein sozialer Kontext. Er wird also beforscht

- hinsichtlich seiner Lebensgewohnheiten innerhalb eines beschreibbaren sozialen Milieus,
- hinsichtlich seiner Prägung durch Werte und Normen,
- hinsichtlich seines Kommunikationsverhaltens in fremden Situationen,
- hinsichtlich seiner Reaktion auf bedrohlich wahrgenommene Menschen.

Dabei interessiert sich die ***klassische soziologische Forschung*** für die Struktur und Funktion des Vorgangs selbst, weniger für die Verarbeitung im Menschen. Beispielsweise würde eine Untersuchung des Phänomens „Klatsch und Tratsch unter Studenten" weniger der empfundenen Selbstaufwertung des Tratschenden Beachtung schenken als vielmehr der Frage, ob diese Kommunikationsform der diskreten Indiskretion für die Semestergemeinschaft, für hilfreiche Cliquenbildung oder für den Zusammenschluss späterer Lerngruppen Bedeutung hat. Ziel soziologischer Untersuchungen sind letztlich Erkenntnisse über Systeme und Strukturen, nicht über den Menschen. Dabei wird allerdings grundsätzlich zwischen *Mikrosoziologie* und *Makrosoziologie* unterschieden. Während mikrosoziologische Untersuchungen den Menschen in seinen unmittelbaren sozialen Kontexten mit mehr oder weniger „alltäglichen Kleinigkeiten" (mikro) fokussieren, fallen gesellschaftliche Entwicklungsprozesse, Strukturanalysen, kulturelle Veränderungen, Institutionen etc. unter die Bezeichnung der Makrosoziologie. Bezogen auf pädagogische Fragestellungen bearbeitet soziologische Forschung allerdings häufig Problemfelder, die sich auf eine Zwischenebene, die sogenannte *Mesoebene* beziehen. Fragen nach „Schulstruktur und Interaktion" oder „Hierarchie im Klassenzimmer" wären z. B. Zugänge zur Mesoebene. Dabei muss zwischen Psychologie und Soziologie eine besondere Schnittmenge Erwähnung finden. Es handelt sich um die gemeinsamen Gegenstände *sozialpsychologischer* und *mikrosoziologischer* Forschung. Weil es auch im Hinblick auf die hier zu verhandelnde soziale Bedingtheit von Lernbeeinträchtigungen bedeutend ist, greifen wir als Beispiel einer solchen Schnittmenge einige Ergebnisse der Einstellungsforschung heraus.

Menschliche Einstellungen zu anderen Personen sind genau genommen von a) individuellen Werten, von b) Normen und auch von c) beobachtbaren Handlungen abzugrenzen. Vom „Großen" zum „Kleinen" sortiert, stellen *Werte* die grundlegende Sinnorientierung der Menschen dar. Dies geschieht durch Weltanschauungen, Ideologien, kulturelle Errungenschaften u. Ä. Die Werte stehen allerdings nicht isoliert nebeneinander, sondern sind untereinander sinnvoll verknüpft und bilden somit eine Art gesellschaftlichen Konsens, in Kapitel 2 haben wir von der *gesellschaftlichen Plausibilitätsstruktur* gesprochen. Zu dieser zählen allerdings nicht nur gültige Werte, sondern auch die konkret beschriebenen Gesetze, Reglements und Ordnungen einer Gesellschaft. Diese *Normen* resultieren aus den Werten und Wertvorstellungen und sind so etwas wie eine Richtschnur des konkreten Alltagshandelns. Sie können als allgemeingültige Verhaltensregeln bezeichnet werden, deren Einhaltung von den anderen Gesellschaftsmitgliedern erwartet wird. Was wir wie, wo und wann in unserer Gesellschaft genau tun und lassen sollen und dürfen, lernen wir durch die sogenannten Sozialisationsinstanzen, als da wären: Familie, Kindergarten, Schule etc. Das verarbeitete Erleben dort schafft im einzelnen Menschen die *individuelle Plausibilitätsstruktur*, in der die gesellschaftlichen Erwartungen und die individuellen Bedürfnisse in Einklang gebracht werden. Werte und Normen „stehen hinter“ den Einstellungen eines Menschen. Sie hängen eng mit seinen Einstellungen zusammen, lassen sich aber nicht 1:1 gleichsetzen, da sie unterschiedliche Abstraktionsgrade beschreiben. Ebenso dürfen auch beobachtbare *Handlungen* nicht mit den Einstellungen eines Menschen gleichgesetzt werden, obwohl das auf den ersten Blick naheliegt. Immerhin können zwei Menschen mit gegenteiliger Einstellung die gleiche Handlung durchführen. So könnte der eine seinen helfenden Beruf tagtäglich aus Liebe zum Menschen und mit aufrichtiger Anteilnahme ausüben, der andere tut dies eher widerwillig, aber vor dem Hintergrund des Sozialprestiges und seiner Karriereplanung. Somit ist weder der Rückschluss von einer Handlung auf die Einstellung noch der umgekehrte Weg ohne Weiteres zutreffend. Persönliche Einstellungen lassen sich nun anhand der drei Entwicklungsbereiche des Menschen im Bereich des Wollens (affektiv), des Könnens (konativ) und auf kognitiver Ebene (intellektualisiert) beschreiben. Nehmen wir zur Illustration an, wir unterhielten uns im Kontext unverständlicher kriegerischer Aktivitäten innerhalb Europas über unsere Einstellung gegenüber einem bestimmten Diktator, so setzte sich diese zusammen aus

a) unseren Gefühlen diesem Diktator gegenüber. Es befällt uns womöglich spontan eine Mischung aus Empörung, Zorn, Ekel und Mitleid, aus
b) unseren Verhaltensabsichten, die uns dazu bringen, keine Produkte mehr aus dem Land des Diktators zu kaufen, Geflüchteten von dort zu helfen und eine vielleicht geplante Reise in diese Region der Welt nicht mehr in Betracht zu ziehen und schließlich aus
c) unserer Meinung über Diktatoren, die doch bekannterweise alle gleich sind. Sie sind brutal, herz- und gewissenlos und haben nur den Vorteil einiger weniger im Sinn, oder?

Versuchen wir eine Zwischendefinition:

Die Einstellung zu jemandem oder etwas stellt allgemein eine stabile Struktur aus a) positiven und negativen Gefühlen, aus b) Informationen bzw. Vorstellungen sowie aus c) Handlungstendenzen dar.

Für die Forschung bedeutet dies zum einen, dass sich Einstellungen selbst nicht abfragen lassen, sondern als intervenierende Variable (also als ein Faktor, der wesentlichen Einfluss nimmt) rückgeschlossen werden, und zum anderen, dass es theoretisch drei Ansatzpunkte gibt, um Einstellungen von Menschen zu verändern. So wäre denkbar, dass

a) *Erfahrungen und Erlebnisse* mit Gegenständen und sozialen Objekten oder
b) *Informationen bzw. Wissen* Einstellungen verändern oder dass
c) durch erzwungene *Verhaltensänderungen*, wie dies z. B. durch die Anschnallpflicht geschah, Menschen ihre Einstellungen verändern.

Empirische Untersuchungen haben dabei ergeben, dass die größere Bedeutung in erster Linie einem positiven Erleben (affektive Ebene) und erst zweitens der Information (kognitive Ebene) zukommt.

Mit Blick auf Einstellungsveränderungen gegenüber Menschen mit Behinderung und Beeinträchtigungen erinnert Günther Cloerkes (2007, 137 f.) an folgende grundsätzliche Feststellungen:

- Die sozialen Reaktionen auf andere Menschen sind vorwiegend irrationaler und affektiver Natur und lassen sich kaum auf kognitiver Ebene modifizieren. Eine Veränderung ist abhängig von der emotionalen Befindlichkeit, also von angenehmen gemeinsamen Erfahrungen und positiven Erlebnissen.
- Die Grundhaltung gegenüber Menschen mit Behinderung ist starr und stabil und lässt wenig Spielraum für Veränderungen.
- Besondere Beachtung muss die gesellschaftliche Wertestruktur finden, denn die kulturelle Bedingtheit von Einstellungen und sozialen Reaktionen ist unbestritten.
- Soziale Reaktionen und deren Veränderung basieren mitunter auf Scheinakzeptanz aufgrund gesellschaftlicher Normen.
- Einstellungen gegenüber Menschen mit Behinderung werden bereits in früher Kindheit gelernt. Frühe Beeinflussung der Einstellung hat hohe Erfolgsaussichten.

Abbildung 12 gibt einen Überblick zu Aspekten menschlicher Einstellung. Auf die Entstehung unserer Einstellungen wirken kognitive, affektive und konative Einflüsse. Das Ergebnis ist eine offene und positive Einstellung, Gleichgültigkeit oder aber negative Reaktion gegenüber bestimmten Menschen. Ausdrucksformen dieser negativen Einstellung sind Vorurteile und Stigmatisierungen.

Wenden wir uns nun der Detailansicht zu und folgen dabei den Darstellungen bei Ellinger (2013c, 38–41). *Vorurteile* stellen negative und falsche Verallgemeinerungen dar. Der wissenschaftliche Begriff des Vorurteils ist von unserem alltagssprachlichen (möglicherweise positiven) „Vorab-Urteil" abzugrenzen. Immer wieder sind wir im Alltag gezwungen, Vorab-Urteile zu fällen, um mit neuen Situationen und Bekanntschaften einigermaßen gut zurechtzukommen. Vorab-Urteile resultieren aus persönlichen Erfahrungen im Umgang mit bestimmten Situationen und mit bestimmten „Menschentypen" (wie wir sie manchmal nennen). Und hier ist der Übergang zum Forschungsbegriff des Vorurteils fließend.

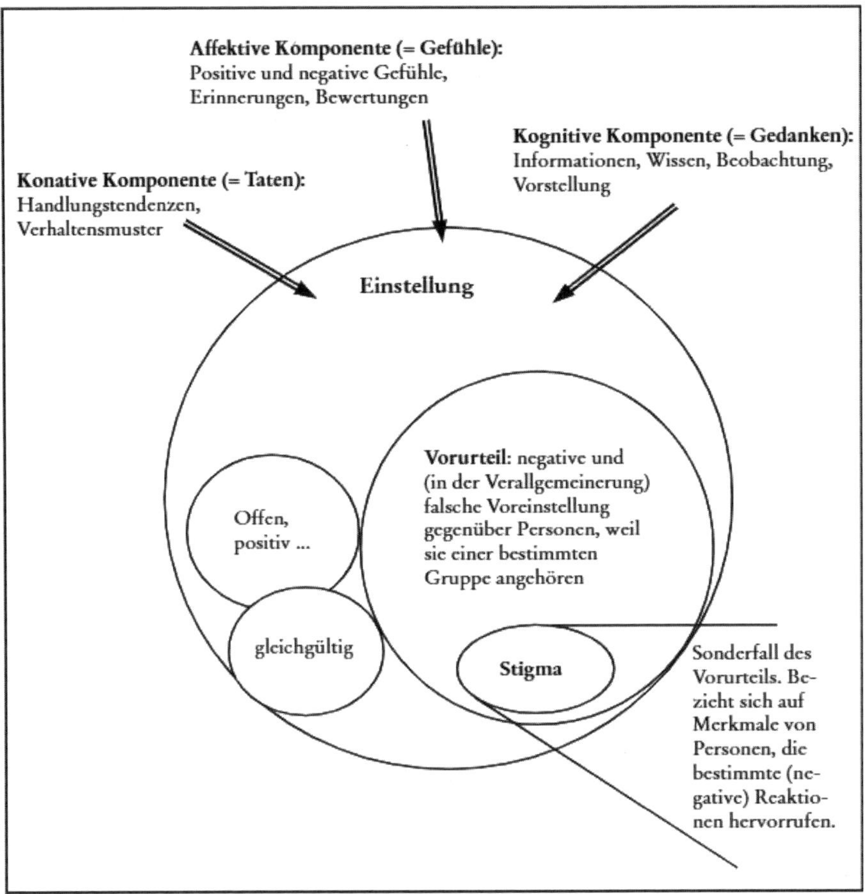

Abbildung 12: Einstellung – Vorurteil – Stigma (Ellinger 2013c, 37)

Nehmen wir ein Beispiel: Wenn ein Professor am Stichtag der Abgabe noch kurz vor Feierabend vier Hausarbeiten eingereicht bekommt und davon drei gebunden sind und ein gut gestaltetes informatives Titelblatt haben, kann es sein, dass der sonst um Gerechtigkeit bemühte Mann vorab urteilt (=Vorab-Urteil), dass wohl diese drei besser sein werden als der Inhalt des zusammengetackerten Papierstapels, dessen Autor und Titel sich nicht so ohne Weiteres herausfinden lässt. Anders verhält es sich bei der (bereits zum Witzekult geronnenen) Überzeugung des gleichen Professors, dass die Bearbeitung der Abrechnung für ein Forschungsprojekt sicher lange dauern wird, weil *Beamte in Ämtern „grundsätzlich faul sind"*. Der Wissenschaftler schreibt einer einzelnen Person, in diesem Beispiel dem Sachbearbeiter, eine Eigenschaft zu, weil sie zu der großen Gruppe der Beamten zählt, von der er zu wissen glaubt, dass alle faul sind. Dieses *Vorurteil*, dass alle Beamten faul sind, ist definitiv negativ und definitiv falsch und auch im konkreten Fall ungeeignet, dem Professor Orientierung zu geben. Und sollte diese Abrechnungsbearbeitung tatsächlich länger dauern, so würde wieder einmal mehr eine negative Erfahrung verallgemeinert – und bliebe als Vorurteil dennoch falsch, weil es ja auf alle Beamten bezogen würde und nicht wirklich auf diesen Einzelfall beschränkt bliebe. Weitere Vorurteile in unserer Gesellschaft könnten sein, dass Professoren zerstreut sind, Frauen nicht einparken und Männer nicht zuhören können, Motorradfahrer unter Minderwertigkeitsgefühlen leiden und uns außerdem Rothaarige zickig und Blondinen und Bodybuilder doof begegnen. Wir können also eine Definition wagen:

Vorurteile sind starre, negative und falsche Einstellungen gegenüber spezifischen Gruppen und deren einzelnen Gruppenmitgliedern.

Einige Wissenschaftler halten es theoretisch für möglich, dass Vorurteile auch positiv sind, beschränken sich dann aber in ihrer Problematisierung häufig auf die negativen Einstellungen. Dies könnte mit der Tücke des alltagssprachlichen Gebrauchs zusammenhängen, da wir die „Voreingenommenheit" als eine Spielart des Vorurteils ansehen und sofort auch positive Voreingenommenheiten assoziieren. Der Sozialpsychologe Elliot Aronson folgt diesem Pfad und kommt zu einer Arbeitsdefinition, die den negativen Aspekt betont. Er schreibt, das Vorurteil sei „eine auf falsche oder unvollständige Informationen gegründete, generalisierte feindselige oder negative Einstellung gegenüber einer spezifischen Gruppe" (Aronson 1994, 298). Ähnlich definiert auch Cloerkes (2007, 104): „Vorurteile sind extrem starre, irrationale und negative Einstellungen, die sich weitgehend einer Beeinflussung widersetzen".

Auf einen Sonderfall des Vorurteils kommen wir durch folgendes Gedankenspiel: Stellen Sie sich vor, Sie seien Teilnehmer oder Teilnehmerin einer Vorlesung zur „Soziologie der Behinderung", in der die Teilnehmer im Verlauf einer Sitzung in kleine Gruppen aufgeteilt werden. Sie erhalten jeweils Zettel mit einem Begriff darauf. Dort ist z. B. „Hausmeister" zu lesen, Ihre Nachbarkleingruppe erhält „Motorradfahrer", wieder andere „Autofahrerin" oder „Punk", „Glatzkopf", „Blondine", „Beamter" etc. Die Aufgabe Ihrer Gruppe besteht nun darin, „treffende Eigenschaften" der genannten Personengruppe auf ein Blatt zu schreiben, sodass die übrigen Vorlesungsteilnehmer erraten können, um welche Personengruppe es in der jeweiligen Aufgabenstellung gegangen ist. Was denken Sie, müsste auf den Blättern der genannten Gruppen stehen? Es handelt sich hierbei natürlich um einen fiesen Trick des Professors, denn jeder Teilnehmer hat das ungute Gefühl, unerlaubt zu verallgemeinern – das ist klar. Aber allen wird dabei doch einiges deutlich:

a) Es können „Eigenschaften" gefunden werden, die zu einem Erkennungseffekt führen. Diese Eigenschaften gelten folglich als konsensfähig für die genannte Personengruppe, von denen vermutlich keine zwei Teilnehmer oder Teilnehmerinnen einen übereinstimmenden Vertreter kennen.
b) Die einzelnen Mitglieder der jeweiligen Kleingruppe „kennen die" und „haben Erfahrungen mit ihnen". Es ist, als gelte das Motto: *Kenn ich einen, dann kenn ich alle.*

c) Einige werden durch ihren Beruf oder durch ihre Tätigkeit charakterisiert, man kennt sie sozusagen in ihrem Handeln, so z. B. Hausmeister, Autofahrerin, Beamter,
d) andere werden durch ihr Äußeres/ein äußerliches Merkmal „erkannt“, wie der Punk, die Blondine, und mit Eigenschaften versehen.

Wenn wir also *„wissen“*, wie *die sich geben und insgesamt sind*, weil das immer so ist, haben wir einen Sachverhalt entdeckt, den man *Stereotyp* nennt. Der Begriff stammt ursprünglich aus der Buchdruckersprache und beschrieb dort eine „mit feststehendem Schriftsatz gegossene Schriftplatte“ und damit etwas immer genau gleich Wiederkehrendes – weil feststehend (Etymologisches Wörterbuch 2022, 1357). Stereotypen werden als typische und wiederkehrende Verhaltensweisen beschrieben und müssen nicht zwingend negativ sein. Es handelt sich um erkennbare Muster, die sich wie von selbst zu ergeben scheinen oder da sind. Menschen handeln mitunter auch nach Stereotypen – sie funktionieren als Schema wie eine sich selbst erfüllende Prophezeiung.

Aber kehren wir nach diesem begrifflichen Exkurs zum Vorurteil und unserem Gedankenspiel zurück. Wir haben unversehens den feinen Unterschied zwischen einem *Vorurteil* und dem Vorgang der *Stigmatisierung* entdeckt: Während der Vorurteilsbegriff weiter ist, bezieht sich das Stigma auf bestimmte Merkmale einzelner Personen. Sie werden nicht anhand ihrer Gruppenzugehörigkeit „erkannt“, sondern weisen sich gewissermaßen selbst durch ein „Zeichen“ aus.

Als Stigma bezeichnet man ein auffallendes (negativ definiertes) Merkmal einer Person, der gegenüber sich die nicht stigmatisierten Menschen abweisend, verschlossen oder herabwürdigend verhalten.

Der Soziologe Erving Goffman systematisierte 1963 das Problemfeld des *Stigmas* und steht seitdem für das, was er selbst den „Prozess beschädigter Identität“ nennt. Ein Tipp vorweg: Wenn Sie sich über das Problemfeld der *Stigma-Theorie* und *Stigmatisierung* oder über das Phänomen *beschädigter Identität* informieren wollten, bleiben Sie bitte nicht ausschließlich bei Sekundärliteratur *über* Goffman, sondern studieren Sie das Original (Goffman 1996) und genießen Sie möglichst zusätzlich sein vier Jahre später (also 1967) entstandenes Werk *Interaktionsrituale* (Goffman 1994).

Der Begriff *stigma* (griechisch = Zeichen, Mal) beschrieb bei den alten Griechen ein Brandmal oder eine geschnitzte Wunde/Narbe, die einem Verbrecher, Sklaven oder Verräter gut sichtbar (z. B. an der Stirn) zugefügt wurde. Der so markierte Mensch konnte von jedem erkannt und mit der „verdienten Verachtung“ und dem gesellschaftlichen Ausschluss bedacht werden. Das äußerlich angebrachte Zeichen sollte also eine bestimmte Bewertung und Behandlung der Person bewirken. Das Stigma verweist damit auf eine Eigenschaft der Person, die zutiefst diskreditierend ist. Nicht das Merkmal selbst, sondern seine negative Bedeutung in der Gesellschaft macht die betreffende Person zum Außenseiter bzw. zur unerwünschten Person – zu einer Person, die sich der Bedrohung ihrer sozialen Identität ausgesetzt sieht. Goffman (1996, 12 f.) unterscheidet drei moderne Formen von Stigmata:

a) „Abscheulichkeiten des Körpers" (= physische Deformationen, z. B. Körperbehinderung und Entstellung),
b) „individuelle Charakterfehler" (= Sucht oder Selbstmordversuche),
c) „phylogenetische Stigmata" (= Herkunft, Nation und Religion).

Diese Formen der Stigmata bewirken, dass „ein Individuum, das leicht in gewöhnlichen sozialen Verkehr hätte aufgenommen werden können", ein Merkmal besitzt, das „sich der Aufmerksamkeit aufdrängen und bewirken kann, daß wir uns bei der Begegnung mit diesem Individuum abwenden" (ebd., 13).

Durch ein einziges wirksames Stigma erlischt also offensichtlich der Anspruch aller weiteren Eigenschaften des Stigmaträgers an uns. Das heißt, der „Unnormale" wird auf dieses eine Merkmal reduziert und steht außerhalb des normalen sozialen Gefüges, außerhalb des gesellschaftlichen Gebens und Nehmens. Beobachten Sie einmal sich selbst, wie Sie z. B. auffällige Narben anderer Menschen, wie sie etwa nach schweren Brandverletzungen im Gesicht auftreten, unsicher machen und in der ersten Zeit einen unbefangenen Umgang sehr erschweren. Jeder von uns weiß *„eigentlich"*, dass der betreffende Mensch ganz normal ist. Die „Normalen" – so Goffman – gehen in der Begründung des Stigmatisierungsprozesses häufig sogar von einer *Gefährdung* durch den Stigmatisierten aus (!) und konstruieren mit der Stigma-Theorie eine Ideologie, die deren Minderwertigkeit erklären soll (ebd., 14). Damit wird deutlich, wie umfassend Stigmatisierungsprozesse in einer Gesellschaft verankert sein können. Denkt man nur an Aspekte wie Produktivität, Bildung und Intelligenz, aber auch an ästhetische Werte wie Attraktivität, Sportlichkeit, Jugendlichkeit etc. wird klar, wie absolut die Ausgrenzung aus wichtigen Bereichen der Gesellschaft erfolgen kann. Zentrales Kennzeichen des Stigmas im Unterschied zum Vorurteil ist die äußerlich erkennbare Andersartigkeit. Folge einer Stigmatisierung kann die Beschädigung der Identität des Betroffenen sein. Goffman beschreibt drei Identitätsformen: die *soziale Identität*, die *persönliche Identität* und die *Ich-Identität*.

Es kann nun Folgendes passieren: Das Individuum empfindet „hinsichtlich seines eigenen Ichs (...) einige Ambivalenz" (ebd., 133), weil ihm durch die anderen Menschen eine soziale Identität und ebenso eine persönliche Identität zugewiesen werden, die sich mit seiner Selbstwahrnehmung nicht decken. Es werden ihm Eigenschaften zugeschrieben, die nicht seiner gewünschten Rolle und nicht seiner eigentlichen Art entsprechen – die er aber gezwungenermaßen teilweise übernimmt und somit Schwierigkeiten mit seiner *Ich-Identität* bekommt. Er könnte sich fragen: „Bin ich wirklich so, wie die anderen mich einstufen und behandeln?", „Spiele ich wirklich diese Rolle (Außenseiter, hilfsbedürftig etc.)?", „Bin ich wirklich so völlig anders als die anderen? Ich empfinde mich eigentlich als ganz normal, aber ich gehöre hier trotzdem irgendwie nicht her ...".

Dieses Drama war zuvor von George Herbert Mead (1913/1968) im Konzept des symbolischen Interaktionismus ausformuliert worden: Der Mensch entwickelt gemäß seiner Selbsteinschätzung dessen, was er kann und ist, was er denkt und fühlt und welchen moralischen Maßstäben er gerecht wird, ein I (die „Ich-Identität"). Daneben tritt eine Version der Persönlichkeit, die von den gesellschaftlichen Ansprüchen, den Anforderungen der sozialen Umwelt und den Bewertungen verschiedener Gruppen und Institutionen angetragen wird: das ME (die „soziale Identität"). Die betreffende Person setzt sich mit diesem ME auseinander. Es „gefällt" ihr nicht, verletzt sie vielleicht, irritiert sie und stellt sie infrage. In einem langen und mitunter schmerzhaften Prozess zwischen I und ME bildet sich schließlich das SELF, eine Art „Kompromiss" der Selbstwahrnehmung der Person zwischen dem angetragenen (und abgelehnten) ME und dem „eigenen" I. Das so entstandene SELF stellt im Stigmatisierungsprozess die „beschädigte Identität" dar.

Die Relevanz der soziologischen Forschung zu Einstellungen, Vorurteilen und Stereotypisierungen stellt einen Teil des mit Blick auf unsere Frage nach schulischen Lernbeeinträchtigungen diskutierten 2. Theoriestrangs dar: Minderjährige Schülerinnen und Schüler mit Körperbehinderung oder aus „anderen" sozialen Gruppen begegnen in der Schule mitunter negativen Einstellungen und Ausgrenzungserfahrungen. Sie werden mit Zuschreibungen konfrontiert, die emotionale Kräfte binden und das gemeinsame Lernen in der Gruppe erschweren. Um die Heterogenität im Klassenzimmer und die resultierenden erschwerten Lernbedingungen allerdings gänzlich zu erfassen, müssen wir einen Schritt zurücktreten und im Hinblick auf unsere Gesellschaft und damit auch auf die Schülerinnen und Schüler feststellen, dass sich nahezu unbegrenzt Differenzlinien beschreiben lassen, die deutlich machen, inwiefern jeder in unterschiedlichen Aspekten anders ist. Wir können anhand des Geschlechts, der Hautfarbe, des Alters, der sexuellen Neigung, der Religion, der Wohngegend, der besonderen Begabung, des finanziellen Vermögens, der Geschwisteranzahl, der Berufe der Eltern, der Hobbys, der Muttersprache, des Berufes, einer Behinderung, einzelner Gesundheitsmerkmale, familiärer Vorbelastungen u. v. m. differenzieren. Außerdem liegen zur horizontalen Differenzierung Deutschlands in verschiedene Sozialmilieus seit einigen Jahrzehnten fundierte Erkenntnisse vor (vgl. DELTA 2022). Die Merkmale sozialer Ungleichheit sind *an sich* noch nicht als soziale Benachteiligung anzusehen. Soziale Benachteiligung ist einerseits immer die Kehrseite sozialer Bevorzugung, denn ohne eine *Auf*wertung bestimmter Merkmale innerhalb eines Bewertungssystems gibt es keine *Ab*wertung anderer Lebens- oder Seinsformen. Andererseits kann soziale Benachteiligung über kurz oder lang jedes Mitglied einer Gesellschaft treffen, denn sie leitet sich vom Vergleich, vom Fremdsein und von einer mangelnden Passung in sozialen Settings ab. Ausgehend von den oben genannten Differenzlinien lassen sich vier Formen sozialer Gefährdung beschreiben, die zunächst anhand von Fallvignetten illustriert werden sollen.

Zunächst stellt sich *Ralf* vor. Er ist 9 Jahre alt, besucht die 3. Klasse und wäre gerne öfter mit dem Fahrrad oder zu Fuß querfeldein mit seinen Jonglierbällen unterwegs. Aber er gehört zu den Kindern, mit denen „nicht alles in Ordnung ist". Seine Eltern „beschützen" ihn, so gut sie können, sagen sie – und dadurch ist sein Lebensradius sehr klein geworden. Nach der Diagnose seiner Herzinsuffizienz vor der Einschulung hat sich alles verändert. Seitdem fühlt er sich erst recht schwach, kommt sich minderwertig vor, schaut oft nur zu und hat keinen Mut mehr, für seine Interessen einzutreten. Klar: Es geht ihm gut, er könnte glücklich sein. Aber merkwürdigerweise empfindet er kein Glück. Er sitzt oft daneben, wenn die anderen spielen und reagiert auch nicht auf ihre Einladungen, wenn sie wollen, dass er dabei ist. Ganz anders ist es bei *Paul*. Sein Vater arbeitet seit drei Jahren als angelernte Kraft am Bau einer Autobahnbrücke im Ruhrgebiet mit, seine Mutter ist Kassiererin bei REWE. Paul teilt sich das Zimmer mit seinem jüngeren Bruder, die beiden Schwestern haben zusammen das andere Kinderzimmer. Paul ist arm, fährt nie in Urlaub und hat auch keine coole Büchertasche. Aber er kann aus allem etwas Brauchbares bauen, hat immer eine Lösung und ist im Großen und Ganzen bei seinen Mitschülern beliebt. Pauls Nebenmann, *Justus*, hat definitiv ein sorgenfreieres Leben. Seine Eltern sind beide Gymnasiallehrer. Sie bewohnen ein hübsches Häuschen in Ortsrandlage. Seine Schwester und er freuen sich schon auf den Familienurlaub in der Toskana, dem sie diesmal das Motto „auf den Spuren der Etrusker" gegeben haben. In der Fensterreihe gegenüber von Justus sitzt *Aischa*. Sie ist mit ihrer Familie vor acht Jahren aus dem Jemen nach Deutschland gekommen und spricht schon sehr gut Deutsch. Alles andere an ihr und ihren beiden Schwestern in der Klasse ist allerdings eher nicht typisch deutsch. Aber was ist schon typisch deutsch? *Jenny* am Tisch hinter ihr etwa? Sie schläft zu Hause in einer Hängematte und kennt ihren leiblichen Vater nicht. Dafür ist praktisch jeden Monat ein anderer Mann bei Mama, der dann oft auch für eine Weile bei den vier Frauen wohnt. Im Bad riecht es eigentlich immer nach fremdem Männerschweiß und beim Essen ist es nie wirklich entspannt. Jenny und ihre Schwestern fühlen sich unterwegs in der Stadt wohler als dort, wo sie wohnen.

In diesen Erzählungen stecken verschiedene Formen potenziell sozial bedingter Lernbeeinträchtigungen. Die erschwerten Lernsituationen lassen sich in vier soziale Gefährdungslagen differenzieren:

Die *sozio-physio-emotionale Gefährdung* (Ralf) entsteht durch eine körperlich/organisch bedingte Herausforderung. Für diese Gefährdungslage sind die wesentlichen Differenzlinien Alter, Krankheit und Behinderung. Jedes Anderssein birgt prinzipiell in den jeweiligen sozialen Kontexten das Potenzial, zu einer Bevorzugung oder zu einer Benachteiligung zu gelangen. Grundlegend hierfür ist die soziale Bezugsnorm, eine häufig missverstandene Form „objektiver Bewertung", die oft nicht individuelle Verarbeitungsprozesse, sondern lediglich äußere Formen im Vergleich zur aktuellen Bezugsgruppe fokussiert. Körperliche Merkmale und Veranlagungen können von außen betrachtet „objektiviert" werden, entwickeln allerdings eine individuelle emotionale Dynamik und führen damit de facto zur Gefahr einer im Grunde sozial bedingten Lernbeeinträchtigung.

Eine *sozio-ökonomische Gefährdung* (Paul) resultiert aus Armut und Arbeitslosigkeit. Kinder aus armen Familien reproduzieren statistisch gesehen häufig ihre Lebensverhältnisse. In Deutschland ist jedes fünfte Kind von Armut betroffen. Das geringe Familieneinkommen führt zunächst zu objektivem Geldmangel, aufgrund dessen notwendige Anschaffungen nur eingeschränkt möglich sind. Einem armen

Kind fehlt vielleicht das eigene Zimmer, fehlt womöglich der eigene Schreibtisch oder sogar das eigene Bett. Kurz gesagt: Es fehlen Rückzugsmöglichkeiten. Allerdings fehlen ihm auch Anschaffungen, die über das Allernötigste wie Kleidung und Nahrungsmittel hinausgehen – z. B. Bildungs- und Kulturgüter. Der Geldmangel kann überdies auch zu Einschränkungen im Bereich sozialer Kontakte führen: Arme Kinder haben kein Geld für Ausflüge, kein Geld für Geburtstagsgeschenke, kein Geld zum Ausgehen. Sie können nicht ohne Weiteres andere Kinder zu sich nach Hause einladen und vielleicht auch nicht auf Fahrdienste der Eltern zurückgreifen. Arme Familien haben häufig Kontakt zu anderen armen Familien, deren Lebenswelt ähnlich ist wie die eigene. Durch eventuelle Nebenjobs und resultierende Überforderung der Eltern wird häusliche Unterstützung in schulischen Dingen schwierig.

Die *sozio-kulturelle Gefährdung* (Aischa) wurzelt häufig in der Zugehörigkeit zu Sozialmilieus, die als bildungsfern bezeichnet werden und betrifft u. a. auch Kinder mit Migrationshintergrund. Im Hinblick auf Kinder aus Lebensstilgruppen, die der bürgerlichen Mitte fernstehen, hat sich die Beobachtung bestätigt, dass das deutsche Schulsystem soziale Ungleichheit nicht nur nicht abbaut, sondern sogar unterstreicht und erzeugt. Über die z. T. bewusste Andersbehandlung und Laufbahnsteuerung durch die Lehrkräfte hinaus finden betroffene Kinder selbst häufig keine Anknüpfungspunkte für die Ideenwelt der bürgerlichen Schule, keinen Zugang zur dort gebotenen Literatur, zum Theater, zu Kunst oder zu anderen Kulturen. Sozio-kulturelle Gefährdung entsteht durch das komplementäre Verhältnis aufeinandertreffender Kulturen, kultureller Prägungen und Sozialmilieus. Eltern betroffener Kinder sind häufig mit der Unterstützung ihrer Kinder in der Schule überfordert, weil sich die Lebenswelten gänzlich unterscheiden.

Von *sozio-emotionaler Gefährdung* (Jenny) sind schließlich Kinder betroffen, die in Risikofamilien aufwachsen. Hier liegt häufig eine Kumulation spezifischer Probleme vor. Dazu kann eine sehr junge Elternschaft zählen wie auch schwere oder chronische Krankheit eines Mitglieds der Familie oder Suchterkrankung und psychische Erkrankung der Eltern. Zudem zählen Familien mit überdurchschnittlich hoher Kinderzahl, instabilen und wechselnden Partnerschaften der Erwachsenen und Ein-Eltern-Familien zu den riskanten Lebenslagen. Auch Traumatisierungen und das Erleben von häuslicher Gewalt, Missbrauch und Verwahrlosung sind zum Bedingungsfeld einer sozio-emotionalen Gefährdung eines Kindes zu zählen. Das Aufwachsen in einer Risikofamilie hat für Kinder nicht zwangsläufig Entwicklungsstörungen zur Folge. Forschungsbefunde zeigen allerdings, dass Kinder aus solchen Familien ein höheres Risiko tragen, unsichere Bindungsmuster, das Gefühl der Unterlegenheit und eine erlernte Hilflosigkeit zu entwickeln. Eine ausführliche Darstellung der sozialen Gefährdungslagen und Diskussion der Forschungsbefunde findet sich bei Ellinger/Kleinhenz (2022b) in ihrer Monografie *Soziale Benachteiligung und Resonanzerleben.*

Obwohl den meisten Zeitgenossen selbstverständlich klar ist, welche vielfältigen Kombinationsmöglichkeiten beispielsweise bei einem vierstelligen Zahlenschloss entstehen, werden mit Blick auf die soziale Existenz und Lernfähigkeit der Menschen aus den jeweiligen sozialen Ungleichheitskontexten stark vereinfachte Kausalitäten abgeleitet und Lerntypen behauptet, denen möglichst mit der Entwicklung standardisierter Förderprogramme begegnet werden soll. Dieses Vorgehen bleibt deshalb weitgehend ohne Widerspruch, weil soziale Heterogenität üblicherweise in quantitativen Kategorien unterschiedlicher Ressourcenausstattung dargestellt wird und nicht in qualitativen Dimensionen. Die gesellschaftliche Erfindung unserer modernen Ressourcenfixierung, die davon ausgeht, dass grundsätzlich *Quantität* Leben lebenswert und Erfolg möglich macht, nicht *Qualität*, sollte nicht zu einer Akzeptanz der offensichtlichen Benachteiligung derjenigen Kinder führen, die in den geschilderten Gefährdungslagen aufwachsen und deshalb erschwerte Bedingungen des Lernens vorfinden. Hier werden von der Pädagogik dezidierte Antworten erwartet, denn gerechtes Heterogenitätsmanagement im Klassenzimmer fordert mehr als gute Vorsätze und edle Gesinnung. Es ist nicht damit getan, Verschiedenheit und Vielfalt zu bejahen und schönzureden. Vielmehr sollten die Vertreter bürgerlicher Ideale ihre eigene Prägung reflektieren, die Methoden und Normen ihrer Lernarrangements in Zweifel ziehen und in ihrem pädagogischen Handeln auf soziale Gefährdungslagen bewusst eingehen. Davon spricht auch der dritte Theoriestrang zur Erklärung von Lernbeeinträchtigungen in der Schule und anderen Bildungsinstitutionen.

3.4 Institutionell erzeugte Lernbeeinträchtigungen

Der pensionierte Pädagogik-Professor Gotthilf Hiller führt in seinem Vortrag anlässlich einer Tagung für Lehrerinnen und Lehrer zum Thema aus: „Am Scheitern sind, so gesehen, dann also keinesfalls ausschließlich die psychischen und kognitiven Minderausstattung dieser Schüler, deren bildungsfernes Elternhaus und Milieu, ihr exzessiver Medienkonsum und letztendlich die Globalisierung schuld, wie dies eine von bürgerlichen Milieus dominierte Lehrerschaft in pharisäischer Selbstgerechtigkeit seit gut 100 Jahren behauptet. Nein, mangelnde Passung, die sich in schulischem Scheitern manifestiert, geht dann immer auch zu Lasten eines Schulsystems, das vorrangig der Durchsetzung bürgerlicher Interessen und der Sicherung bürgerlicher Privilegien dient" (Hiller 2018). Treten wir um des diachronischen Überblicks willen zwei Schritte zurück und schauen uns den Ausgangspunkt der Geschichte an.

Zu Beginn der intensiven Diskussion über den gesonderten Ausbau der „Hilfsschulen für Lernschwache" und die Entwicklung geeigneter Lehrerbildungsinstitute in Deutschland formulierte Gerhard Klein 1969 als erster die häufig zitierte Tautologie zu der Frage, wer eigentlich die betreffenden Kinder und Jugendlichen seien: „Lernbehindert sind Kinder, die eine Sonderschule für Lernbehinderte besuchen" (Klein 1973, 159). Der „Nährwert" einer solchen Aussage scheint auf den ersten Blick gering, besteht aber beim näheren Hinsehen genau aus dem Hinweis darauf, dass es neben dem gemeinsamen Besuch der L-Schule nur wenige übergreifende Eigenschaften der damals sogenannten *Lernbehinderten* an sich gibt. Es stellt sich folgerichtig die Frage, ob nicht auch die heutigen Schulen als solche Kinder mit Lernbeeinträchtigungen *produzieren*. Dabei spielt es bei Lichte betrachtet keine Rolle, ob es sich explizit um

Sonderschulen, Schulen mit entsprechenden Förderangeboten oder auch um „normale“ Schulen handelt, die allerdings bestimmte Schüler „downgraden“. Wenn also pädagogische Institutionen Lernbeeinträchtigungen produzieren, liegt umgekehrt der Schluss nahe, dass eine angemessene Schülerförderung mit der Veränderung von Schule verbunden wäre. In einigen Bundesländern sind vor dem Hintergrund dieses Sachverhaltes die exklusiven L-Sonderschulen mit Hinweis auf Inklusionsbemühungen abgeschafft worden. Walter Thimms Studie aus dem Jahr 1975, in der er den Stigmatisierungsprozess durch die Sonderbeschulung beschreibt (Thimm 2006), erregte Aufsehen. Seitdem nähren Forschungsergebnisse zum Selbstkonzept der Schüler die Überzeugung, dass das Begreifen ihrer durchgängig schlechten Leistungen Schüler ebenso zu Schulversagern macht wie die Erinnerung daran, dass sie in eine Sonderschule gehen. Die forschungsleitende Frage lautet: Kann ein Stereotyp durch eine Art sich selbst erfüllender Prophezeiung Minderleistungen bei Kindern hervorbringen, wenn die Schüler durch eine Maßnahme, durch Zufall oder ein Ritual (Schulzugehörigkeit, empfangene Kritik, Erinnerung an Lernschwierigkeiten etc.) an *„ihre Rolle“* als schlechter Lerner erinnert werden? Claude Steele und Joshua Aronson konnten z. B. nachweisen, dass intellektuelle Leistungen von Afroamerikanern dem in Erinnerung gerufenen Stereotyp *schwach im Denken* folgten und so eine Selbsterfüllung zu beobachten war: die schwachen Testergebnisse der Probanden (Steele/Aronson 1995). Dieses Phänomen nennt man *Stereotype Threat*. Eine Gruppe Betroffener wird an ihre eigene oder eine in der Gesellschaft verbreitete Überzeugung erinnert, die Minderleistungen erwarten lassen – und folgt unwillkürlich dieser Erwartung. Vergleichbare Untersuchungen liegen auch in Bezug auf die Mathematikleistungen von Frauen vor. Wenn kurz vor einer Leistungsüberprüfung den teilnehmenden Frauen das Stereotyp bewusst gemacht wird, dass Frauen vergleichsweise weniger gut Mathe können, leisten sie in der Tat weniger als solche Frauen, die nicht an dieses Stereotyp denken (vgl. Cadinu et al. 2005). Die Suche nach den Ursachen dieses Phänomens führt zunächst zur Vermutung, dass das Arbeitsgedächtnis der betreffenden Personen durch negative Gedanken stärker belastet wird (Schmader/Johns 2003).

Für unsere Fragestellung ist wichtig zu wissen, ob dieser Mechanismus auch bei Schülerinnen und Schülern greift, denen in Erinnerung gerufen wird, dass sie zu denjenigen Kindern zählen, die grundsätzlich Probleme beim Lernen haben. Bereits vor einigen Jahren hat Jürgen Wilbert (2010) eine viel beachtete Untersuchung vorgelegt, in der er der Frage nachging, ob das Etikett des Besuchs einer *Förderschule* zu einem negativen Leistungseffekt führen kann. Dazu wurden Schüler von Sonderschulen zufällig einer Kontroll- und einer Experimentalgruppe zugeteilt. Beide Gruppen nahmen an einem kognitiven Leistungstest teil und beantworteten nach Beendigung ihres Tests verschiedene Fragen zu ihrer Prüfungsangst. Zur Aktivierung des Stereotyps wurden die Kinder in der Experimentalgruppe vor Beginn des Tests nach der Schulart gefragt, die sie besuchen. Die Kinder der Kontrollgruppe sollten lediglich den Wochentag eintragen. Von nun an *„wussten“* die Teilnehmer aus der Experimentalgruppe *„wieder“*, was sie leisten konnten – nämlich wenig. Wie vor dem Hintergrund der Ergebnisse vergleichbarer Untersuchungen zum Stereotype Threat zu erwarten war, fanden sich in der Experimentalgruppe geringere kognitive Leistungen und auch höhere Prüfungsangst.

Förderschule macht Förderschüler und Förderprogramm macht Förderbedarf? So faszinierend diese Ergebnisse sind, es bleibt doch die Frage nach dem längerfristigen Selbstkonzept der Sonderschüler, wenn sie dauerhaft zwar nicht mehr über das Stereotyp „Förderschüler“, dann aber über reale Leistungen mit der Rolle als schwächster Schüler in der Regelschule mit ihren (Un-)Fähigkeiten konfrontiert werden. In Wilberts Untersuchung werden sinnvollerweise Förderschüler mit Förderschülern verglichen und keine objektivierbaren Aussagen über reale Leistungsfähigkeit gemacht. Die Frage nach der Bedeutung früher Integration bzw. Inklusion schwacher Schüler in die allgemeine Schule wird seit je her intensiv diskutiert. Dabei lohnt sich zunächst ein Blick nach Schweden (vgl. Ellinger/Engelhardt 2006). Dort gibt es – wie in vielen anderen Ländern – keine eigene Schule für Kinder mit Problemen im Lernen. Rund 90 % aller Kinder in Schweden erreichen einen Abschluss auf dem Gymnasium innerhalb der schwedischen Einheitsschule. Zu diesem Abschluss führen nach der neunjährigen „Grundschule“ mittlerweile rund 60 verschiedene Ausbildungsprogramme und Schwerpunkt-Laufbahnen. Neben den Profilbildungen in den einzelnen Fächerkombinationen werden die Schülerinnen und Schüler in Schweden auch hinsichtlich ihres individuellen Förderbedarfs wesentlich deutlicher selektiert als in Deutschland. In den Schulgebäuden finden sich viele kleine Klassenräume für jeden Lern- und Unterstützungsbedarf. Es gibt nahezu für jede Lernschwäche, für jedes Defizit, für jede Besonderheit eine eigene Klasse bzw. einen eigenen Förderort. In den sogenannten „ungebundenen Lernzeiten“ während der Pausen und beim Mittagessen sowie beim Sport-, Musik- und Religionsunterricht sind alle Schüler zusammen.

Längsschnittuntersuchungen zum Selbstkonzept liegen leider noch keine vor. Ergebnisse aus Schweizer Untersuchungen (Kronig et al. 2000) weisen darauf hin, dass Kinder mit Schulleistungsschwächen in allgemeinen Grundschulen signifikant häufiger sozial isoliert werden. Zudem erleben Kinder mit ausländischer Herkunft *und* schwachen Schulleistungen noch stärkere Ablehnung im gemeinsamen Unterricht. Gotthilf Hiller fokussiert in seinen didaktischen Regelschulstudien die unterrichtliche Benachteiligung leistungsschwacher Schüler in den Kulturtechniken. Er identifiziert das systematische Ausgliedern dieser Schülergruppe durch die Lehrkräfte und kommt zu dem Schluss, dass „Schüler, die aus welchen Gründen auch immer sich schwer damit tun, Texte zu entschlüsseln, erst recht aber damit, solche zu verfassen, fortgesetzt benachteiligt werden. Da sich der Sinn eines Wortes erst erfassen läßt, wenn man alle das Wort konstituierenden Grapheme richtig dechiffriert und regelrecht zusammengelesen hat; da sich der Sinn eines Satzes nur dem erschließt, der bis zu dessen Ende sämtliche Worte richtig erliest, deren mögliche Bedeutungen bis zum Satzende speichert und daraus (und in Bezug auf diverse Kontexte) dann synthetisiert, was mit dem Satz gemeint ist, da sich schließlich ein Argument von Belang allemal nur als Gefüge von anspruchsvollen Sätzen darstellen läßt, potenzieren sich die Schwierigkeiten eines schlechten Lesers, der aus Texten lernen soll, in hohem Maße“

(Hiller 1994, 258). Diese Ausführungen stellen einmal mehr die besondere Begabung des Autors unter Beweis, Form und Inhalt in Einklang zu bringen.

Eine andere Form institutionell erzeugter Lernbeeinträchtigungen beschreiben die bereits erwähnten Erziehungswissenschaftler Mechthild Gomolla und Frank-Olaf Radtke (2009), indem sie die Selektionsmechanismen nach der 4. Klasse untersuchten. Sie beschreiben, wie durch angeblich objektive Verfahren sehr subjektiv Schülerströme gelenkt werden – zuungunsten von Schülerinnen und Schülern, die aus sozialen Randmilieus oder aus anderen Risikogruppen kommen. Der gesellschaftskritische Pädagoge Wolfgang Jantzen hat zeitlebens vertreten, was er in den 1970er-Jahren ausführte, nämlich dass im deutschen Schulsystem sehr bewusst ein *„Unten"* geschaffen wird, um auch ein *„Oben"* zu erhalten (Jantzen 1974). Aus dieser Perspektive ist die Gesamtgesellschaft der Urheber von Lernbeeinträchtigungen. Jantzen stellt dar, dass die betroffenen Unterschichtskinder a) von der mittelschichtsorientierten Schule systematisch be-hindert und abgestempelt werden, weil b) jede Gesellschaft billige – formal unqualifizierte – Arbeiter braucht. Damit läge ein Indiz vor, das nicht auf individueller Ebene, sondern im umfassenden (kapitalistischen) Sinne nahelegt, dass institutionell erzeugte Lernbeeinträchtigungen gewollt sind. Lernbeeinträchtigte werden von Jantzen sogar in Marxscher Tradition als „industrielle Reservearmee" bezeichnet (ebd., 120). Greifen wir aber Radtkes und Gomollas empirische Untersuchung zur institutionellen Diskriminierung noch einmal auf, scheint es so, als würden in den als pädagogisch geltenden Institutionen nicht immer pädagogische Kriterien für wichtige Entscheidungen zugrunde gelegt, um Kindern – egal welcher Herkunft – optimale Förderung zuzugestehen. So ist im Gespräch zu den Übertrittsempfehlungen in die Mittelschule beispielsweise zu hören, dass *Arkam zwar sehr begabt* sei, aber *weil er den familiären Hintergrund nicht habe,* sicher auf dem Gymnasium nicht zurechtkomme und *besser auf der Hauptschule* einen Schulabschluss erwerbe. Der bereits erwähnte Gotthilf Hiller begleitet seit Jahrzehnten geflüchtete Jugendliche in ihrem Versuch, das deutsche Schulsystem erfolgreich zu durchlaufen. Dabei dokumentiert er Geschichten und Erfahrungen von aus Kriegsgebieten geflüchteten Jugendlichen, die u. a. an den schulischen Strukturen in Deutschland scheitern, weil sie weniger sogenannte „Anpassungsfähigkeit" aufbringen, als von den Vertretern des Schulsystems gefordert wird. So gibt Hiller in seinem lesenswerten Beitrag *Wie berufliche Schulen junge Geflüchtete abwerten* seinen Schriftwechsel mit der Leitung einer Berufsschule wieder, aus dem sowohl die besonderen Schwierigkeiten von Rasin, einem gut begabten jungen Mann aus Syrien, als auch das buchstäblich gnadenlose Regime der Schulleitung hervorgehen. Bereits in einem Fachartikel aus dem Jahr 2015 mit dem Titel *Unfähig zu inklusivem Deutschunterricht – Oder: Wie beschränkt darf Realschulpersonal sein?* hatte Hiller das Muster des immer gleichen Umgangs mit ihm als ehrenamtlichem Lernhelfer solcher sozial nicht angesehenen Schüler beschrieben. Auch am Beispiel Rasin konnte er das institutionelle Vorgehen erkennen. Er schreibt: „Für mich ein Déjà-vu-Erlebnis. Wieder schreibt mir nicht die Lehrerin, sondern der Schulleiter. Und auch er hat seine vorgefertigten Bausteine für solcherlei Briefe offenbar längst abrufbereit im Computer: 1. Dank für's ehrenamtliche Engagement, ... 2. Für's Grundsätzliche ist der Chef zuständig ... 3. Wir verweisen auf unsere Pläne und Verordnungen ... 4. Kraft Amts verkündige ich: Rasins Leistungen wurden und werden pädagogisch und fachlich fundiert benotet ... 5. Eigentlich trauen wir Rasin weder zu, dass er große Fortschritte macht, noch dass er das Probejahr besteht ...“ (Hiller 2019, 5). Schulen fordern, so könnte die Schlussfolgerung lauten, die Anpassung ihrer Schüler dergestalt, dass sie am Ende *so lernen* und auch *das lernen*, was ihnen angeboten wird. Am Ende wird ein Schüler auf dem Gymnasium zum Gymnasiasten, ein Schüler der Mittelschule zum Mittelschüler und ein Schüler der Förderschule zum Förderschüler. Hiller formuliert die alarmierende Warnung: „Höhere Töchter und Söhne, die Lehrer geworden sind, tun gut daran, nicht zu vergessen, dass sie eher Gefahr laufen, für Kinder aus den unteren sozialen Schichten zum Verhängnis zu werden, als dass sie es schaffen, für sie ein Segen zu sein“ (Hiller 2018). In Zusammenhang mit institutionell erzeugten Lernbeeinträchtigungen trifft es allerdings mitunter auch Schülerinnen und Schüler aus bürgerlichem Elternhaus, die eine schwierige Lebensphase durchlaufen und unglücklicherweise auf eine knapp besetzte Grundschule oder verständnislose Lehrkraft oder Schulleitung treffen. Versetzen wir uns kurz in den real existierenden Klaus, der achtjährig Ängstlichkeit entwickelte, nachdem in seiner Verwandtschaft eine geliebte Person nach kurzer, schwerer Krankheit verstorben ist. Der ehemals aufgeschlossene, fröhliche und interessierte Schüler leidet seitdem unter Trennungsangst. Er hat Angst, dass auch seine Eltern sterben könnten und weint, wenn er von seinem Zuhause getrennt sein muss. Klaus lässt sich auch dann nicht beruhigen, wenn ihn sein Vater morgens zur Schule und bis zum Klassenzimmer bringt. In der Schule selbst findet niemand die Zeit, sich mit Klaus verstehend zu beschäftigen und sein Vertrauen zu gewinnen. Genau genommen ist es sogar umgekehrt: Nach einigen Auseinandersetzungen mit genervtem Schulpersonal wird von der Schulleitung zu einer Konferenz eingeladen, die dem Zweck dienen soll, eine Lösung zu finden bzw. einen „Notfallplan“ für Klaus zu entwickeln.

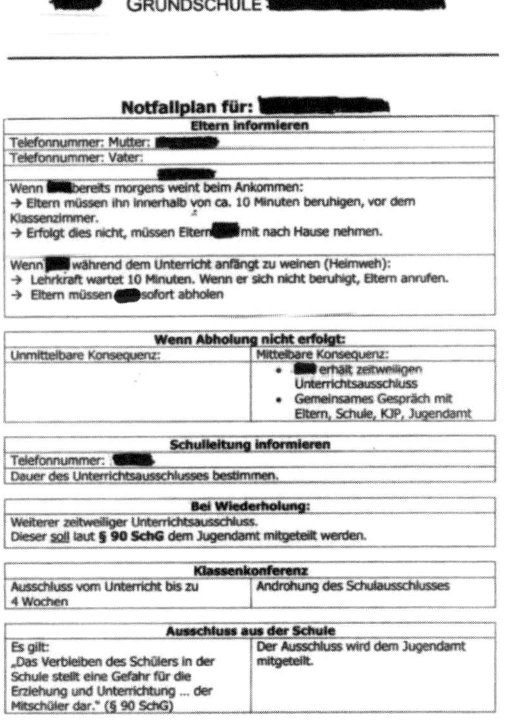

GRUNDSCHULE

Notfallplan für:

Eltern informieren
Telefonnummer: Mutter:
Telefonnummer: Vater:
Wenn bereits morgens weint beim Ankommen: → Eltern müssen ihn innerhalb von ca. 10 Minuten beruhigen, vor dem Klassenzimmer. → Erfolgt dies nicht, müssen Eltern mit nach Hause nehmen.
Wenn während dem Unterricht anfängt zu weinen (Heimweh): → Lehrkraft wartet 10 Minuten. Wenn er sich nicht beruhigt, Eltern anrufen. → Eltern müssen sofort abholen

Wenn Abholung nicht erfolgt:	
Unmittelbare Konsequenz:	Mittelbare Konsequenz:
	• erhält zeitweiligen Unterrichtsausschluss • Gemeinsames Gespräch mit Eltern, Schule, KJP, Jugendamt

Schulleitung informieren
Telefonnummer:
Dauer des Unterrichtsausschlusses bestimmen.

Bei Wiederholung:
Weiterer zeitweiliger Unterrichtsausschluss. Dieser soll laut **§ 90 SchG** dem Jugendamt mitgeteilt werden.

Klassenkonferenz	
Ausschluss vom Unterricht bis zu 4 Wochen	Androhung des Schulausschlusses

Ausschluss aus der Schule	
Es gilt: „Das Verbleiben des Schülers in der Schule stellt eine Gefahr für die Erziehung und Unterrichtung ... der Mitschüler dar.“ (§ 90 SchG)	Der Ausschluss wird dem Jugendamt mitgeteilt.

Abbildung 13: „Notfallplan“ für ein ängstliches Kind

Nachdem der bemühte Vater diesen sogenannten Notfallplan in Händen hält, weiß er, dass er sich selbst um eine Lösung des Problems kümmern muss, wenn er seinem Sohn ein Scheitern im schulischen Lernen ersparen will. Das Selbstverständnis und die zeitlichen Strukturen der Grundschule lassen geeignete Lernhilfen für Klaus offensichtlich nicht zu.

Erschwerte Bedingungen des Lernens können sich durch eine personverankerte Einschränkung, durch das Leben und die Geschichte der betroffenen Kinder und Jugendlichen in ihrer Familie und Lebensstilgruppe und durch die Strukturen und Interaktionen in der bürgerlichen Institution Schule ergeben.

4 Pädagogisches Handeln als Interventionspraxis

4.1 Zur Bedeutung der primären und peripheren Lerndimensionen für den individuellen Lernprozess

Mit seiner viel zitierten Bemerkung zur Pädagogik gibt Immanuel Kant die geeignete Überleitung von den bisher besichtigten Problemfeldern zur anstehenden Beschäftigung mit konkretem pädagogischen Handeln: „(Der Mensch) ist nichts, als was die Erziehung aus ihm macht.“ (Kant 1803/1977, 699) Eine Pädagogik des Lernens leitet sich aus den Entwicklungslinien des Menschen in ihren haptativen, kognitiven und konativen Dimensionen ab und geht davon aus, dass der Educandus als Mängelwesen von der Erziehung abhängig ist. Im Rahmen der Familienerziehung, der Schulerziehung und schließlich der Selbsterziehung prägt ihn schwerpunktmäßig das Können-Lernen, das Wissen-Lernen und das Leben-Lernen.

Der pädagogische Lernbegriff geht parallel zur Erziehung jeweils von einem Einzelfall aus, der auf den Prozess des Verstehens, des Aushandelns, der Grenzerweiterung und einer selbstgesteuerten Anbahnung des fruchtbaren Moments baut. Zentral sind die Moderation von Nähe und Distanz, der Umgang mit Widerstand und die Gestaltung des Problemlöseprozesses in zunehmender Eigenregie. Dem Pädagogen geht es deshalb beim zeigenden Erziehen darum, Fertigkeiten, Wissensbestände und Willenseinstellungen zu vermitteln, die dazu beitragen, wahrhaftiges, freies und anerkennendes Handeln, Denken und Fühlen zu befördern. Ziel der Erziehung ist die personale Selbstbestimmung. Sie ermöglicht und fördert das reflexive Verhältnis zur gegenständlichen Umwelt und personalen Mitwelt, anstatt eine Anpassung und Unterordnung zu fordern. Sie ermutigt den Menschen, *„sich selbst auf die Schliche zu kommen“* und die eigenen Motive, Stärken und Schwächen benennen zu können. In diesem Sinne lässt eine Pädagogik des Lernens den Menschen in kritische Distanz zu sich selbst treten und bietet ihm die Möglichkeit, sich gewissermaßen von außen zu betrachten und einen fürsorglichen Umgang mit sich selbst zu gestalten (vgl. Ellinger/Hechler 2021, 41).

Jede neue Aufgabe fordert nun die reflektierte Beteiligung des Menschen, der in seinen Entwicklungslinien im Bereich des Könnens, Wissens und Wollens eine gewisse Lernkurve erreicht hat und aktuell einzelne Fertigkeiten, Kenntnisse und Haltungen umsetzen soll. Wenn Lehrerinnen und Lehrer die Auskunft geben, z. B. *„Mathe zu unterrichten“*, erweckt dies mitunter den Eindruck, dass es hier im Wesentlichen um die Herausforderung geht, objektivierte Lernhilfen bzw. Techniken mathematischer Problemlösung perfekt zu vermitteln. Immer dann, wenn Lehrer aber stattdessen *„Kinder unterrichten“*, orientieren sich Lernhilfen nach den Lerndimensionen, die lernerseits für Lernhemmungen verantwortlich sind, und nicht nach den unterstellten primären Lerndimensionen des Lerngegenstandes. Führen wir uns noch einmal zur Verdeutlichung eine nahezu allen erwerbstätigen Erwachsenen geläufige Lernaufgabe vor Augen. Gesetzt den Fall, die Bewohner einer Studenten-WG wollten nach mehreren Jahren Studium ihre erste Steuererklärung angehen, damit jeder für sich mit seiner Rückzahlung einen Beitrag zur strapazierten Haushaltskasse leisten kann, stellen sich bei der Erarbeitung der Unterlagen vermutlich bald verschiedene Lernhemmungen ein. Der eine verliert schon früh den Überblick und sucht während seiner Beschäftigung mit dem Formular unablässig Nachweise, Erläuterungen zu den Begrifflichkeiten und Quittungen seiner Ausgaben. Seine Mitbewohnerin ringt mit sich und ihrer Empörung über die Zumutung, für mutmaßlich wenig Rückzahlung eine derartige Sisyphusarbeit auf sich nehmen zu müssen und der Dritte im Bunde verbringt viel Zeit im Internet, um Fachwörter zu verstehen, die Logik des Lohnsteuerjahresausgleichs nachzuvollziehen und zu erfahren, ob die Reparatur seines Autos im letzten Herbst absetzbar ist. Mit der einfachen Gegenüberstellung von Einnahmen und Ausgaben ist selbst die simpelste Steuererklärung nicht machbar. Die drei überforderten Musikstudenten beschließen, sich Hilfe zu suchen und bitten einen befreundeten BWL-Studenten, sie bei dieser Herausforderung – in unserer Diktion handelt es sich um einen Lernprozess – zu unterstützen. Holger sagt gerne zu und geht anfänglich davon aus, dass das Problem mit der Vermittlung steuerrechtlichen Fachwissens schnell erledigt sein wird. Er täuscht sich, denn schon bald ist klar, dass die primäre Lerndimension des Wissens beim Erstellen der Steuererklärung nicht für alle Lerner die entscheidende Lernhemmung darstellt. Im Laufe ihrer gemeinsamen Arbeit wird sichtbar, dass Holger in diesem Lernprozess die Funktion eines temporären Erziehers übernimmt, weil er nicht nur dozieren kann, sondern aushandeln muss. Auch wenn es sich um drei Lerner in der Phase der Selbsterziehung handelt, steht nicht Auskunftsberatung, sondern in gewissem Sinne Lernen-Lernen auf dem Lehrplan. Holger ist nun gefordert, seine Lernhilfe nicht auf die primäre Lerndimension der Aufgabe zu beschränken, obwohl sie seinem Fachwissen entspricht und obwohl er aus diesem Grund engagiert wurde. *Selbstständig-eine-Steuererklärung-bearbeiten-Können* scheitert bei unseren Studenten auf unterschiedlichen Ebenen, die allesamt geeignet sind, einen erfolgreichen Abschluss zu verhindern.

Holger wird – wenn es gut läuft – seinen „Schülern" dazu verhelfen, die Lernaufgabe zu bewältigen. Dafür muss er sich darauf einlassen, ihre Lernhemmungen zu verstehen und Lernhilfen in den entsprechenden Dimensionen anzubieten. Die gelernte Strukturiertheit, die Kenntnis der hilfreichen Ordnungssysteme und der Zugang zu Motivationsstrategien bringen die betroffenen Lerner grundsätzlich voran. Der Lerner erlebt Lernhemmungen entsprechend seiner individuellen Entwicklung, aufgrund persönlicher Disposition, in Auseinandersetzung mit seinem sozialen Umfeld oder auch als Ergebnis einer tagesaktuellen Befindlichkeit. Von außen oder aufgrund eigener Moderation werden geeignete Lernhilfen zugeführt, die im Idealfall einen Beitrag zum Lernen-Lernen leisten. Die Dimensionen des Lernens lassen sich im Blick auf die Lerner nicht objektivieren oder verallgemeinern, sie bleiben subjektiv und individuell.

Tabelle 5: Lerndimensionen, denkbare Lernhemmungen und Lernhilfen beim Erstellen einer Steuererklärung (Ellinger/Hechler 2021, 168)

Frühes Erwachsenenalter Entwicklungsthema Kompetenz	**Lernaufgabe: Erstellen einer Steuererklärung**		
	Lerndimension	**Lernhemmung**	**Denkbare Lernhilfe**
Können/Fähigkeiten und Fertigkeiten	Formular ausfüllen, Systematik verstehen	abschreckendes und undurchsichtiges Layout beeinflusst das Konzentrationsvermögen, eigene Unterlagen sind ungeordnet und unzugänglich, die Kombination verschiedener Fakten und Faktoren ist schwierig	Freunde, Eltern, Kolleginnen und Kollegen fragen, um die Steuererklärungen gemeinsam zu machen
Wollen/Einstellungen und Haltungen	Durchhaltevermögen aufbringen	fehlende Ausdauer, Überzeugung von Zweck schwindet	Angestrebtes Ziel, z. B. Anschaffungen oder Urlaub planen, Anstrengungsbereitschaft anbahnen, Durchhaltevermögen trainieren
Wissen/Kenntnisse und Kognitionen	Überblick zu eigenen Verhältnissen, Informationen finden, Fachbegriffe verstehen	Überblick zu den eigenen Verhältnissen und Verständnis des Prinzips der Steuererklärung fehlt	Ordner anlegen, um den Überblick zu gewinnen, Internetseiten konsultieren, um Fachbegriffe zu verstehen

Oliver Hechler führt in seinem Essay zur *Sprache des Lehrers und dem Lernen der Schüler* kenntnisreich aus, dass die Funktion der Sprache weniger in der Vermittlung von kognitiv strukturierten Wissensbeständen zu suchen ist, sondern vielmehr Ausdruck emotionaler Zuwendung, Hinweis auf soziale Zugehörigkeit und Mittel zur Anbahnung von Bindung sein muss (vgl. Hechler 2019a, 11). Martin Buber weist in diesem Zusammenhang mit seiner Unterscheidung von *Be*-gegnung und *Ver*gegnung auf die zentrale Bedeutung der Beziehung zwischen Pädagogen und Lernendem hin: Es geht darum, echte Begegnung zu ermöglichen, die dem gemeinsamen Verständnis dessen dient, was das Lernen fördert oder u. U. auch hemmt. Die Vergegnung dagegen beschreibt eine Interaktion, die hohl und sinnfrei nur eine Pflicht erfüllt und keine offene inhaltliche Kommunikation ermöglicht. Obwohl der Form nach ein Rahmen für echte Begegnung gegeben ist, findet sie nicht statt. Die Interaktionspartner leben und lernen aneinander vorbei und es werden womöglich Strukturen gepflegt, die diesen Missstand sogar zusätzlich tarnen (Buber 1986). Hechler fordert deshalb, eine pädagogische Theorie der Sprache zu formulieren, die drei relevante Aspekte aufweist (2019a, 15 f.):

1. *Sprache hat Funktionen zu erfüllen.* Nach Werner Loch (1966; 1970) bedient Sprache in erzieherischer bzw. unterrichtlicher Absicht a) eine operante Funktion, b) eine instruktive Funktion, c) eine kommunikative Funktion und d) eine emanzipative Funktion.
2. *Pädagogische Sprache hat ethische Implikationen.* Sie zeichnet sich durch die Achtung und Anerkennung des Gegenübers aus, orientiert sich an Wahrheit und Wahrhaftigkeit und dient der Idee der Freiheit. Folgt die Sprache des Pädagogen nicht diesen Implikationen, läuft sie Gefahr, ausschließlich als Manipulation zu fungieren und als Mittel zur Dressur in Dienst genommen zu werden.
3. *Sprache hat präformierende Kraft.* Sie prägt Stimmung und Emotionen und vermittelt Feinfühligkeit des Lehrers, die wiederum grundlegend die Offenheit und das Sich-Einlassen des Lerners ermöglicht.

Wenn wir im Folgenden verschiedene Beispiele pädagogischen Handelns im Hinblick auf problematische Lernverläufe reflektieren, tun wir das vor dem Hintergrund der Überzeugung, dass es um eine individuelle Passung der jeweiligen Lernhilfe geht. Diese ist abhängig davon, ob der Lerner Probleme im Bereich seiner Motorik und Wahrnehmung (Können), der kognitiven Prozesse (Wissen) oder seiner Haltungen und Einstellungen (Wollen) aufweist. So redundant es klingen mag: Nicht der *Lerngegenstand* gibt die geeignete Lernhilfe vor, sondern die Anforderung durch die *Lernhemmung des Lerners.* Diese Erkenntnis zieht einmal mehr die Wirksamkeit standardisierter Interventionspraxis im Sinne einer Ertüchtigung zur Selbstständigkeit in Zweifel. Folgt man Günther Bittners Warnungen vor den „inhumanen Humanwissenschaften“, finden sich zugespitzt folgende Formulierungen: „Wissenschaft ist human, wenn sie sich auf lebende Menschen bezieht (...) und Wissenschaft ist inhuman, wenn sie die Subjektivität des Erkenntnisprozesses unterschlägt“, und weiter: „die Psychologie hingegen führt einen Kreuzzug gegen das lebendige Subjekt: Alles, was die Menschen bewegt, soll aus dem Erkenntnisprozeß ausgemerzt werden“ (Bittner 1991, 340 ff.). Die folgenden Überlegungen sollen durch die Suche nach der individuellen Logik und nach entsprechenden subjektiven Lernhilfen geprägt sein.

Dabei machen Pädagoginnen und Pädagogen im Alltag die Entdeckung, dass die Bemühung um eine fallverstehende Förderung des einzelnen Schülers ein immer komplexer werdendes Gesamtbild entstehen lässt. Wenn es darum geht, das Geflecht an Einflussfaktoren auf den Lernerfolg eines Schülers oder einer Schülerin nachzuvollziehen, wird das *Warum* zunehmend unbedeutend. Im Hinblick auf menschliches Lernen wird in vielen Schulen immer noch ein verbreiteter Kategorienfehler begangen, indem im Zentrum sogenannter pädagogischer Bemühungen großer Aufwand betrieben wird, um eindeutige Ursachen für Lernhemmungen zu finden, zu beschreiben und diese fokussiert zu heilen, auszumerzen oder umzuprogrammieren. Auch wenn wir Menschen alltäglich dazu neigen, uns an Komplexität reduzierenden Beschreibungen zu orientieren, indem wir beispielsweise von einem „peniblen Nachbarn“, dem „eitlen Bürgermeister“ oder den „faulen Sachbearbeitern im Amt“ sprechen und davon erfolgreiche Umgangsformen ableiten, lassen sich im Rahmen verstehender Pädagogik solche Ableitungen nicht belastbar formulieren. Das Verhalten eines sinnstrukturiert handelnden Schülers wurzelt nicht in erster Linie im *Warum,* sondern in einem *Wozu.* Vielerorts wird der Schüler aber mit einem zu dressierenden Tier oder einer reparaturbedürftigen Maschine verwechselt, deren Output – einmal auf eine Ursache zurückgeführt – gezielt repariert oder konditioniert werden kann. Im pädagogischen Umgang erweist sich Komplexitätsreduzierung als kontraindiziert. Jede Pädagogin und jeder Pädagoge, die oder der einen Schüler mit spezifischen Problemen im Lernprozess nicht diagnosegeleitet fördern, sondern zur Eigenständigkeit führen will, wird feststellen, dass „der Fall immer komplexer wird". Pädagogische Lernhilfe verfolgt nicht das Ziel, den einzelnen Lerner auf ein *typisches Kernproblem* hin, auf *eine Symptomatik* oder auf *einen Förderbedarf* zu reduzieren und *handle-bar* zu machen, sondern taucht vielmehr in zunehmende Komplexität ein. Die bisherigen Lösungsversuche, Erfahrungen des Scheiterns und etablierten Lebensgewohnheiten jedes einzelnen Menschen erscheinen umso vielseitiger und mehrdimensionaler, je empathischer sich ein Pädagoge im Bemühen um Verstehen nähert. Lernen findet unter Beteiligung der drei Lerndimensionen und nach den Regeln eines logischen Musters statt. Und bei all dem wird Lernen durch viele Faktoren beeinflusst, die selten auf wenige *Hauptursachen* reduziert werden können.

Tabelle 6: Die drei Lerndimensionen des Menschen (Ellinger/Hechler 2021, 79)

Können ***Motorik und Wahrnehmung***	**Wissen** ***Kognitive Prozesse und Kenntnisse***	**Wollen** ***Haltungen und Einstellungen***
visuelle, auditive, taktile, olfaktorische und gustatorische Wahrnehmung	Intelligenz, Begabung, Gedächtnis	Motivation, Emotionen, Bindungsmuster
Hierarchisierung von Wahrnehmungen: Konzentrationsvermögen, Aufmerksamkeitssteuerung	Faktenwissen, Informationen	Lernbereitschaft, Anstrengungsbereitschaft, Mut
Ordnungssinn und Umgang mit Ordnungen	Kulturtechniken, spezifische Lerninhalte	Ausdauer, Spannkraft, Geduld, Ambiguitätstoleranz, Frustrationstoleranz
Lebensweise, Manifestationen und Gewohnheiten	Metakognitionen, Reflexivität	Bedürfnisaufschub, Moral, Verantwortungsübernahme
Motorik und Feinmotorik, Fertigkeiten	Gedankenwelt, Kreativität	Soziabilität, Lebensstil, Optimismus
Lern- und Arbeitsstrukturen	Vorwissen, Erfahrungswissen	Autonomie und Selbstständigkeit
Mimik, Sprechen		Altruismus

4.2 Lernhemmungen in der Phase der Familienerziehung

In den kommenden Leseminuten werden Personen nicht aus der Perspektive eines Defizits vorgestellt, sondern in ihren Bemühungen, das Lernen zu gestalten und plausible Lösungen für ihre erschwerten Lernsituationen zu finden. Erschwertes Lernen – so haben wir gelernt – ist personverankert, wird institutionell erzeugt oder entsteht sozial bedingt. Lernhemmungen dagegen treten auf, weil der Lerner entweder nicht über das erforderliche *Wissen* verfügt – er nicht versteht oder memoriert hat – oder weil er nicht lernen *kann* – er also in der Motorik oder Wahrnehmung eingeschränkt ist – oder aber weil er aus unterschiedlichen Gründen nicht *will* – er nicht über die notwendige Haltung, Einstellung, Emotionen verfügt. Weil Lernhemmungen ihre Logik aber a) innerhalb der Entwicklungsthemen der Lebensalter, b) im Rahmen der Erziehungsorte, c) in verschiedenen Lerndimensionen und außerdem d) im Kontext erschwerter Lernsituationen entfalten, sollen für jeden Erziehungsraum – Familie und Kindergarten, Schule und Selbsterziehung bzw. Eigenverantwortung – einzelne Menschen vorgestellt werden. Eine einfache Systematisierung verbietet sich, weil weder die erschwerte Lernsituation zwingend zu einer spezifischen Lernhemmung führt, noch die Beeinträchtigung in einer konkreten Lerndimension 1:1 vom verhandelten Lerngegenstand abzuleiten ist. Es wird vielmehr deutlich, dass pädagogische Lernhilfe nur sehr begrenzt zu standardisieren und hinsichtlich ihrer Effektivität vom Verstehen des Pädagogen abhängig ist. Einmal mehr haben im Hinblick auf professionell-pädagogische Lernhilfe die Prinzipien des Schweizer Pädagogen Paul Moor aus dem letzten Jahrhundert Gültigkeit (Moor 1965):

1. *Erst verstehen, dann erziehen*: Damit geht es in der pädagogischen Lernhilfe nicht um einen mechanistischen Konditionierungs- oder Unterweisungsvorgang, sondern es kommt dem Verstehen eine zentrale Bedeutung zu.
2. *Nicht gegen den Fehler, sondern für das Fehlende wird erzogen*: In der pädagogischen Lernhilfe kann die konstruktive Fehlerkultur als entscheidend angesehen werden. Lernprozesse enden demnach nicht bei der „Urteilsverkündung“, indem etwa die Notenvergabe den Abschluss des Unterrichts darstellt, sondern binden das reaktive Zeigen konstruktiv und Mut machend in das Lernen ein.
3. *Nicht nur das Kind, auch seine Umgebung ist zu erziehen:* Der lernende Mensch wird einschließlich seines Sozialisationshintergrundes und seiner milieuspezifischen Plausibilitätsstruktur aufgefangen, verstanden und in den Erziehungsprozess eingebunden. Vielleicht können wir das bekannte afrikanische Sprichwort *„Es braucht ein ganzes Dorf, um ein Kind zu erziehen“* erweitern, indem wir feststellen: Wir können ein Kind nicht gänzlich gegen sein Dorf und gegen seine Familie erziehen.

Tabelle 7: Entwicklungsthemen in der Phase der Familienerziehung

Lerndimension	Säuglingsalter	Kleinkindalter	Kindergartenalter
Können	5-Sinne-Entdecken	Motorik und Sprache	Konzentration
Wissen	Denken	Regeln des Hauses	Normen
Wollen	Urvertrauen	Abgrenzung	Gemeinschaft

Emil lebt mit seinen beiden älteren Schwestern und den Eltern in einem schönen Haus am Stadtpark. Er ist zwei Jahre und drei Monate alt und seit einigen Wochen das, was man „strong willed" nennen könnte. Er durchlebt zurzeit die Trotzphase. Immerzu will er etwas anderes als seine Eltern, häufig wirft er sich auf den Boden und strampelt mit den Beinen. Wenn er mit dem Bobbycar beim Spaziergang dabei ist, kommt mit an Sicherheit grenzender Wahrscheinlichkeit der Moment, in dem er nicht mehr weiterfahren will, aber auch niemand seinen roten Flitzer tragen darf und man ihn schon gar zurücklassen kann. Weinend und klagend weiß Emil nicht, wie er aus der Verzweiflung finden soll. Dann will ihn seine Mutter einfach unter den Arm klemmen und mitnehmen, sein Vater ist dagegen der Meinung, man sollte ihm keine Gewalt antun. Immer das gleiche Drama. Seit ein paar Tagen hat sich eine weitere Dauerbaustelle aufgetan. Emil möchte gerne den Hasen füttern und schreit und tobt, wenn der Papa es „mit ihm macht". Mal will er unbedingt zum Hasen, dann wieder nicht. Gestern wollte sich Papa die nötige Zeit nehmen, sie sind gemeinsam zum Stall gegangen und Emil stand davor und wollte plötzlich nicht mehr. Es verging viel Zeit, während Emil mal an den Öffner griff und sich dann wieder weinend zum Gehen wandte. Schließlich öffnete Papa, während sein Sohn weinte, das Törchen und gab Hoppel seine Karotten. Emil befindet sich in einer wichtigen Entwicklungsphase. Er lernt, sich abzugrenzen, ICH zu sein und einen Willen zu entwickeln. Seine Eltern haben nicht vor, diesen Willen zu „brechen", wie es sich andere bürgerliche Familien zum Ziel gesetzt haben. Emil darf seine Autonomie entwickeln und dabei Sicherheit erleben. Das Problem mit dem Hasenstall ist allerdings ein anderes. Viel schlichter. Während offensichtlich und für alle dominant das Motiv der Trotzphase im Mittelpunkt steht, scheitert Emil beim Versuch, Hoppel selbst zu füttern, schlicht am Mechanismus des Törchens. Er weiß nicht, wie der Riegel bedient werden muss. Wüsste er es, hätte er es schon alleine gemacht. Das geduldige Erlernen feinmotorischer Fertigkeiten und die ewige Eile in Familie Meyers Tagesablauf wollen nicht recht zusammenpassen. Niemand findet Zeit zum genauen Hinsehen und erst recht nicht zum ostensiven Zeigen feinmotorischer Fertigkeiten. Und so sendet Emil missverständliche Signale und Papa und Mama leisten unpassende Lernhilfen.

Mia ist von Geburt blind und liebt es, Radio zu hören. Seit ihrem 4. Geburtstag in der letzten Woche besitzt sie eine eigene Fernbedienung, die sie immer dem Besuch, ihren Eltern oder dem großen Bruder in die Hand drückt und um das Starten ihres Lieblingssenders und angemessene Lautstärke bittet. Sie hat sich selbst auch schon intensiv mit den Knöpfen und Tasten auf dem Gerät beschäftigt und damit versucht, Effekte zu erreichen. Die „Ausbeute" war allerdings mager. Ihr jeweiliges Ziel hat sie nicht erreicht und musste stattdessen frustriert feststellen, dass sie nicht versteht, was passiert. Ihr Vater bewertet die Lage jedoch etwas anders. Mit großem Staunen sieht er, wie geschickt Mia ihre kleinen Finger treffsicher über die Tasten bewegt und alle denkbaren Kombinationen erreichen kann. Seinen ersten Impuls, mit der Hand der Tochter zeigend über die Instrumente zu fahren, hat er schnell verworfen. Ihre Feinmotorik ist nicht das Problem. Es fehlt das Wissen über die Funktionslogik einer Fernbedienung. Und weil Mia visuell nicht sehen kann, muss auch das notwendige Zeigen blindengerecht repräsentativ sein. Binnen kürzester Zeit versteht das Mädchen die Theorie und kann fortan selbstständig durch die Radioprogramme zappen.

Der 6-jährige *Ben* sucht immer Blickkontakt und fühlt sich ganz unsicher, wenn er im Kinderzirkus seine Jonglierkünste zeigt und mit den anderen Kindern die Nummer durchprobt. Arno, der Trainer, ermutigt ihn viel, freut sich immer, wenn er ihn sieht, und sagt ihm auch ganz klar, wie er was machen soll und wie nicht. Die anderen Kids sind auch ok – aber trotzdem kann Ben nicht entspannen. Meistens macht er Scherze, spielt den Kasper und erzählt von zu Hause. Dort herrscht nämlich fast immer Zoff und Unfrieden. Seinen leiblichen Vater kennt Ben nicht und einen dauerhaften Mann hat Mama nicht. Stattdessen ist praktisch jeden Monat ein anderer „Macker" in der Wohnung, der sich dann oft auch noch aufführt, als sei er für Ben wichtig. Aber das ist er nicht. Warum auch? Aus seiner Mutter wird Ben nicht schlau. Es gibt Phasen, in denen sie sich rührend und aufopfernd um ihn kümmert. Und wenn er beginnt, sich daran zu gewöhnen und die Zuneigung zu genießen, kann sie von jetzt auf gleich schockierend radikal umschalten. Dann giftet sie ihn an und schlägt ihn sogar wegen Kleinigkeiten. Das war schon immer so. Ben weiß in keiner Situation, ob er sich aktuell auf seine Mutter verlassen kann oder sich besser vor ihr in Acht nehmen sollte. Dabei spielt es keine Rolle, ob er hingefallen ist und weinend mit blutigem Knie nach Hause kommt oder ob sie ihn nachts beim Fernsehen erwischt. Unabhängig vom Anlass wird sie ihn bedrohen oder verwöhnen. Dieses Gefühl der Unsicherheit ist schon völlig normal geworden. In den Kinderzirkusproben sucht er Arnos Aufmerksamkeit und Beachtung. Obwohl er weiß, dass Arno und die andern sich immer gleich verhalten und verlässlich sind, will er mehr. Wenn sich Arno um ein anderes Kind kümmert, kann es sein, dass Ben versucht, dem Kind zu helfen, damit Arno dann Zeit hat, mit ihm zu sprechen. Manchmal benimmt er sich dafür wie ein Kleinkind, Hauptsache, Arno schenkt ihm Beachtung. Und so entwickelt sich immer häufiger eine bizarre Paradoxie: Während er einerseits ständig Arnos Nähe und Zuwendung sucht, bereitet er ihm andererseits häufig heftigen Ärger. Vor dem Hintergrund seiner unerfüllten Beziehungsbedürfnisse äußern sich Enttäuschung, Wut und Hilflosigkeit gegenüber Arno, der zugleich Ziel des Werbens um Nähe und Fürsorge ist.

Im Kindergarten konnte Ben bis vor kurzem nur wenig Aufmerksamkeit und Energie für die kreativen Denksportaufgaben der Vorschulkinder aufbringen. Er war immerzu damit beschäftigt, Freundschaften zu schließen und Feindschaften zu pflegen, Streit auszutragen und sich zu versöhnen, um Anerkennung zu buhlen und über andere zu tratschen. Durch seine laute und fordernde Art hat er dabei immer mehr

Freunde verloren und von den Betreuern ist nur Elke zugewandt geblieben. Sie hat sich aus seinem ständigen ängstlichen Klammern befreit, indem sie einige Traditionen, eine Art *Kontrollpunkte ihrer Freundschaft* eingeführt hat. So treffen sie sich z. B. immer dann in der Küche und trinken gemeinsam ein Glas Wasser oder Milch, wenn der Kirchturm mehr als einmal schlägt. Sie haben verabredet, dass Elke in einem anderen Raum „spielt" als er, aber öfter mal zu ihm kommt und eines der Spielzeuge von drüben mitbringt. Elke ist überzeugt, dass sie durch ihre – nicht ständig, aber regelmäßig – erlebbare Verfügbarkeit zu Bens Entspannung beiträgt und das ständige Klammern überflüssig werden wird. Durch Elkes Lernhilfe im Wollens-Bereich hat Ben gelernt, sich auf die kognitiven Lernprojekte zu konzentrieren. Er hat jetzt emotional den Rücken frei und ist in seiner Vorschulklasse der begeisterte Rätselkönig.

In ihrer viel diskutierten Veröffentlichung mit dem Titel *Weltwissen der Siebenjährigen* berichtet Donata Elschenbroich von einer Untersuchung, die sich der Frage zuwendet, was ein Kind in den ersten sieben Lebensjahren wissen, können und erfahren haben sollte. Es geht schlicht um die Frage, womit Kinder bis zum Anfang ihrer Schulzeit, also bis zur Schwelle vom beiläufigen zum formalisierten Lernen, in Berührung gekommen sein sollten, um eine gute Ausgangsposition für das weitere Lernen im Lebenslauf zu haben und eine gesunde Entwicklung zu durchlaufen. In ausführlichen Gesprächen wurden über drei Jahre hinweg 150 ganz unterschiedliche Menschen befragt. Sie kamen aus verschiedenen Gesellschaftsgruppen, Altersstufen und Berufen und waren Fachleute aller Art, wie z. B. Erzieher, Hirnforscher, Grundschuldidaktiker, Verkäufer im Bahnhofskiosk, Erzbischof und Direktor eines Altenheims. Ebenso wurden eine Analphabetin, eine Studentin der Betriebswirtschaftslehre und Mütter in der Müttergenesungskur befragt (vgl. Elschenbroich 2010, 19).

Einige Stichworte lassen zunächst stutzen und unterstreichen dann die Bedeutung der Entwicklungslinien des Könnens, des Wissens und des Wollens für die weiteren Lernprozesse eines Menschen. Die Autorin schildert die Reaktionen der Befragten auf ihre – Elschenbroichs – eigene erste „Wunschliste". Sie hatte einige Ideen gesammelt, um die Fantasie der Befragten zu wecken. In ihrer Liste hatte sie u. a. notiert: „Ein siebenjähriges Kind sollte ..." „vier Ämter im Haushalt ausführen können", „ein Geschenk verpacken können", „auf einem Friedhof gewesen sein", „drei Lieder singen können, davon eines in einer fremden Sprache", „drei Fremdsprachen oder Dialekte am Klang erkennen", „drei Rätsel, zwei Witze und einen Zungenbrecher erzählen können" und „ein Gebet kennen". Diese Liste löste wiederholt Empörung aus und wurde u. a. als „Theoriefurz" bezeichnet (ebd., 23). Aber immerhin stimulierte sie die Gesprächspartner in einer Weise, dass am Ende eine 70-Punkte-Liste zustande kam, die eine Studentin ganz parallel zu Goethes Worten kommentierte: „Je mehr man von der Welt weiß, umso interessanter wird sie" (ebd., 7). Was sollen Siebenjährige nach der Überzeugung der Befragten erfahren, gelernt, ertragen haben? In Auszügen:

- gewinnen wollen und verlieren können,
- Wissen, was *„schlecht drauf sein“* bedeutet, also Hunger nicht mit Ärger und Müdigkeit nicht mit Traurigsein verwechseln,
- dem Vater beim Rasieren zugeschaut haben,
- vom Vater während einer Krankheit gepflegt worden sein,
- schaukeln können,
- eine Kissenschlacht gemacht haben,
- einen Schneemann, eine Sandburg, einen Staudamm gebaut haben,
- Sahne geschlagen haben,
- in einer anderen Familie übernachtet haben,
- eine Sammlung angelegt haben,
- einem Bettler in den Hut, Geigenkasten oder eine Sammelbüchse gespendet haben,
- auf einen Baum geklettert sein,
- in einen Bach gefallen sein,
- Obstsorten anhand ihres Duftes unterscheiden können,
- Flüche und Schimpfwörter kennen,
- einen Nagel einschlagen, eine Schraube eindrehen, eine Batterie auswechseln können,
- einen Meister, eine Expertin, einem Könner begegnet sein,
- Stolz erlebt haben, ein Kind zu sein ...

Die in Elschenbroichs Buch dargestellten Interviews und Diskussionsbeiträge regen zum Nachdenken an. Was verändert sich für ein Kind, wenn es beispielsweise in seinen ersten sechs Lebensjahren niemals ein Geschenk verpackt, nie einen Pfannkuchen gebacken und keinen Staudamm in einem Bach gebaut hat? Ist es tatsächlich wichtig, Obst am Geruch zu erkennen und einen Dialekt oder eine Sprache ungefähr zuordnen zu können? Welche Folge hat es, andere Familien in ihren Wohnungen zu besuchen, in anderen Ländern Urlaub gemacht und ein krankes Familienmitglied gepflegt zu haben? Elschenbroichs Überlegungen stellen die Frage nach Vorwissen, führen in die Welt der Begegnungen mit unbekannten Lerngegenständen, die wir in Kapitel 2 von Hans Rauschenberger als unabdingbare Voraussetzungen für spätere Lernprozesse kennengelernt haben. Unter *Vorwissen* verstehen wir Erfahrungen mit Sachverhalten und Kenntnisse über Fragen und Dingen, die jemand hat, bevor er darüber genauer informiert wird. Es ist Wissen, es sind Emotionen und es sind Gewohnheiten, an die neue Herausforderungen anknüpfen können. Im Hinblick auf den idealtypischen Lernprozess wurde beispielsweise der Stellenwert der *Übung* für den Lerner deutlich. Kinder üben bis zum Schuleintritt ganz beiläufig Dinge, die ihnen in ihrer Welt begegnen und sie zum Lernen herausfordern, während sie dann für den möglicherweise formalisierten Lernprozess in der Schule damit vertraut sind. Ebenso ergibt es einen Unterschied, ob Justus feinmotorische Fähigkeiten erworben hat, weil er gerne und oft Geschenke einpackte, immer mal wieder die Spiegeleier zum Frühstück zubereitete und zudem im Sommer regelmäßig den Grill und das Lagerfeuer anzünden darf oder nicht. Die Entwicklungsthemen im Säuglings-, Kleinkind- und Kindergartenalter weisen darauf hin, dass neben der Familie auch der Kindergarten einen umfassenden Erziehungsauftrag zu erfüllen hat, der in den drei Lerndimensionen ganz unterschiedliche und sehr wichtige Grundlagen für weitere Lernprozesse legen soll.

4.3 Lernhemmungen in der Phase der Schulerziehung

Tabelle 8: Entwicklungsthemen in der Phase der Schulerziehung

Lerndimension	Mittlere Kindheit	Frühes Jugendalter	Jugendalter
Wissen	Kulturtechniken	Komplexität	Weltwissen
Können	Ordnung	Autonome Praxis	Körperlichkeit
Wollen	Verbindlichkeit	Freundschaft	Intimität

Lernen wir als erstes kurz ein Mädchen kennen, die nicht in den Genuss eines breiten *Weltwissens der Siebenjährigen* kommen konnte, sondern in ihrer Grundschulzeit leidvolle Erfahrungen sammelte und die wir jetzt in der Mittelschule besuchen. Die 11-jährige *Sofia* ist dort Schülerin der fünften Klasse und fühlt sich zunehmend wohl. Sie überraschte ihre Lehrerin von Anfang an wieder und wieder durch kluge Diskussionsbeiträge und konstruktive Vorschläge zu aktuellen Problemlösungen. Sofia verfügt über ein sehr gutes Gedächtnis, ausgeprägte Kombinationsgabe und hat zudem viel Spaß daran, Neues zu lernen. Allerdings fällt Sofia trotz ihres Engagements häufig durch gravierende Leistungsausfälle auf. So steht die Schülerin immer wieder unschlüssig vor handwerklich nur mittelmäßig anspruchsvollen Aufgaben oder kann nichts mit Begriffen wie Miete, Rasenmäher, Schwager oder Zahnprothese anfangen. In den Hauswirtschaftsstunden wusste sie beispielsweise nicht, wozu und wie eine Spülmaschine zu bedienen ist, staunt über den Mixer und andere Küchengeräte und kennt zudem kaum Gemüsesorten, die sie verkochen soll. Sofia holt seit ihrem Schuleintritt intensiv und fleißig nach, was sie bis zu ihrem siebten Lebensjahr nicht erleben und erlernen konnte. Sie wuchs in einem familiären Kontext auf, in dem sie als Baby und Kleinkind von Erfahrungswelten ferngehalten, durch häufige Umzüge überbehütet und schließlich von ihren überforderten Eltern nicht in den Kindergarten gebracht wurde. In der Schule ist sie auf verständige Pädagogen angewiesen, die sie nicht für dumm halten, sondern durch Wissensvermittlung und Erfahrungsangebote dafür sorgen, dass Sofia ihr mangelndes Vorwissen aufholen kann.

Pete besucht seit drei Jahren die örtliche Grundschule. Hin und wieder erinnert er sich, wie ungeduldig sie alle damals den Septemberanfang herbeigesehnt hatten. Schließlich herrschte eine Bombenstimmung, weil praktisch alle seine Freunde mit ihm in die Schule kamen. Wenn er die Augen schließt, weiß er noch genau, wie es im Foyer gerochen hat und er schmeckt die Bratwurst, die Herr Steinle, der Hausmeister der Schule, um 12.00 Uhr gebraten hatte und für jeden Abc-Schützen in einer Semmel servierte. Pete seufzt jedes Mal, wenn er daran denkt. Inzwischen ist sein Leben anders geworden. Er hat sich – wie sein bester Freund Joris auch – für Rechnen und Sachkunde begeistert und findet außerdem den Pfarrer im Religionsunterricht echt in Ordnung. Wenn Pete sagen müsste, was seine Hobbys sind, wäre Lesen ganz vorne dabei und auf die wöchentliche Musikstunde hat er sich regelmäßig gefreut. Und trotzdem geht Pete nicht mehr gerne zur Schule. Letzten Mittwoch beschimpfte er Frau Schmidtbauer, weil sie seine Schreibübungen durchgestrichen hat und wollte, dass er sie noch einmal macht. Mit der Kunstlehrerin liegt er ebenso im Clinch. Sie ist der Meinung, er könne sich trotz aller Einschränkungen ruhig ein bisschen mehr Mühe geben. Und das musste sie ihm ausgerechnet gestern sagen, nachdem er von der Musikstunde aus dem dritten Stock in den Werkraum im Keller gegangen war. Manchmal, wenn Pete im Kunstraum angekommen ist und endlich an seinem Platz sitzt, findet er das Leben sehr anstrengend und ist von den vielen lästigen Kleinigkeiten richtiggehend überfordert. Dann zittern seine Arme und er kann sich kaum beruhigen. Erst vor knapp zwei Monaten ist ihm nach dem Kunstunterricht die erschütternde Wahrheit schlagartig bewusst geworden: Er ist behindert. Obwohl er immer ungezwungen und fröhlich mit seinen Freunden in der Straße gespielt, mit den Kindern im Kindergarten viel Blödsinn getrieben und anfangs auch mit seinen Mitschülern gerne gelernt hat, wunderte er sich doch häufig darüber, dass seine Mutter heimlich weinte oder im Vergleich zu den anderen Müttern übermäßig besorgt war. Er fragte sich oft, ob er nicht gut genug für sie war oder ob sie lieber eine Tochter gehabt hätte. In diesem einen Moment vor sieben Wochen nach der Kunststunde fiel dann der Groschen: *„Du bist nicht so wie die andern. Du zuckst und bist nicht Herr im eigenen Körper."* Nachmittags erzählt Pete seiner Mutter von diesem Aha-Erlebnis. Sie berichtet von der komplizierten Geburt, vom Sauerstoffmangel und von den Auswirkungen. Eine spastische Lähmung ist die Folge der nervlich bedingten Dysbalance in den Muskelfasern, die zu einer erhöhten Spannung in der Skelettmuskulatur und zu spontanen Muskelaktivitäten führt, die Pete dann willentlich nicht kontrollieren kann. Die Spannung in den Muskeln nimmt mit der Geschwindigkeit jeder Bewegung zu und bremst diese schließlich abrupt ab. Dadurch entstehen zuckende Bewegungen. Irgendwie wusste er immer schon, dass er anders ist als andere. Es fiel ihm beim Fototermin schwer, ruhig zu stehen, und er hat einen besonderen Stuhl bekommen, der ihn hält. Und natürlich wunderte er sich, dass man seine Schrift trotz all seines Übens nicht lesen kann. Je mehr er sich anstrengt und je mehr er sich aufregt, desto unkontrollierter werden seine Bewegungen – sie verhindern auch, dass jemals ein guter Maler aus ihm werden wird.

In der dritten Klasse geht es jetzt schon um den Übertritt. Seit neulich der Orthopädietechniker des Sanitätshauses da war und ihm Beinschienen anpasste, hat Pete innerlich gekündigt. Natürlich ist ihm klar, dass alle nur helfen wollen, auch die Krücken sollen ihm beim Gehen Stabilität geben, aber er will nicht der *„Spasti"* sein, dem man hilft und der bestenfalls funktioniert. Er will nicht auf Hilfe angewiesen sein und er hat vor allem keine Lust, zu funktionieren und seinen Helfern dadurch ein gutes Gefühl zu bescheren. Inzwischen hat er aufgehört, sein Materialien-Ordnungssystem zu perfektionieren und seine Freunde in der dritten Reihe bekommen von ihm keinen Radiergummi, kein DIN-A4-Blatt und auch keine Tintenpatrone mehr, weil er sie selbst nicht mehr so schnell findet. Wenn es zur Pause klingelt, bleibt er sitzen und macht sich mit Absicht schwer, wenn ihm der Lehrer oder die Lehrerin mit fürsorglicher Miene aufhelfen wollen. Dass er oft streng riecht, weiß er selbst, aber was soll's. Inzwischen sorgt eine umfangreiche technische Ausstattung dafür, dass Pete „seine Leistung bringen kann", sagen die Lehrer. Umso trauriger, dass sich diese offensichtlich im freien Fall befindet. Er schreibt unsauber, rechnet fehlerhaft, verpasst Abgabetermine für die Kunstwerke und hat fast nie seine Hausaufgaben dabei. Und das, obwohl sich alle Lehrerinnen und Lehrer so viel Mühe geben. Inzwischen wartet Pete jedes Mal, wenn die Klasse eine Aufgabe bekommen hat, auf seine Lehrerin, die dann zu ihm kommt, seinen Stuhl zurechtrückt und feststellt, die Aufgabenstellung noch einmal erklärt und ihm auch den einen oder anderen Hinweis zur Lösung gibt. Trotz dieser Hilfen – oder wegen dieser Hilfen? – lassen Petes Leistungen kontinuierlich nach. Er hat seine Hilflosigkeit erlernt, Lernbereitschaft verloren, sich „gehorsam" von der Autonomie verabschiedet und seine Selbstständigkeit aufgegeben. Petes erschwerte Lebenslage geht aus von einer personverankerten Einschränkung und ist durch institutionelle Gegebenheiten zur Lernbeeinträchtigung geworden. Und das, obwohl es alle so gut mit ihm meinten.

Wie könnte das *Wozu* seiner Lernverweigerung formuliert werden? Sinn und Ziel pädagogischer Lernförderung ist nicht, Funktionsfähigkeit herzustellen, Barrieren abzubauen und Abhängigkeiten zu schaffen, sondern Selbstständigkeit und Mündigkeit im Umgang mit dem eigenen Lernen und der eigenen Lernstruktur zu ermöglichen. Pete erlebt zunehmend das Gegenteil von Selbststeuerung. Er fühlte sich ohnmächtig, *ge*-lebt und zum Objekt degradiert. Einzige Chance, einen Rest Mitbestimmung zu retten, sieht Pete in der Instrumentalisierung seiner Helfer und der Ergebung in die Opferrolle. Kurz vor Ostern kommt dann der engagierte Praktikant. Er erzählte ihm zunächst von seinem Bruder, dessen Spastik immer dann nicht ausgelöst wird, wenn er langsame und vorsichtige Bewegungen macht. Die beiden üben, wie es sich anfühlt, in stressigen Anforderungssituationen trotzdem ruhig und konzentriert zu bleiben, um die Kontrolle über die Muskelkontraktion zu behalten. Sie üben anstatt der Schreibschrift eine einfache Druckschrift und haben schließlich Spaß daran, die neue Software zur Spracherkennung auf dem iPad zu immer neuen Temporekorden zu treiben. Zum Ende des dritten Schuljahres hat Pete sein Selbstbewusstsein wiedergefunden und weiß, wie er sich und sein Lernen managen muss, um mit seiner Behinderung und den nötigen Hilfen selbstständig zu sein. Die entscheidende Lernhilfe bezog sich auf die Dimension des Wollens, seine Lernhemmung hier hatte sich durch institutionelle Bedingungen entwickelt.

Über unseren nächsten Schüler sagte eine 65-jährige Lehrerin nach über 40 Dienstjahren kurz vor ihrer Pensionierung Folgendes: „Fin ist ein Junge, von dem man nach 2 Wochen Schule weiß, dass er es nicht packen wird. Überhaupt sieht eine geübte Lehrkraft von Anfang an, was aus den Kindern wird".

Fins Leistungseinbruch ist für seine Eltern völlig unerklärlich, denn in der Grundschule war er zwar nie ein Musterschüler gewesen, aber es hatte immer für ein gutes Mittelfeld gereicht. Weil es ihm im Unterricht eigentlich schon immer schwergefallen war, richtig zuzuhören, rief er damals fast jeden Tag bei seinem Freund Carl an, um sich „updaten" zu lassen: Was gelaufen war und welche Hausaufgaben sie hatten. Zu Hause lief es dann mit dem Lernen ganz gut – alles kapiert, alles klar. Aber jetzt, in der 5. Klasse, läuft gar nichts mehr. Wenn er sich vor einer Klassenarbeit zu Hause stundenlang vorbereitet und sich x-Mal von seinem Bruder abhören lässt, weiß er trotzdem ganz genau, dass er morgen doch wieder das vernichtende Brett vor dem Kopf hat und von der Festplatte alles gelöscht sein wird. Während der Klassenarbeit weiß er grundsätzlich nichts mehr, findet nicht einmal mehr eine Idee dessen, wie er die Aufgabenstellung lösen könnte. Am Mittwoch hatte ihm die Erdkunde-Lehrerin ein paar Minuten vor der Klassenarbeit auf dem Schulflur noch einen wichtigen Tipp gegeben, worauf er unbedingt achten müsse. Als er an seinem Platz saß, war der Rat schon wieder vergessen. Außerdem passieren ihm auch immer häufiger blöde Dinge, von denen er nicht weiß, wieso. Zum Beispiel wollte er gestern die Englischaufgaben ganz besonders gut machen, weil die Lehrerin ihm ein Cappy mit seinem Namen und dem Big Ben darauf aus London mitgebracht hatte. Er saß also in seinem Zimmer und holte gerade das Englischbuch aus der Büchertasche, als sein Blick auf die Dampfmaschine unter dem Bücherregal fiel. Super Teil. Hatte er ganz allein entwickelt und aus Dosen, Gummibändern, Kerzen und Holzteilen gebaut. Sein Bruder hat ihn nie mit der blöden gekauften Dampfmaschine spielen lassen und da hat er sich eben eine eigene gebaut. Und die funktioniert auch. Allerdings müsste mal an der Seite die Radaufhängung nachgebessert werden ... und irgendwie war dann *mir nichts, dir nichts* der ganze Nachmittag vergangen. Abends kamen Freunde der Eltern zu Besuch und es war schon lange abgemacht, dass Fin mit seinem Bruder für die Getränke und den Grill sorgen würde. Also hatte er wieder keine Hausaufgaben in Englisch – und auch nicht in Mathe. Aber mehr als seine *„Tüddeligkeit"* verunsichert ihn, dass er auch im Mündlichen nichts mehr kann. Wenn er sich meldet und kurz danach aufgerufen wird, hat er meistens schon vergessen, was er sagen wollte. Blöde Situation. Er hätte natürlich auch gelacht, wenn das jemand anderem passiert wäre. Nur langsam beschleicht Fin das ungute Gefühl, dass er ein Versager ist. Immer öfter würgt ihn abgrundtiefe Verzweiflung. Manchmal direkt nachdem er sich vorgenommen hatte, noch einmal alles neu anzupacken und ein sorgfältiger Schüler zu werden. Als er heute nach Hause kam und seine Mutter fragte, wie der Vokabeltest in Englisch war, ist er richtig ausgetickt und brüllte seine Mutter an. Sie solle ihn doch endlich in Ruhe lassen mit ihrem blöden Schulgequatsche. Er habe einfach keinen Bock mehr auf den Mist. Dann rannte er in sein Zimmer und knallte die Tür zu. Und das alles am Geburtstag seiner Mutter, für die er unterwegs extra einen Blumenstrauß gepflückt hatte – der war im Ärger völlig zerfleddert. Auch heute macht sich Verzweiflung breit. Fin findet einfach keinen Ansatz, findet keine Struktur für sein Leben, kann sich nicht konzentrieren und ist schlicht überfordert. Fin leidet in seinem schulischen Lernen unter Phänomenen, die landläufig und prominent unter dem Etikett *Aufmerksamkeitsdefizit* geführt und mitunter pathologisiert werden.

Fin

- nimmt viele Reize und Signale in gleicher Stärke wahr und kann sie nicht hierarchisieren,
- bricht Aufgaben und Tätigkeiten vorzeitig ab und wechselt häufig seine Aktivität,
- macht viele Flüchtigkeitsfehler und führt Aufgaben unsauber und unordentlich aus,
- ist unfähig, seine Konzentration bei Aufgaben und Spielen aufrecht zu halten, obwohl er es will,
- vergisst Aufträge oder Vorhaben und auch Gelerntes, Gelesenes und Verabredungen schnell,
- verliert häufig Gegenstände innerhalb kürzester Zeit und
- leidet in Stresssituationen unter unerklärlichen Denkblockaden und Gedächtnisausfällen.

Sein Lernen ist nahezu in allen Fächern und bei allen Projekten in der Dimension des *Könnens* gehemmt. Es hat sich das Profil eines schlechten Schülers entwickelt. Ähnliches wird übrigens auch über das Genie Albert Einstein berichtet. Retrospektiv amüsant wurde der Relativitätstheorie-Entdecker doch in seiner Schulzeit von Lern- und Konzentrationsproblemen gequält, verließ frühzeitig die Schule und bestand bei seinem ersten Versuch, wieder aufs Gymnasium zu kommen, die Aufnahmeprüfung nicht. Bei Fin bemüht sich ein Pädagoge idealerweise zunächst um Verständnis. Fin hat Schwierigkeiten im Wahrnehmungsbereich und in der Struktur und Planung

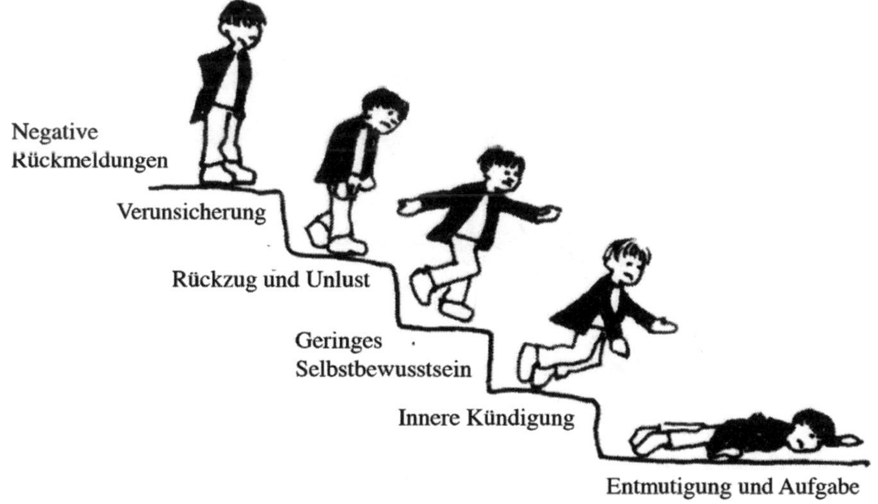

Abbildung 14: Abwärtsentwicklung nach Unsicherheit und negativen Rückmeldungen

seiner Arbeit. Neben dem mangelnden Schulerfolg hat sich bereits ein subjektiv empfundenes Versagen und die Überzeugung eingestellt, „ein Chaot", „orientierungslos", „unzuverlässig" und „dumm" zu sein. Fin erhält nur noch sehr wenige positive Rückmeldungen, er fällt im Gegenteil negativ auf und hat Anlass, über sich selbst enttäuscht und traurig zu sein. Neulich hörte er seinen Vater am Telefon sagen, „der will nicht, aber er muss endlich lernen, sich zusammenzu reißen". Fin ist ratlos.

Das eigentliche Problem sieht Fin nicht in seiner Unkonzentriertheit, seiner Vergesslichkeit, seiner chaotischen Arbeitsweise oder der Schwierigkeit, Wichtiges von Unwichtigem zu unterscheiden, sondern darin, dass sich bisher niemand die Zeit nehmen konnte, ein Arbeitsbündnis zu schließen, in dem sie gemeinsam einen Plan entwickeln und seine Arbeitsweisen üben. Er wünscht sich jemanden, der ihm hilft, der ihn ermutigt und mit ihm gemeinsam Lern- und Arbeitsstrukturen entwickelt. Frau Möller hat ihn nun letzte Woche zu einem ersten Gespräch eingeladen. Er saß auf ihrem Schreibtischstuhl und drehte sich unablässig, während sie gemeinsam einen Plan entwickelten, wie er lernen kann, wichtige Dinge zu notieren, realistische Pläne zu machen und außerdem: Wie er lernen kann, um Hilfe zu bitten, wenn er Kontrolle und Ermahnung braucht. Frau Möller nervt sein Gedrehe, aber weil es nicht um sie, sondern um Fin geht, lässt sie ihn gewähren. Am Ende des Gesprächs stehen verschiedene Pläne für Fins Vorgehen bei den Hausaufgaben, Vereinbarungen über gewünschte Kontrollen seiner Büchertasche durch Frau Möller, die Verabredung, dass für Schulaufgaben im Klassenraum gelernt werden kann, während seine Lehrerin dort zugange ist, und nicht zuletzt ein Plan für seine Aufmerksamkeit im Unterricht. Fin wird es in Zukunft helfen, wenn er einen Blick dafür entwickelt, welche *strukturellen und organisatorischen Elemente* hilfreich für ihn sind, z. B. wo er sich im Klassenraum hinsetzen muss, um seine Aufmerksamkeit zu unterstützen (nicht ans Fenster, neben die Tür oder in der Nähe des Papierkorbes). Zu den Neuerungen gehört auch

Abbildung 15: Aufwärtsbewegung nach Arbeitsbündnis und Ermutigung

die Verpflichtung zur *Zuverlässigkeit in Kleinigkeiten* wie Versprechen, Zusagen, Vorsätzen etc. Zudem hilft es Fin, *Mnemotechniken* und *Merksysteme* für seine Verabredungen, für Klassenarbeiten und für seine diversen To-do-Listen kennenzulernen, einzuüben und konsequent zu benutzen. Gleiches gilt für *Ordnungssysteme*, mit deren Hilfe Fin eine Grundstruktur aufrechterhalten kann. Immerhin hat das Verlieren von wichtigen Gegenständen eine bedeutende Belastung dargestellt. Außerdem lernt Fin, seinen Denkblockaden in wichtigen Stresssituationen durch *Entspannungstechniken* zu begegnen. Bereits nach zwei Wochen schöpft Fin neuen Mut. Ein bemerkenswertes Buch über die pädagogische Unterstützung von Kindern mit Aufmerksamkeitsproblemen hat Miriam Stiehler (2007) vorgelegt. Unter dem Titel *AD(H)S: Erziehen statt Behandeln* zeigt sie, wie sensibel gestaltete Erziehung Fehlendes aufbauen kann, anstatt nur Fehler zu therapieren.

Frau Möller verwendet in ihrem Unterricht zukünftig immer wieder Wahrnehmungshilfen, deren Wirksamkeit bislang in der Erforschung von Lernprozessen überprüft wurde. Der sogenannte *Advance Organizer* ist ein *vorgeschalteter Wahrnehmungslenker* und wird als Organisationshilfe in Lernprozessen eingesetzt. Er soll den Schülern in selbstorganisierten Lernprozessen Hilfen an die Hand geben und inhaltliche Zusammenhänge besser erkennbar machen. So wird Wahrnehmung z. B. durch visualisierte Abschnitte der zu bearbeitenden Texte geleitet, indem Fotos, Grafiken und Abbildungen Hinweise geben und Begriffe fettgedruckt sind. Die Grundidee des *Advance Organizer* ist, das Lernen zu entlasten, indem er mittels Vereinfachung die Menge an Inhalt reduziert und die Aufmerksamkeit und Wahrnehmung in eine bestimmte Richtung gelenkt wird. Wir wollen die Bedeutung des – wörtlich übersetzt – *vorgeschalteten Organisators* noch in eine weitere Richtung fruchtbar machen.

Im Alltag verwenden wir häufig einen *vorgeschalteten Organisator* und stecken damit de facto den Rahmen der denkbaren Wahrnehmung regelrecht ab. Denken wir an die knappen Hinweise „Achten sie mal auf das-und-das!“ oder „Lass dich bloß nicht wieder von dem Kerl für irgendwas einspannen“. In unzähligen Situationen – ob das wichtige Gespräche, Kulturveranstaltungen oder auch vergnügliche Verabredungen sind – geben wir uns gegenseitig häufig noch rasch einen *Advance Organizer* mit. Je zeitnaher dieser relevant ist, desto wirkungsvoller legt er unseren Wahrnehmungsraum fest. Zu den visuellen *Advance Organizern* zählen z. B. Handouts bei Referaten und Vorträgen oder Einkaufszettel. Führen wir uns anhand eines Beispiels aus der *Kontradiktischen Beratung* (Ellinger 2010, 63 f.) die Wirkung eines zeitnah eingesetzten *Advance Organizers* im Bereich der Wahrnehmung vor Augen: Stellen Sie sich bitte einen Moment vor, Sie säßen gemeinsam mit einigen Freunden gemütlich in Ihrem Wohnzimmer. Draußen ist es bereits dunkel und einer der Besucher schlägt vor, ein selbstgeschriebenes Gedicht vorzutragen, um die versammelten Freunde und Bekannten dann nach ihrer Meinung zu fragen. Der Freund stellt eine dicke Kerze auf den Tisch in der Mitte, entzündet sie und bittet die junge Frau am Lichtschalter darum, das Deckenlicht zu löschen. Sie sitzen nun andächtig im Kreis, lassen ihre Gedanken rings um die Flamme der Kerze kreisen – bis einen Moment später der Vortragende im Schein der Kerze bedächtig sein Gedicht vorliest:

Hetzen – Beeilen – Schmerzen – Verspannung
Setzen – Entspannen – Atem holen
Druck ausüben – Gehen lassen – Loslassen
Dem Unbestimmten Form geben
Das Bedrückende rauslassen
Dem Unaufhaltsamen seinen Lauf geben
Ausatmen
Nach vorne sehen
Einen Entschluss fassen
Aufstehen
Abschied nehmen
Die Spuren beseitigen
Fenster aufreißen
Frische Luft einsaugen
Wasser genießen
Türe öffnen
In die Welt hinausgehen

Stellen wir uns nun weiter vor, Ihr Freund bittet jetzt die Dame am Lichtschalter mit einem Kopfnicken um ihren erneuten Einsatz, das Licht erstrahlt wieder und er löscht daraufhin die Kerze. Ihr Freund verlässt kurz den Raum, kehrt dann an seinen angestammten Platz zurück. Er nimmt die Kerze vom Tisch und stellt an ihren Platz eine Rolle Klopapier. Sie stutzen. Gleiche Szene. Licht bleibt an. Die gleichen Leute. Das gleiche Gedicht, jetzt mit Klopapierrolle in der Mitte:

Hetzen – Beeilen – Schmerzen – Verspannung
Setzen – Entspannen – Atem holen
Druck ausüben – Gehen lassen – Loslassen
Dem Unbestimmten Form geben
Das Bedrückende rauslassen
Dem Unaufhaltsamen seinen Lauf geben
Ausatmen
Nach vorne sehen
Einen Entschluss fassen
Aufstehen
Abschied nehmen
Die Spuren beseitigen
Fenster aufreißen
Frische Luft einsaugen
Wasser genießen
Türe öffnen
In die Welt hinausgehen

Advance Organizer legen die individuelle Wahrnehmung fest und stellen ganz praktisch Interpretationsrahmen für das Erlebte dar. Im persönlichen Austausch würden wir sicherlich Konsens darüber finden, dass Sie beim zweiten Durchgang völlig anderen Gedanken nachhingen als beim ersten – und die Verse möglicherweise sogar mehr Sinn ergaben als in der sinnlichen Rahmung mit Kerze. In beiden Fällen waren Sie aber in Ihren Assoziationen und in Ihrer Wahrnehmung gebunden. Obwohl alle fiktiven Zuhörer im Raum und wahrscheinlich auch alle Leser der Zeilen unterschiedliche Gedanken hatten, setzten doch die *Organizer* eindeutige Rahmen, innerhalb derer sich Empfindungen, Gedanken, Fantasiereisen – und letztlich auch Erinnerungen – bewegten.

Diesen Zugang nutzt Fins Lehrerin. Sie arbeitet bewusst mit *Advance Organizern*, indem sie Ankündigungen macht, hilfreiche Stichworte im Vorfeld sammelt, Vernetzungen herstellt, Impulse setzt, die zielführende Assoziationen wecken, und den Schülerinnen und Schülern Gelegenheit gibt, wichtige Begriffe zu notieren.

Wenden wir uns als Nächstes einem 13-jährigen Mädchen zu. Nach dem Überfall der russischen Armee auf die Ukraine und den erschütternden Gräueltaten gegen die Zivilbevölkerung flohen unzählige Frauen und Senioren mit kleinen Kindern und Jugendlichen u. a. auch nach Deutschland. In vielen Städten entstehen an Schulen sogenannte *Pädagogische Willkommensgruppen*, in denen geflüchtete Kinder und Jugendliche Unterstützung erfahren sollen. Die Kultusministerien der Länder haben verschiedene Gymnasien ausgewählt und sie aufgefordert, solche Angebote zu unterbreiten. Wir besuchen die 8. Klasse eines Gymnasiums in Bayern und begleiten die 13-jährige *Maria* aus der Ukraine. Sie ist ein aufgewecktes Mädchen aus der Nähe von Tschernihiw, nördlich von Kiew. Die Stadt wurde durch Luftangriffe schwer getroffen und es starben viele Menschen. Wegen der Belagerung waren schon bald weder Strom noch Heizung noch Trinkwasser vorhanden und schließlich brach auch die medizinische Versorgung zusammen. Eines Tages starb Marias Vater als Soldat. Ihre Mutter nutzte die erste Gelegenheit, mit ihren beiden Töchtern zu fliehen. Seit zwei Wochen sind sie nun in Sicherheit. Sie wohnen bei einer freundlichen Familie in einem Vorort von Würzburg. Die Mädchen sind sehr verschlossen und sie leiden immer wieder unter Schreikrämpfen und Weinattacken.

Im laufenden Schulbetrieb ist es nicht einfach, traumatisierte Kinder professionell zu begleiten. Die betroffenen Kinder reagieren z. B. auf Trigger, die dem Lehrer nicht bewusst sind. So könnte ein bestimmtes Geräusch, ein spezielles Thema, ein Geruch oder auch das Aussehen eines zufällig beteiligten Menschen böse Erinnerungen „triggern" und heftige Reaktionen beim Kind auslösen. Zentral im Phänomen einer Traumatisierung ist die übermächtige Angst des Betroffenen. Es ist die Angst, das Leben nicht meistern zu können; Angst, erneut oder immer wieder Opfer zu werden; Angst, den kommenden Anforderungen im Leben nicht gerecht werden zu können; Angst, in verschiedenen Kontexten ohnmächtig zu sein und zum Spielball anderer Menschen, Umstände und Ereignisse zu werden. Zu diesen Ängsten kommen weitere.

Diffuse Ängste vor Ängsten und Ängste vor Situationen, in denen Ängste entstehen könnten. Traumatisierte Menschen führt die Rückkehr in ein selbstbestimmtes Leben über den bewussten Umgang mit dem Erlebten. Dabei befinden sich traumatisierte Kinder und Jugendliche in einem Zustand des Dauerstresses, der sich hormonbedingt in verschiedenen konkreten Körperreaktionen niederschlägt. Schulisches Lernen wird erheblich erschwert. Traumatisierende Ereignisse können in zwei Formen auftreten: *Typ I* beschreibt kurzandauernde Ereignisse existenzieller Bedrohung wie Gewalterfahrung, Todesangst oder eines großen Schreckens, *Typ II* fasst länger dauernde und wiederholte Einzelereignisse zusammen, die auch als Dauerzustand empfunden werden. Hinsichtlich der Ursache von Traumatisierungen lassen sich *menschenverursachte* von *nicht menschenverursachten* unterscheiden. Abbildung 16 zeigt grob den Aufbau von vier für unseren Zweck relevanten Teilbereichen des Gehirns. Sie liegen benachbart und sind eng vernetzt. Diese Darstellung ist stark vereinfacht, reicht aber aus, um die Mechanismen rings um eine Traumatisierung zu verstehen.

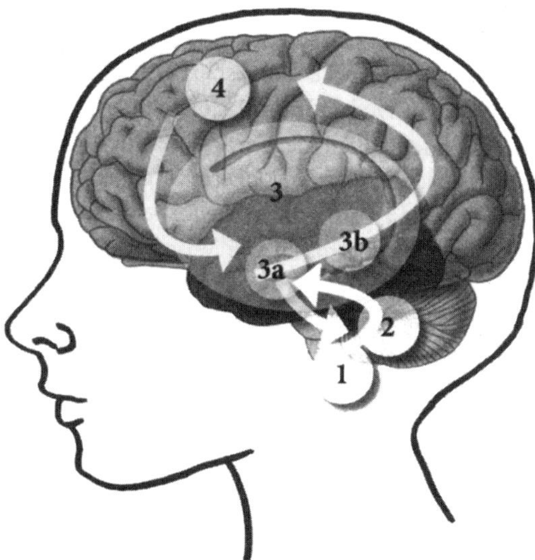

Abbildung 16: Grobaufbau des Gehirns und Zusammenarbeit der Hirnteile (1) Stammhirn, (2) Kleinhirn, (3) Limbisches System, (3a) Amygdala, (3b) Hippocampus und (4) Großhirnrinde (vgl. Ellinger 2013c, 65)

Der innerste Teil dessen, was uns interessiert, wird *(1) Stammhirn oder Hirnstamm* genannt. Das Stammhirn hat primär vegetative Funktionen, d. h., es regelt alle unbewussten Vorgänge wie z. B. die Atmung, den Blutdruck, das Schlucken, das Würgen, die Verdauung und alle instinktiven Reaktionen auf Ereignisse. Das *(2) Kleinhirn* koordiniert – ebenso unbewusst wie das Stammhirn – die Muskelbewegungen des Körpers. Dazu gehören auch die wichtigen Eigenschaften der Raumempfindung und des Gleichgewichtssinns. Über Kleinhirn und Stammhirn steht das gesamte Gehirn mit dem Rückenmark und damit mit den Körperorganen in Verbindung. Über dem Stammhirn liegt das *(3) Limbische System*, das die Aufgabe hat, Erlebnisse emotional zu verarbeiten. Von hier aus erfolgt die Bewertung von Situationen z. B. als angenehm, furchterregend, bedrohlich, anregend oder deprimierend. Rein biologisch betrachtet werden im Limbischen System die für Gefühle zuständigen Neurotransmitter gesteuert. Noradrenalin, Adrenalin und Dopamin sind zuständig dafür, ob der betreffende Mensch aufmerksam, motiviert, erregt oder eben unaufmerksam, voller Ekel oder deprimiert ist. Wenn wir den Fokus etwas enger stellen, können wir im Limbischen System zwei wichtige Funktionsbereiche unterscheiden: Zunächst *(3a) die Amygdala,* die mit dem Stammhirn und dessen Regulation von Atmung, Herzschlag, Schweißproduktion und Gesichtsausdruck etc. verbunden ist. Die Amygdala gilt als Schaltzentrale für unsere Gefühle. Sie unterscheidet, welchen Reiz sie für lustvoll, ekelerregend, bedrohlich, anregend oder langweilig hält. Dabei reagiert sie insbesondere auf Gerüche. Ganz entscheidend: Hier werden Eindrücke und Erlebnisse auch auf ihr Bedrohungspotenzial hin bewertet. Der zweite wichtige Bereich im Limbischen System ist daran angeschlossen: *(3b) Der Hippocampus,* der von Lydia Hantke und Hans-Joachim Görges (2012) in ihrem lesenswerten *Handbuch Traumakompetenz* als „so etwas wie der Angestellte am Schalter einer Bibliothek" beschrieben wird (Hantke/Görges 2012, 35). Bleiben wir einen Moment in diesem Bild.

Wenn die Amygdala Informationen über emotionale Erfahrungen als nicht gefährdend befindet, sollen sie dem Wissen des Menschen zugeführt werden, indem sie im „Archiv", der *(4) Großhirnrinde,* abgelegt werden und von dort aus dann auch später wieder zur Verfügung stehen. Davon sind schöne Erinnerungen und gute Erfahrungen ebenso betroffen wie Wissenswertes, „Abgehaktes" und reine Informationen. Der Hippocampus ist die zuständige Stelle, die „Informationen annimmt, sie in eine Zwischenablage packt und nach Annahmeschluss (im Schlaf und in Ruhezeiten) dafür zuständig ist, alle angenommenen Informationen und Suchanfragen ans Archiv (im Bild: eine Art Hochregallager, S. E.) weiterzuleiten" (ebd., 35).

Die Arbeit des Hippocampus' ist durch zwei Eigenschaften geprägt. Erstens ordnet und verbucht er Informationen und zweitens: Er ist sehr störanfällig. Er kann nur in entspannter und „sicherer" Atmosphäre arbeiten. Die Großhirnrinde zeichnet sich durch eine komplexe Vernetzung aller eingelagerten Informationen aus. Was der Mensch gelernt hat, findet sich hier bewusst wieder. Jeder neue Inhalt wurde mit vorhandenen Beständen vernetzt, bewertet und eingebaut. Der Mensch erinnert, er reflektiert, er kombiniert, er reagiert. Hier finden sich Gedächtnisanteile und hier findet sich die Fähigkeit, in verschiedenen Sprachen zu interagieren. Wenn der Schalterangestellte mit neuem Material kommt, um es abzulegen und einsortieren zu lassen, wird er mitunter von dort zurückgewiesen, weil der Cortex noch nicht bereit ist, die neue Information aufzunehmen. Der Hippocampus versucht zwar unablässig, seine Informationen zur Einlagerung zu bringen, ist allerdings für diesen Vorgang auf die notwendige Ruhe und einen Entspannungszustand angewiesen. Wenn die Integration von Informationen im sogenannten *Cortex* (Großhirnrinde) nicht gelingt, kann der betreffende Mensch weder lernen, Erfahrungen zu reflektieren noch Neues abzuspeichern. Menschen, die z. B. durch Unfall den Hippocampus verlieren, sind nicht mehr in der Lage, sich an Ereignisse zu erinnern, die sie am Tag zuvor oder sogar

Stunden zuvor erlebt haben. Es ist, als sei der Schalterbeamte in Rente gegangen und das Archiv (Cortex) müsse fortan ausschließlich auf die alten Bestände zurückgreifen. Eine anschauliche US-amerikanische Komödie, die dieses Motiv verarbeitet, stammt aus dem Jahr 2004: *50 erste Dates* mit Adam Sandler und Drew Barrymore in den Hauptrollen.

Das traumatisierte Kind in der Schule erlebt nun möglicherweise einen Zustand, der einer längeren Abwesenheit des „Schalterbeamten" ähnlich ist. Der traumatisierte Körper befindet sich in einem Ausnahmezustand, der nur noch überlebenswichtige Funktionen garantiert. Schulisches Lernen gehört nicht dazu. Das Kind kann in der Schule auffallen, weil es womöglich sein allgemeines Erregungsniveau nicht steuern kann, Bewusstseinsstörungen, Desorientierung und geistige Abwesenheit zeigt, über unterschiedliche somatische Beschwerden klagt und sich in der Persönlichkeit negativ verändert. Der Grund hierfür liegt auf der Hand: Es kann – um es platt auszudrücken – im Kopf keine Ordnung hergestellt werden. Es liegen zu viele unbearbeitete Akten auf dem Schreibtisch des „Schalterbeamten" herum. Im unmittelbaren Lernprozess selbst können Aggressivität, Rückzug und Interesselosigkeit auftreten. Des Weiteren sind kognitive Ausfälle, Konzentrationsschwäche, Erinnerungslücken, Blackouts und Wahrnehmungsverzerrungen bis hin zur Apathie und völliger Lernunfähigkeit häufig. Wenn Kinder und Jugendliche unter den Folgen einer einmaligen oder lang anhaltenden Traumatisierung leiden, dominiert ein lähmendes Ohnmachtsgefühl. Ohne geeignete Intervention erleben Betroffene im Laufe der Zeit eine Art „innere Abschaltung". Von diesem Zeitpunkt an erwarten sie dann nicht mehr wirklich, dass sie ihr Leben selbst erfolgreich gestalten oder selbst einen wichtigen Beitrag zum Gelingen ihres konkreten Alltags leisten können. Grundelemente eines pädagogischen Umgangs mit traumatisierten Kindern in der Schule sind neben dem Bemühen der Lehrkraft um Verständnis für die Lebenssituation des Kindes:

- das Abstellen der Traumatisierungsquelle, indem die Bedrohung unterbunden wird,
- die Herstellung eines sicheren Ortes, an dem die Kinder zur Ruhe kommen,
- das Aussetzen des Leistungsdrucks, um zusätzlichen Stress zu vermeiden,
- verbindliche individuelle Betreuung und Förderung, um eine bewusste Verarbeitung zu ermöglichen, und schließlich
- sorgfältige Beziehungsarbeit – eventuell in Ersatz für die primäre Beziehungsperson.

Neben eventuell notwendiger psychotherapeutischer Betreuung haben Pädagogen wichtige Aufgaben im Hinblick auf die Wiederherstellung einer Normalität und den bewussten Umgang der Betroffenen mit ihrer Geschichte, ihrer Angst und der Akzeptanz ihrer seelischen Narben als Teil ihrer Persönlichkeit. Hinsichtlich der Stressursachen haben wir zunächst bewusst von *Angst* gesprochen, die per definitionem kein konkretes Objekt zum Gegenstand hat. Streng genommen ist Angst unbestimmt (lat. angor = Enge, Beklemmung). *Furcht* richtet sich dagegen auf ein furchterregendes Element (z. B. einen Menschen, eine Gewalttat, eine Situation). Während die Angst also ein allgemeines Gefühl beschreibt, bei dem der betreffende Mensch nicht genau weiß, was ihn eigentlich bedrückt, ist die Furcht in diesem Punkt einfacher zu handhaben (vgl. Kierkegaard 1844/1996). Der alltagssprachlich eher weniger gebräuchliche Begriff der Furcht wird behelfsweise mitunter als *„gerichtete Angst"* umschrieben.

Unabhängig von den Folgen einer Traumatisierung wollen wir uns im Überblick ansehen, wie Menschen mit ihren Ängsten und gerichteten Ängsten bei konkreten Bedrohungen umgehen und welche denkbaren längerfristigen Folgen dies haben kann.

Abbildung 17 zeigt, welche Reaktionsweisen in bedrohlichen Situationen verbreitet sind. Mitunter ist bereits der Versuch, eine beklemmende Angst „in Worte zu fassen" – also: auszuformulieren, *wovor ich eigentlich Angst habe* – hilfreich entlarvend dahingehend, dass es keinen wirklichen Gegenstand gibt, d. h., dass das gefühlte Bedrohungsszenario in Wirklichkeit gar nicht so gravierend vorhanden ist.

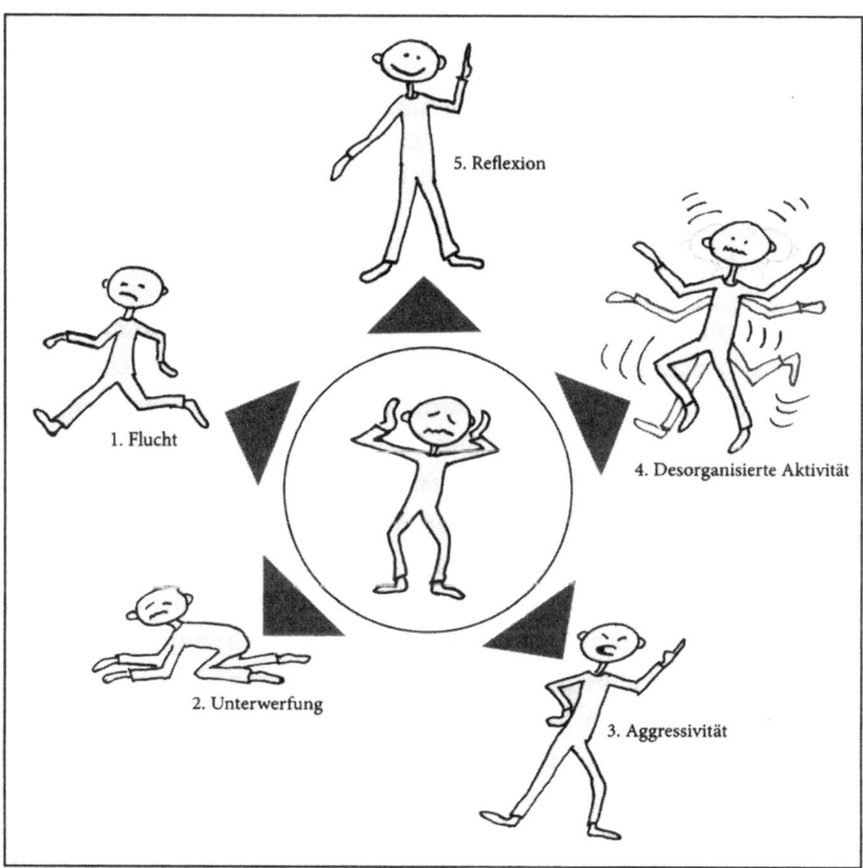

Abbildung 17: Reaktionen in beängstigenden Situationen (Ellinger 2013c, 69)

1. *Flucht* ist eine zweckmäßige Option, die in Bedrohungssituationen nicht zuletzt Folge einer rationalen Abwägung der Chancen sein kann. Allerdings sollte die Entscheidung zur Flucht alltäglich nicht zu niederschwellig fallen. Die Gewohnheit, in subjektiv als bedrohlich empfundenen Situationen zu fliehen, führt dazu, dass die betreffende Person „kein Rückgrat" mehr hat und schließlich möglicherweise auch vor unangenehmen Streitgesprächen, vor eigentlich leistbaren, aber nervenaufreibenden Prüfungen und schließlich sogar schon vor lästigen Anstrengungen flieht. Flucht als Handlungsmuster macht zunehmend schwach und ängstlich und verführt Menschen letztendlich dazu, potenziell ängstigende Situationen zu antizipieren und schließlich schon vor der Möglichkeit zu entkommen, eventuell Angst haben zu können. Die Schlinge der empfundenen Bedrohung zieht sich zu.
2. *Unterwerfung* führt Menschen in der Angstsituation selbst zur Handlungsunfähigkeit. Häufig sind überstandene extreme Bedrohungssituationen Auslöser dafür, dass sich eine Person die Unterwerfung und das Stillhalten zur Gewohnheit gemacht hat. Mit dieser Form der Apathie (in vielen Fällen kommt es, beispielsweise während eines Missbrauchs, zur Dissoziation) verfällt die Person zunehmend in einen passiven Zustand des Sich-tot-Stellens und verliert Kontrollbewusstsein. Mehr und mehr Bereiche des Lebens tragen das Gesicht einer Bedrohung, die nur durch Stillhalten (positiv könnte man sagen: durch Aussitzen) zu überleben sind. Wenn es der betroffenen Person nicht gelingt, sich aus der Gewohnheit dieser Reaktionsform zu befreien oder befreit zu werden, wird aus der zunehmend wahrgenommenen Hilflosigkeit und Ohnmacht immer größere Angst erwachsen.
3. *Aggressivität* entspricht dem *Kampf und Angriff* im Tierreich. Als Handlungsmuster kann diese Verhaltensweise zum einen operant konditioniert entstanden sein. Wenn ein Schüler in einer Bedrohungssituation versehentlich einen Jungen zu Boden stieß und er daraufhin Achtung und Respekt genoss, anstatt Prügel zu beziehen, mag er sich mit der Zeit durch solche Erfahrungen prägen lassen. Wenn die betreffende Person mittels Aggressivität oder Gewalt eine bedrohliche Situation überstanden hat, erscheint dieses Vorgehen als erfolgreiche Strategie, sobald Unsicherheit und Angst aufsteigen. Zum anderen prägen Verhaltensvorbilder Handlungsstrategien. So kann ein Vater, der regelmäßig prügelt, wenn er argumentativ in die Enge gedrängt wird, ein wirkungsvolles Modell für seinen Sohn oder seine Tochter sein. Auf die Dauer begegnet einem Menschen mit diesem typischen Verhalten zunehmend mehr Gegendruck. In der Schule und nach Abschluss der Schule ist den wenigsten Menschen gewärtig, dass sich gewalttätige oder (selbst verbal) angriffslustige Menschen nicht besonders stark, sondern vielfach ganz im Gegenteil schwach fühlen. Bedrohung und Strafe verbessern ihr Verhalten nicht, sondern werden ihre Angst und Unsicherheit allenfalls verstärken. Ein Teufelskreis aus Gewalt und Bedrohung. Viele Menschen treten forsch und „heftig" auf, analysieren und kritisieren ihre Umgebung und haben stets eine spitze und ironisch-herablassende Bemerkung auf Lager. Dadurch wirken

sie mitunter sicher und selbstbewusst. Möglicherweise verbirgt sich dahinter aber Unsicherheit und Angst.

4. *Desorganisierte Aktivität* entspringt mitunter einer desorientiert-desorganisierten Bindungskomponente, kann aber in jedem Fall nicht auf eine erfolgreiche Strategie zurückgreifen. Die angsterfüllte Person wird ohne positives Ergebnis durch diese Situation gehen. Sie ist erschöpft, hilflos und in der Erkenntnis bestärkt, dass sie jeder Bedrohung ohnmächtig gegenübersteht. Häufig genießt blinder Aktivismus, zu dem diese Reaktionsform leicht führt, sogar Ansehen – denn wenigstens hat sich da jemand Mühe gegeben. In größeren Organisationen und Institutionen gehört diese Form der Krisenbewältigung häufig schon zum guten Ton. In letzter Konsequenz führt sie aber zur *(2) Unterwerfung*, die als Ergebnis der desorganisierten Aktivität zur Resignation und Untätigkeit wird.
5. *Reflexion* als Copingstrategie zur Stressbewältigung ist zugleich eine konstruktive Form, mit Bedrohungsszenarien umzugehen. Sowohl traumatisierten Kindern als auch angstgestörten Erwachsenen oder Schulkindern mit unterschiedlichen Unsicherheiten und Ängsten ist geholfen, wenn sie lernen, rational auf unbewusste oder offensichtliche Ängste zu reagieren. Im Fall einer Traumatisierung bezieht sich die „Befreiung“ auf die Arbeit am Entschluss, Situationen selbst zu gestalten und die passive Rolle des Opfers oder des Reagierenden zu überwinden. Der Ausbruch aus der Ohnmacht kann sowohl Apathie als auch Aggressivität und überdrehten Aktivismus überflüssig machen. Traumatisierte Menschen müssen wieder lernen, an die eigene Entscheidungsbefugnis in ihrem Leben zu glauben.

Traumatisierte Kinder und Jugendliche fallen häufig entweder in einen Zustand der Übererregung („Hyperarousal“), weil sie zu erhöhter Aktivität und Aggressivität neigen, oder in eine Untererregung („Hypoarousal“), die sie apathisch dem Totstellreflex folgen lässt. Nur in einem Zustand zwischen diesen beiden Erregungsniveaus ist Lernen möglich. Dort kann sich eine funktionierende Kommunikations- und Selbstregulationsfähigkeit entwickeln. Man nennt diesen Zustand „Window of tolerance“.

Letztendliches Ziel muss sein, das Erlittene als Teil der eigenen Biografie zu sehen und als Indiz für die eigene Fähigkeit einordnen zu können, trotzdem stark geworden zu sein und das Leben wieder selbst in die Hand zu nehmen.

4.4 Lernhemmungen in der Phase der Selbsterziehung

Ganz im Gegensatz zu Werner Helsper gehen wir davon aus, dass auch für erwachsene Lerner temporäre Erziehungshilfen keine Übergriffigkeit darstellen und dass Lernhilfe durch einen Erwachsenen für einen Erwachsenen nicht die Negation dessen lebenspraktischer Autonomie impliziert (vgl. Helsper 2021, 180). Auch nach Sartres These (1943) zur menschlichen Freiheit ist die Frage nicht geklärt, ob der Mensch jemals zur umfänglichen Autonomie gelangen kann. Es lässt sich jedenfalls problemlos die Meinung vertreten, dass wir Normalsterblichen niemals wirklich autonom sind und auch das angestrebte Erziehungsziel mit der Volljährigkeit nicht erreichen. Ganz im Gegenteil: Im Leben eines aktiven erwachsenen Menschen wird die Phase der Selbsterziehung immer wieder bereichert durch temporäre Erziehungshelfer, die dem ratsuchenden Erwachsenen bei der Bewältigung einzelner Lernhemmungen Hilfen zuteilwerden lassen und so das Selbstmanagement und die Autonomie des Lerners erweitern und stärken. Damit erreichen Erwachsene mit Vollendung des 18. Lebensjahres zwar formal ihre Selbstständigkeit, de facto scheint der Übergang bisweilen schleichend. Je nach Lebensentwurf und Sozialisationshintergrund begegnen Pädagogen auch erwachsenen Lernern, die in Anlehnung an den terminus technicus der „schwer Erziehbaren" auch *„spät Erziehbare"* genannt werden könnten, weil sie z. B. als Mittzwanziger noch in regelmäßigen Erziehungsbezügen leben und neben dem *Leben-Lernen* auch das *Lernen lernen* müssen. Zudem gehen viele Erwachsene im hohen Alter bewusst befristete und intentional geschlossene Erziehungsverhältnisse ein, weil sie sich in Krisenzeiten keinen Rat mehr wissen und ihre Selbstbestimmung nicht verlieren wollen. Hier tritt bisweilen ein Konflikt dergestalt auf, dass die Betroffenen eigentlich auf ostensives und reaktives Zeigen hoffen, weil sie noch selbst aktiv bleiben wollen, die sogenannten Experten aber das Problem durch reine Auskunftsberatung oder stellvertretende Handlungsübernahme erledigen wollen. Letztere werden entweder irrtümlicherweise als angemessen angesehen oder durch strukturelle Machtverhältnisse legitimiert. Allerdings bleibt auch im hohen Erwachsenenalter pädagogische Beratung im besten Sinne eine Form der Erziehung zur Selbstständigkeit und Mündigkeit und erweitert auf diese Weise die Autonomie des Menschen.

Tabelle 9: Entwicklungsthemen in der Phase der Selbsterziehung

Lerndimension	Frühes Erwachsenenalter	Mittleres Erwachsenenalter	Spätes Erwachsenenalter
Wollen	Lebensstil	Produktivität	Loslassen
Wissen	Kompetenz	Innovation	geistige Flexibilität
Können	Performanz	Umsetzung	Mobilität

Wenden wir uns als Erstes noch einmal unserem in Kapitel 1 kennengelernten LKW-Fahrer *Karl-Heinz* zu. Er ist körperlich gesund, seit vielen Jahren in guten und in schwierigen Zeiten Fernfahrer bei seiner Firma und hatte in den letzten Monaten infolge der hervorragenden Auftragslage seiner Firma immer weniger Zeit für die Erledigung seiner Arbeitspläne. Der Stress hinterließ Spuren, Karl-Heinz sammelt Strafzettel und macht zunehmend Fehler. Jetzt nimmt er am Kurs zur Wiedereingliederung von Punktesündern teil. Er soll also lernen, sich wieder als sorgfältiger und zuverlässiger Fahrer zu bewähren. Die Lernaufgabe ist leicht zu beschreiben. Primäres Ziel ist die Verbesserung der Arbeitsstrukturen, der Organisation, der Gewohnheiten, der Arbeitsabläufe – kurz: der Könnens-Dimension. Karl-Heinz weiß allerdings, dass er früher ohne Probleme ein guter Fernfahrer war. Er kennt seinen Zug wie die eigene Westentasche, hat alle täglichen Abläufe habitualisiert und fühlt sich auch hinsichtlich seiner Wahrnehmung und Reaktionszeiten topfit. Aber Karl-Heinz weiß auch, dass ihn institutionelle Bedingungen gehetzt und emotionale Dispositionen zermürbt haben.

Die anstehende Lernaufgabe überfordert ihn. Er sucht sich eine pädagogische Beraterin, die ihn im Lernprozess begleiten soll. Die gemeinsame Arbeit gestaltet sich anfangs schwierig, weil sich schnell zeigt, in welchem Ausmaß der Kraftfahrer entmutigt ist. Seine Frustrationstoleranz ist geschwunden, die Spannkraft geht gegen Null, über Anstrengungsbereitschaft verfügt Karl-Heinz nicht mehr. Frau Kieser ermutigt Karl-Heinz, indem sie ihm wieder und wieder sein Können und Wissen vor Augen führt, seine Selbstwirksamkeit als Fahrer greifbar macht und anhand vieler kleiner Erfolgserlebnisse seine Selbstständigkeit bewusst werden lässt. Die vielen Fehler sind ihm unterlaufen, weil ihn im Stress zunehmend der Sympathikus in die Übererregung führte und er immer seltener zur Entspannung fand. Während er sich über Entspannungstechniken und Yoga wieder zu regulieren lernt, kommt auch die Fahrtüchtigkeit zurück. Zum Ende des Lehrgangs hat er den Eindruck, ganz der Alte zu sein und das Heft wieder in der Hand zu halten.

Ralf ist als junger Mann in die Firma eingetreten. Er fungierte damals als Vertretung und leitete den kleinen Bereich des Gastronomie-Einkaufs. In den Jahren danach kümmerte er sich darum, dass sein Arbeitsbereich stabilisiert und sogar ausgebaut wurde. Bei seiner Festeinstellung und Ernennung staunten seine Freunde und früheren Arbeitskollegen darüber, was er aus der eigentlich nicht zu seiner Ausbildung passenden Stelle gemacht hatte. Die ersten Jahre liefen gut, aber zunehmend war ihm so, als bewahrheitete sich das geflügelte Wort Theodor W. Adornos, demzufolge es *kein richtiges Leben im falschen* gibt. Inzwischen prägen Angst und Ängstlichkeit Ralfs Alltag. Er ist krankhaft strukturiert, sieht immerzu seine Existenz bedroht, hat einen ausgeprägten Kontrollzwang entwickelt und leidet unter seinem selbstauferlegten Leistungsdruck und Perfektionismus. Von Monat zu Monat wird es schwieriger, alle notwendigen Kontrollen – auch der Arbeit seiner Kollegen in anderen Abteilungen – durchzuführen. Ralf arbeitet Tag und Nacht, ohne Aussicht, mit seinen Pflichten jemals fertig zu werden. Nach wiederholten längeren Krankheitsphasen und gehäuften Beschwerden aus der Zentralverwaltung beschließt Ralf, einen Fachmann um Rat zu bitten. Er fragt nach Möglichkeiten, effektivere Arbeitsstrukturen und Ordnungssysteme zu integrieren, um die notwendigen Abläufe zu beschleunigen. Wenn er schneller werden könnte, so hofft Ralf, löse sich auch sein Zeitproblem und lösen sich seine Ängste. Der Profi erkennt allerdings, dass die *Not-wendige* Lernhilfe nicht auf eine verbesserte Effizienz oder niederschwellige Fehlerkontrolle, also die Dimension des Könnens zielt, sondern an der Haltung und den Emotionen des Ratsuchenden ansetzen muss. Er konfrontiert Ralf mit seiner Angst, ermutigt ihn zu mehr Transparenz und appelliert an seinen Mut, das Risiko einer Lücke einzugehen. Der Berater verbringt mehrere Arbeitstage gemeinsam mit Ralf und die Männer vereinbaren einmal wöchentlich etwas Unfertiges, beschließen immer wieder eine spontane Aktion, üben Peinlichkeit und sprechen offen über ihre dunklen Seiten. Nach und nach kann sich Ralf darauf einlassen, nicht zu wissen, was die Kollegen machen, kann riskieren, nicht von seinen großen Taten zu sprechen, und kann auf die Erwähnung seiner früheren Errungenschaften verzichten. Das Aufgabengebiet scheint kleiner geworden zu sein, Ralf fühlt sich am richtigen Platz und wieder in der Lage, seine Aufgaben zu bewältigen.

Artem ist in einer völlig anderen Lebenssituation, als er sich entschließt, das einmalige Angebot einer Umschulung zum Kinderpfleger anzunehmen und als Mittzwanziger die entsprechende Berufsfachschule zu besuchen. Seine äußere Erscheinung wirkt imposant und furchterregend zugleich, denn er ist groß und deutlich übergewichtig. Überdies sieht man seinem verwahrlosten Zustand an, dass ihn eine langjährige Spielsucht fest im Griff hält. Bei seinen seltenen Besuchen in der Schule tritt Artem ausgesprochen freundlich auf und beteuert jedes Mal, von nun an täglich zu kommen. Schon morgen wird er da sein. Das verspreche er. Frau Esser lächelt und weiß: Er wird nicht da sein. Artem hat bis zum Tod seiner Mutter vor zwei Jahren bei ihr gewohnt und ist mit ihr gemeinsam verwahrlost. Sein Wollen ist glaubwürdig, allein die Verwirklichung gelingt nicht. Frau Esser hat schon öfter über Immanuel Kants Gedanken über eines der schwierigsten Probleme innerhalb der Erziehung nachgedacht. Kant fragt, ob eine Erziehung, die den Menschen durch Aufforderung zur Selbstständigkeit zur Mündigkeit führen will, wohl die Ausübung von Zwang legitimieren kann. Kants vielzitierte Aufforderung in diesem Zusammenhang scheint mit Blick auf Artem nicht zu fruchten, wenn er sagt: „Habe Mut, dich deines eigenen Verstandes zu bedienen“ (Kant 1803/1977). Artem ist völlig klar, was richtig und wichtig ist, kann es aber beim besten Willen nicht umsetzen – glaubt er. Andreas Möckel (2019a) weist in seinem Beitrag zum *pädagogischen Heilen* deshalb zurecht darauf hin, dass der Schule in schweren Fällen von Verwahrlosung die Aufgabe eines „seelischen Nachteilsausgleichs“ zukommt. Wenn Pädagogen mit sozio-kulturell benachteiligten Educanden arbeiten, geht es oft um mehr, als auf Wissensbestände hinzuweisen oder an den Willen zu appellieren. Es geht auch bei Artem darum, kleinschrittig und konsequent neue Gewohnheiten durchzusetzen, indem vor dem Hintergrund eines vereinbarten Arbeitsbündnisses kontinuierlich Zumutungen angezettelt, Herausforderungen gestellt und Kontrollen durchgeführt werden. Lebensweise und Arbeitsstrukturen sind Ergebnis der Manifestationen von Gewohnheiten – im Kantschen Sinne das Ergebnis einer *Kultur der Freiheit bei dem Zwange.* Im Hinblick auf erwachsene Lerner in erschwerten Lebenslagen gewinnen Joachim Schroeders *Studien zu einem Sozialatlas der Bildung* (2012) besondere Bedeutung. Hier beschreibt der Autor differenziert die Vielfalt sozial schwieriger Lebenslagen in Deutschland und schildert, welche Schulen sich wie um Jugendliche und junge Erwachsene am Rand der Gesellschaft bemühen. Gemeint sind u. a. die Kinder von beruflich Reisenden, von Schaustellern und von Geflüchteten. Es werden Schulen für Menschen mit Suchtproblemen, Gefängnisschulen und Bahnhofsschulen vorgestellt. Ergebnis ist eine knapp 500-seitige Beschreibung unterschiedlicher Bildungskonzepte, die u. a. in sogenannten Lernmobilen umgesetzt werden. Schroeder kartografiert auf diese Weise die Schullandschaft lebenslagenorientiert und wirft die Frage auf, ob es dem allgemeinen Schulsystem gelingen kann, auch diese überbordende Vielfalt an Alternativschulen in ein inklusives Schulsystem einzubinden. Gotthilf Hiller (1999) geht davon aus, dass Bildung und Erziehung für viele Erwachsene in schwierigen Lebenslagen erst dann wirklich beginnen, wenn sie nicht nach der Schule erneut die Schulbank drücken müssen. Er bilanziert verschiedene Forschungsprojekte und beschreibt einen verhängnisvollen „Dogmatismus, der junge Leute glauben machen will, dass jeden der Teufel holt, der keine Ausbildung macht". „Dieser Dogmatismus", so Hiller weiter, „verhindert eine alltagstaugliche Allgemeinbildung" (Hiller 2004, 121). *Alltagstaugliche Allgemeinbildung* führt nicht zwingend zu einem Schulabschluss und auch nicht zwingend durch die Berufsausbildung. Sie will aber den einzelnen Menschen in die Lage versetzen, seinen Alltag selbstständig und verantwortungsbewusst zu bewältigen.

5 Institutionelle Überlegungen

5.1 Pädagogische Institutionen und pädagogisches Handeln

Bleiben wir gedanklich noch einen Augenblick beim Erwerb einer *alltagstauglichen Allgemeinbildung*. Aufmerksame Leser könnten dieses Stichwort nutzen wollen, um nach geduldigem innerlichen Mitdenken endlich ein paar längst überfällige kritische Anmerkungen zu machen.

1. Anmerkung: *Die entwickelten pädagogischen Prinzipien und Forderungen sind nicht kompatibel mit den Forderungen der verschiedenen relevanten Systeme, für die gelernt wird. Was nützt es dem erwachsenen Menschen, wenn er am Ende keinen Abschluss hat? Da kann er dann selbstständig und mündig sein, wie er will – er ist trotzdem raus.*

Denkbare Antwort: Zentral für den Lebensweg eines Menschen ist, dass er um seine Talente, seine Stärken, seine Begabungen und seine Ziele weiß. Viele Absolventen von Mittelschulen, Realschulen und Gymnasien haben zwar ein ansehnliches Zeugnis in der Hand, wissen aber keinesfalls, was sie damit anfangen sollen, weil sie nicht wissen, was sie wollen und können. Nun sollte man auch hier konsequent fragen: „Wozu hilft dann das Zeugnis?" Aber wir wissen: Selbst wenn diese Personen in ihrem Lebenslauf erst viele Jahre später an *ihrem Platz* ankommen, käme niemand auf die Idee, ihre Schulabschlüsse infrage zu stellen. Umgekehrt sollten wir deshalb auch mit Blick auf junge Erwachsene zuversichtlich sein, die zwar ohne Schulabschluss, dafür aber als selbstbewusste und selbstständige Lerner eine Jobber-Karriere starten und im Laufe der Zeit ihren Platz finden. Zudem haben Berufe ohnehin ihre Haltekraft verloren. So begleiteten z. B. Gotthilf Hiller und Kollegen in einer qualitativen Studie 91 junge Männer über 10 Jahre hinweg und stellen fest, dass am Ende des Beobachtungszeitraums von den Jugendlichen mit Berufsausbildung mehr als die Hälfte nicht mehr in ihren erlernten Berufen arbeiteten (vgl. Hiller et al. 2002).

2. Anmerkung: *In den unterschiedlichen Institutionen – ob das nun ein Fußballverein, die Schule oder ein Institut für Tauchlehrgänge ist – bleibt meistens keine Zeit für ausführliche Beziehungsbildung und Beziehungspflege.*

Denkbare Antwort: Eine Faustregel könnte sein „Erst Beziehung, dann Erziehung, dann Unterricht". Wenn zu Beginn des Lernprozesses die Beziehung zwischen dem Pädagogen und Educandus gebaut und auf Verständnis ausgerichtet ist, verbraucht diese keine zusätzliche Zeit, sondern begünstigt vielmehr das Lernen. Pädagogik ist deshalb für den Protagonisten keine Frage guter Methodik, sondern eine Frage der richtigen Haltung.

3. Anmerkung: *Wenn es um Lernprozesse geht, ist meistens ein Curriculum zu absolvieren und ein Lernziel zu erreichen. Diese kann man nicht einfach in „Wir-entwickeln-jetzt-mal-einen-selbstständigen-und-selbstbewussten-Lerner" abändern und damit zufrieden sein.*

Denkbare Antwort: Lernprozesse, die auf Resonanzerleben angewiesen sind, gehen immer mit dem Momentum der Unwägbarkeit einher. Kein Pädagoge kann sicher sagen, dass der Lernende dieses-und-jenes lernt, wenn er so-und-so vorgeht. Lernen ist immer individuell und unberechenbar. Im kompetenzorientierten Lehrplan der Schule geht es deshalb auch längst nicht mehr um das Erreichen von konkreten Lernzielen, sondern um den Aufbau von Kompetenzen.

4. Anmerkung: *Das pädagogische Verhältnis ist in Kapitel 2 im Sinne einer kooperativen Vorstellung von Autorität beschrieben worden. Folgt daraus nicht zwingend, dass unser pädagogisches Verhältnis unmittelbar vor der Prüfung endet, weil Prüfungen dem Vernehmen nach nicht ohne Machtdemonstration auskommen? So dokumentieren doch häufig Noten das Bestehen eine Prüfung oder stellt z. B. die Fahrprüfung beim Führerschein am Ende Erfolg oder Misserfolg fest. Der Prüfer lebt seine Überlegenheit aus, oder?*

Denkbare Antwort: Der Lernprozess schließt ausdrücklich die Prüfung und auch das reaktive Zeigen des Pädagogen mit ein. Dabei spielen in jeder Phase der Bewertung bzw. der Benotung auf dem Weg zum „Urteil" Transparenz und die sorgfältige gemeinsame Fehleranalyse eine entscheidende Rolle.

Starten wir vor diesem Hintergrund nun die letzte Runde: unsere Überlegungen zu *pädagogischen Institutionen und pädagogischem Handeln*. Pädagogische Institutionen sind im Hinblick auf das verhandelte Problemfeld in erster Linie das Elternhaus, der Kindergarten und die Schule. Allgemein sind pädagogische Institutionen nicht nur solche Einrichtungen, die ausschließlich pädagogische Aufgaben erfüllen, sondern können durchaus auch weitere Funktionen haben. So finden sich immer wieder auch Betriebe, Unternehmen und Vereine, die zu den pädagogischen Institutionen gezählt werden, aber zugleich andere Zielsetzungen verfolgen. Allerdings spricht man von pädagogischen Institutionen dann, wenn sie grundsätzlich einen Rahmen für Erziehungsverhältnisse bieten. Es finden sich also einerseits erziehende Pädagogen und andererseits Educanden, die erzogen werden. In einigen Institutionen geschieht dies bezahlt und professionell, in anderen ereignet sich pädagogisches Handeln ehrenamtlich. Pädagogisches Handeln ist dabei ebenso wenig vom Status des Handelnden abhängig, wie die Existenz einer formalen pädagogischen Institution pädagogisches Handeln garantiert. Mitunter haben Institutionen aufgehört, der Rahmen für pädagogisches Handeln zu sein und sind dazu übergegangen, nur noch zu verwalten, zu beaufsichtigen oder Wissen zu vermitteln.

Das Wesen pädagogischen Handelns haben wir dahingehend bestimmt, dass *Erziehung* ein Grundbegriff der Pädagogik und damit *pädagogisches* Handeln zugleich *erzieherisches* Handeln ist. Zu den Voraussetzungen für ein solches erzieherisches Handeln gehört nach Otto Friedrich Bollnow die *pädagogische Atmosphäre*, unter der er „das Ganze der gefühlsmäßigen Bedingungen und menschlichen Haltungen (versteht), die zwischen dem Erzieher und dem Kind bestehen und die den Hintergrund für jedes einzelne erzieherische Verhalten abgeben" (Bollnow 1968, 11). Auswirkungen dieser pädagogischen Atmosphäre seien schülerseitig u.a. das Gefühl unbeschwerter Fröhlichkeit, Erwartungsfreudigkeit, Hoffnung und Lachen. Bollnow fährt fort: „Das Lachen ist überhaupt von hier aus in seinem positiven Charakter zu begreifen: Wo das Lachen befreiend hervorbricht, da ist notwendig zugleich die Sphäre der Absonderung, des inneren Widerstrebens und Nicht-mitmachen-wollens durchbrochen". Allerdings sieht Bollnow gerade an dieser Stelle eine der Hauptgefahren in Zusammenhang mit der Organisation geregelten Lernens, denn dem hinterlegten Ernst sei Fröhlichkeit und Unbefangenheit verdächtig. „Und daraus entwickelt sich dann allzu leicht jene Atmosphäre der Verdrossenheit und der Unlust, die bis in das trostlose Grau vieler Wände hinein für so viele Schulstuben charakteristisch ist und die (...) geradezu Gift für jede gesunde Entfaltung der Kräfte ist" (ebd., 28).

Friedrich Wilhelm Fröbel, der Begründer des Kindergartens, formuliert bereits knapp 150 Jahre zuvor seine strukturgebenden Gedanken zum kindlichen Lernen durch Spiel. Er stellt dar, dass ein frei tätiges und unbekümmertes Kind dem Erwachsenen im Spiel „die Fingerzeige zur richtigen Erfassung und Behandlung" gebe und damit in eine konstruktive Wechselbeziehung zum Pädagogen trete (Fröbel 1826/1968, 271). Fröbel verfolgt das Konzept, dass das Lernen eines Kindes am besten von ihm selbst und nicht von außen gesteuert wird. An diese Erkenntnis knüpft zu Beginn des 20. Jahrhunderts auch Maria Montessori an, wenn sie in verschiedenen Veröffentlichungen darauf drängt, die Kinder und Jugendlichen so zu unterrichten und zu begleiten, dass sie sich im gemeinsamen Lernprozess zu eigenständigen, selbstbewussten und verantwortungsvollen Persönlichkeiten entwickeln. In ihrem Buch *Die Entdeckung des Kindes* schreibt sie: „Eine auf Freiheit gegründete Erziehungsmethode muß darauf abgestellt sein, dem Kind zu helfen, eben diese Freiheit zu erobern. (...) Man kann nicht frei sein, wenn man nicht unabhängig ist" (Montessori 1950/1985, 64). Als einer der frühen Reformpädagogen beschäftigt sich auch Peter Petersen mit Montessoris und Fröbels Gedanken und gründet nach seiner Berufung auf den Lehrstuhl für Erziehungswissenschaft an der Universität Jena dort 1927 die erste *Jenaplan-Schule*. In dieser Schule sollen die Lerninhalte der kindlichen Lebens- und Erfahrungswelt entnommen sein, damit selbstständiges Denken und Handeln in jahrgangsübergreifenden Lerngruppen und überfachlichem Arbeiten in Projekten wachsen können (vgl. Petersen 1972).

Reformpädagogisches Denken und insbesondere anhaltende Unzufriedenheit mit den Strukturen und Prinzipien der staatlichen Schule haben bis heute zu immer neuen Initiativen, Modellprojekten und Vorschlägen zur Veränderung der Schule geführt. Konsequent *pädagogisches Handeln* scheint in vielen pädagogischen Institutionen kaum möglich zu sein, weil sachfremde Strukturen verbindliche Rahmen setzen, Lehrpläne kaum Zeit für freies Lernen lassen und z.T. auch die Haltung einiger Mitglieder des – wie man zu sagen pflegt – Lehrkörpers mit pädagogischen Handlungsmaximen nicht kompatibel sind. Inzwischen scheint die Meinung konsensfähig zu sein, dass ungenügende Leistungen der Schüler im Lernen grundsätzlich mehr über die Schülerschaft als über die verantwortlichen Pädagogen aussagen. Lehrer und

Schulen werden für schlechte Schülerleistungen selten sanktioniert. Eine ähnliche Schlussfolgerung käme z. B. im Hinblick auf den bekannt gewordenen und wiederholten Kunstfehler eines Chirurgen nicht infrage. Niemand würde die Entstellten dafür verantwortlich machen, im Krankenhaus versagt zu haben bzw. schlechte Patienten zu sein.

Häufig können pädagogische Institutionen ihre Strukturen, Ressourcen und Erfolgskriterien allerdings trotz bester Absichten nicht an pädagogischen Notwendigkeiten oder Überzeugungen ausrichten, sondern werden vielmehr durch die höheren Ebenen nach ökonomischen, ideologischen oder überkommen autoritativen Maximen regiert. Immer wieder bestimmen nicht die Gestalter, sondern ihre Verwalter die Rahmenbedingungen, legen Einstellungskriterien fest und entscheiden auch über die Bildungsgänge des Personals. Der Sozialphilosoph Ivan Illich beklagt einen Zustand in den Schulen, der keine Ähnlichkeit mit den bisher verhandelten Inhalten pädagogischen Handelns hat, wenn er schreibt: „Viele Schüler, zumal wenn sie arm sind, wissen intuitiv, was die Schulen mit ihnen anstellen. Sie werden geschult, Verfahren und Inhalt miteinander zu verwechseln. Wird dieser Unterschied erst einmal verwischt, so gilt eine neue Logik: je mehr Behandlung, desto besser die Ergebnisse“ (Illich 2017, 17). Was hier anklingt, sind Formen und Verfahrensweisen, sind Dressur und Technik und ist bestenfalls Sozialisation. Bei all dem ist aber nichts zu sehen vom gegenseitigen Aushandeln von Handlungsmöglichkeiten, von einem gemeinsam vollzogenen Gestaltungsprozess, von einem themenzentrierten Diskurs, von einem bilateralen Beziehungswandel und einem stimulierenden Vorgang, wie wir ihn im Hinblick auf Erziehung in Kapitel 1 entwickelt haben.

Pädagogische Institutionen sind möglicherweise zu Handlungsräumen geworden, in denen Formen und Formales regieren, Verwaltung und Bürokratie für das Rechte sorgen und „korrekte Abläufe“ den Ton angeben. Ervin Goffman (2003) beschreibt den Alltag der Menschen in seinem lesenswerten Buch mit dem Titel *„Wir alle spielen Theater“*. Die Mechanismen der Theaterwelt scheinen vertraut und führen doch de facto zu vielen Missverständnissen und Zerwürfnissen in unserer Umgebung. Greifen wir Goffmans Bild des Theaters auf und verweilen wir für ein paar Minuten beim Phänomen der *Vorderbühne* und der *Hinterbühne*. Jeder Schauspieler weiß, dass er „vorne“ spielt und sich „hinten“ entspannen kann. Dort im Backstage-Bereich lebt er für kurze Zeiten offline und kann sein, wie er ist. Er kann rauchen, einen Hosenträger hängen lassen, Schminke verschmieren und seine Liebste küssen. Er kann auch fluchend auf- und abgehen, um in seinem Kopf nach den verlorenen Textfetzen zu suchen, oder er kann noch schnell in seinem Lieblingsrestaurant anrufen, um für abends einen Tisch zu reservieren. Was auch immer er dort hinten tut, er muss keine Rolle spielen, sondern kann so sein, wie er ist. Dieses Sosein wird ihm von den Zuschauern nicht übelgenommen, weil sie ihn nicht sehen bzw. weil sie hier nichts von ihm verlangen. Natürlich ist ihm unbenommen, auch auf der Hinterbühne weiterhin zu schauspielern. Er kann in der Rolle der Vorderbühne verharren und beispielsweise Dienstleistungen organisieren, die ihm „vorne“ zugutekommen: So bittet er seine Freunde um Applaus in bestimmten Szenen, gibt dem Beleuchter Hinweise, wann das Licht gedimmt werden soll, oder ordert lautere Hintergrundgeräusche in einer weniger textsicheren Szene. Wenn er nicht will, muss er hinten nicht er selbst sein, sondern kann auch eine dritte Person entfalten. Betritt er allerdings nach der Pause erneut die Vorderbühne, muss er in seine Rolle dort zurückfinden und diese darstellen. Übertragen auf unseren Alltag findet ein großer Teil unseres Lebens auf der Vorderbühne statt. Lebensphasen, gesellschaftliche Rollen, Sozialisation und Funktionen, Politik und Ehrenämter – die Vorderbühne ist der Ort unseres Lebens. Die Gesellschaft, unsere Mitmenschen, bisweilen sogar Freunde und Ehepartner erwarten eine Rolle, die wir – wenn irgend möglich – spielen sollen. Ein Teil unseres Lebens aber spielt auch auf der Hinterbühne. Dort warten lebenswichtige – vielleicht echte? – Freunde und notwendige Requisiten. Dort befindet sich unser Zufluchtsort, an dem wichtige Absprachen getroffen und entscheidende Hebel in Bewegung gesetzt werden. Wenn jemand auf der Vorderbühne brav seine Rolle als lustiger Clown spielt, schießen ihm auf der Hinterbühne vielleicht die Tränen in die Augen ob der Eintönigkeit oder Tragödie seines Lebens.

Bezogen auf unser hier verhandeltes Thema pädagogischer Institutionen und pädagogischen Handelns sollten wir von der Unterscheidung zwischen Form und Inhalt im Leben sprechen. Unser Alltag wird bestimmt von beidem: von Formen und von Inhalten. In vielen Fällen existieren Formen, um Inhalte zu schützen und um Inhalte zu transportieren. So tut dies – ganz banal – z. B. unser menschlicher Körper: Er ist äußerlich mehr oder weniger hübsch anzusehen, wirkt gesund oder krank, ist beweglich oder gelähmt, stark oder schwach, groß oder klein. Einige Menschen haben es sich zum Hobby oder sogar zum Beruf gemacht, den „Inhalt“ eines anderen Körpers anhand der äußerlichen Form und äußerlicher Merkmale wie Körperhaltung, Gesichtsausdruck, Handfurchen etc. analysieren zu lernen. Sie lernen, Körpersprache zu verstehen oder folgen einer esoterischen Spur. Bleiben wir bei diesem Beispiel, dann zählt zu den „Inhalten“ sicherlich das Temperament, die geistige Beweglichkeit, das Interesse, der Witz, der Humor und allgemein das Wesen eines Menschen. Manchmal sind wir überrascht, wie viel dummes Gerede aus einer wunderschönen Form ertönen kann und bisweilen staunen wir, wie clever ein Inhalt noch ist, obwohl die Form schon deutliche Spuren des Alters und vielleicht sogar eines nahen Todes trägt. Mitunter reden modisch gekleidete und tadellos gepflegte Formen böse und vergiftete Dinge und eher erbärmlich wirkende Erscheinungen Wahres, Hilfreiches und Tröstendes. Vielleicht gefällt dieses Eingangsbeispiel nicht jedem Leser. Wir müssen uns nicht sonderlich anstrengen, um ersatzweise andere zu finden. „Formen“ in unserem Alltag können äußerlich-materieller, formeller, formaler oder auch informeller Natur sein. Nehmen wir uns neun Leseminuten Zeit, über einige Beispiele nachzudenken (vgl. Ellinger 2013b). Demnach unterscheiden wir

a) *äußerlich-materielle Formen:* Haus, Garten, Auto, Telefon, Einkommen, Vermögen, körperliches Aussehen, Fitness, Gesundheit;
b) *formelle Reglements:* Ehe, Familie, Verwandtschaft, Vertrag, Urkunde, Auszeichnung, Zertifikat, Position, Funktion, formaler Bildungsabschluss, akademische Titel, Beamtentum;

c) *formale Handlungsformen:* Unterricht, Mannschaftstraining, Sprechstunde, Feierlichkeit, Jubiläum, kirchliche Feste und kirchliche Weihen, Rituale, Traditionen, gemeinsame Essenszeiten, regelmäßige Konferenzen, Anstand und Umgang allgemein und in der jeweiligen gesellschaftlichen Rolle und schließlich
d) *informelle Verhaltensformen:* Ingroup-Codes, persönliche Absprachen, Ingroup-Traditionen, kleine Rituale und Gewohnheiten, bewusstes Durchbrechen, Überzeichnen oder Verändern formaler Handlungsformen.

Es ist unschwer zu erkennen, dass wir in jedem Lebensbereich strukturgebende Formen vorfinden, die in unserem Alltag Sicherheit schaffen, Orientierung ermöglichen und nicht zuletzt die zwischenmenschlichen Beziehungen ordnen. Komplexe Gesellschaften produzieren Formen, die sowohl mikro- als auch makrosoziologisch bedeutend sind. Eine *„Form“* wird gesetzlich geschützt, weil sie für das friedliche Miteinander wichtig ist. Solche Schutznormen sind z. B. Gesetze zum Schutz privaten Eigentums, zum Schutz der Ehe und Familie, Gesetze gegen den Missbrauch von Titeln und für Religionsfreiheit. Allerdings verliert die *Form* dann ihre Sinnhaftigkeit, wenn der *Inhalt* gleichgültig nicht mehr erfasst oder sogar bewusst ignoriert wird. Äußerlich-materielle Formen, formelle Reglements, formale Handlungsformen und informelles Verhalten verweisen ursprünglich auf einen *Inhalt*, der sich nicht in der makrosoziologischen Bedeutung dieser Form erschöpft. So hat „die Gesellschaft“ nicht etwa deshalb die Institution Ehe und Familie eingeführt, damit viele kleine Zellen die große Gemeinschaft strukturieren und die vielen fleißigen Eltern sicher und zufrieden viele Nachkommen großziehen mögen. Ursprünglich verweist die Hochzeit und damit die Familiengründung als formelles Reglement heute – im Zeitalter des Ideals der romantischen Liebe – auf den „inhaltlichen“ Wunsch eines Paares, für immer zusammenzuleben und das Zusammensein an einem sicheren Ort zu genießen. Anhänger der Institution Ehe sehen in diesem formellen Vertragsschluss eine hilfreiche Form, die den Inhalt einer großen Liebe lebenslang aufbewahren, pflegen und schützen hilft. In ähnlicher Weise sind andere Formen mit ihrem sinnstiftenden Inhalt verbunden. Ein kirchliches Ritual verweist z. B. auf Glaubensinhalte, deren Größe der gemeine Christ nicht in jeder Lebenslage zu erfassen vermag, weshalb er zur Aneignung in einem vorformulierten Gebet oder Psalm, einer vorgegebenen Handlung oder in wiederkehrenden Festen Sicherheit findet.

Das sinnvolle Zusammenspiel von Form und Inhalt ist allerdings Veränderungen unterworfen. Zum einen kann sich der Sinn innerhalb einer Form verändern und im menschlichen Miteinander zur Neudefinierung – oder sagen wir besser: zur neuen Sinnzuschreibung – der Form führen. Beispielsweise sind Fitness und Leistungsfähigkeit des Körpers in westlichen Ländern heute nicht mehr deshalb sinnvoll, weil wilde Tiere gejagt, ein Dutzend Kinder großgezogen oder Tag und Nacht große Ackerflächen bewirtschaftet werden müssen. Heute dient Äußerlichkeit eher ästhetischen Gesichtspunkten. Der durchtrainierte Körper soll gut aussehen – und muss nicht mehr unbedingt viel leisten. Ebenso muss ein Auto heute nicht mehr robust und langlebig sein, sondern soll Bequemlichkeit bieten, als Statussymbol dienen und modern aussehen. Den Prozess einer wechselseitigen Umdeutung von Sinn und partiellen Veränderungen der zugehörigen Formen in unserer heutigen Gesellschaft beschreibt Gerhard Schulze (2000) sehr anschaulich auf den gut 800 Seiten seiner *„Erlebnisgesellschaft“*.

Zum anderen bringt eine weitere Veränderung immer wieder zwischenmenschliche Probleme mit sich und stellt damit eine Herausforderung für professionelle Erzieher dar. Diese Veränderung besteht in der Ablösung eines Inhaltes aus seiner Form. Von außen betrachtet ist einer hohlen Form nicht sofort anzusehen, dass sie keinen Inhalt mehr transportiert. Sie scheint noch ihre Funktion zu erfüllen und täuscht deshalb über den Umstand hinweg, dass irgendwo ein Inhalt ohne Form übriggeblieben ist und möglicherweise verloren geht. Werden allerdings hohle Formen enttarnt, dann aber nicht angeprangert, sondern „gesellschaftsfähig“ geduldet, geht damit ein immenser Vertrauensverlust einher. Wenn wir wissen, dass es in einem bestimmten Gesellschaftsausschnitt *„sowieso nur um die Form geht“*, werden wir keinen Inhalt mehr erwarten. In der Politik wird dieser Prozess bereits beklagt und er hat sich überdies auch unbemerkt in den Alltag der Bürger eingeschlichen – und das mit z. T. verheerenden Folgen. Schauen wir uns einige Beispiele an.

In der Kategorie der *äußerlich-materiellen Formen* verweisen große Autos, schöne Häuser und ein großes Vermögen auf erfolgreiche Menschen. Man könnte meinen, sie seien wichtige Mitglieder der Gesellschaft, denn sie arbeiten viel, sichern Arbeitsplätze für andere, sind intelligent und gebildet und zeigen beispielhaft, was derjenige zu erwarten hat, der fleißig ist und sich anstrengt. Schon beim Lesen der letzten vier Zeilen befiel den geneigten Leser vermutlich ein mulmiges Gefühl. Längst ist die Form *Besitz* hohl und verweist nicht mehr auf eine wie auch immer geartete Sinndeutung im oben skizzierten antiquierten Verständnis. Während früher vielleicht fleißige Einwanderer in unerschlossenen Landstrichen durch Arbeit Wohlstand erreichten, sagt Besitz heute nicht mehr zwingend Gutes über den Besitzer aus. Die Limousine lässt statistisch eher einen steuerbegünstigten Firmenwagen vermuten, der dem Fahrer selbst nicht gehört. Das Haus hat der Bewohner eher geerbt, als durch seine eigene Arbeit verdient und das große Vermögen wird neuerdings eher durch Spekulationen, Finanzgeschäfte oder überzogene Honorare im Sport- oder Werbebereich angesammelt – nicht aber durch das Schaffen von Mehrwert oder gar von Arbeitsplätzen. Der Schein dieser Form trügt und wird zur hohlen Form. Anerkennung, Respekt und Achtung gegenüber Vermögenden ist nicht in höherem Maße notwendig, als es jeder andere Mensch verdient.

Führen wir uns für einige Minuten die *formellen Reglements* vor Augen. Wir kennen alle Ehepaare, die nach außen perfekt die heile Welt spielen, wir kennen alle Verwandtschaftstreffen, die nur noch Pflichtveranstaltungen sind, wir kennen alle formalgebildete Fachkräfte, die keinerlei Kompetenz auszeichnet, und wir kennen alle Professoren und Doktoren, die von beeindruckender Ahnungs- und Antriebslosigkeit sind. Dabei können formelle Reglements sehr subtil inhaltsleer weitergepflegt werden. Ehen „laufen tadellos“, einschließlich gelegentlicher „ehelicher Pflichten“, also einer Art formellen Beischlafs. Im Alltag sind womöglich die üblichen Aufmerksamkeiten zu sehen. Ebenso erfolgen in der Verwandtschaft z. B. die fälligen Geburtstagsgratulationen zuverlässig und nach Etikette, und schließlich wird im Universitätsbetrieb oder in der Schule größter Wert auf einwandfreie und paragrafengetreue Verwaltung und Abwicklung der Formalia gelegt. Schnell kann der Eindruck entstehen, dass einige formelle Reglements bereits durch die Pflege von Formalia daseinsberechtigt seien. Die Äußerlichkeiten erscheinen manchmal sinnvoll und reichen vielen involvierten Zeitgenossen völlig aus. Diesem Irrtum muss allerdings in aller Deutlichkeit widersprochen werden. Formelle Reglements erhalten ihren Sinn durch Inhalt, nicht durch Form. Ein Selbstzweck ist hier nicht vorgesehen, so reizvoll es bisweilen erscheinen mag.

Im Bereich der *formalen Handlungsformen* wird die zwischenmenschliche Tragödie besonders greifbar: Wenn Formen bestehen und keine Inhalte mehr transportiert werden, versperren sie neuen Formen zur Stabilisierung der gefährdeten Inhalte den Platz. Eine Beratungslehrkraft, die nur *der Form nach* Beratungsstunden durchführt, dabei aber an Inhalt und Menschen nicht wirklich interessiert ist, trägt die Institution Beratung sukzessive zu Grabe. Es wird nur schwerlich einen anderen Berater geben, weil die Ressourcen dafür gesperrt sind. Und wenn ein engagierter Berater aktiv wird, muss er dies informell tun, indem er ohne geeignete Form um den Inhalt bemüht ist. Gemeinsame Konferenzen oder Essenszeiten, die nur noch der Form nach existieren, aber keinen konstruktiven Inhalt ermöglichen, wahren den Schein und verschwenden Zeit und Energie, die für den wirklich wichtigen Austausch fehlen. Unterricht, in dem der Lehrer nur seinen vor Jahren vorbereiteten Stoff durchzieht, verschleudert die Ressource Unterricht. Die gemeinsame Zeit mit den Schülern stellt der Form nach einen schützenden Rahmen für echte Begegnung dar, dieser Inhalt findet aber möglicherweise hier keinen Platz mehr. In vielen Ausprägungen der formalen Handlungsformen lauert das Gespenst *Form*. Neben der erwähnten Verschwendung von Ressourcen untergräbt es Vertrauenswürdigkeit, die für ein positives Autoritätsverständnis von entscheidender Bedeutung wäre.

Schließlich bleiben noch die *informellen Verhaltensformen*. Hier wirken sich Loslösungsprozesse von Inhalten aus der Form deutlich spürbar aus. Zur Erinnerung: Diese *Formen* stellen höchstpersönlich vereinbarte Codes, Traditionen und Rituale dar. Hierzu gehören Spitz- und Kosenamen wie etwa „Elch“ oder „Nektarinchen“ und hierzu gehören auch Begrüßungsformen, kleine Zeichen der Aufmerksamkeit oder Running Gags. Wenn diese hoch sinngeladenen Verhaltensformen den Inhalt verlieren, z. B. weil Liebe gestorben ist, Vertrauen missbraucht oder kollegiale Freundschaft gelöst wurde, bleiben erklärungsbedürftige Besonderheiten im Alltag zurück. Eine Änderung der Form – etwa um die Signalwirkung des spezifischen Sprachgebrauchs oder der Verhaltensform abzustellen – setzt unmittelbar den Reflexionsprozess über die veränderte Beziehung in Gang. Werden informelle Verhaltensformen trotz Inhaltsverlust nicht geändert, wirken sie mit der Zeit inflationär auf die Symbolsprache der betroffenen Menschen. In Tabelle 10 sollen die Überlegungen zu Form und Inhalt im Überblick festgehalten werden.

Tabelle 10: Form und Inhalt in ihrer wechselseitigen Verwobenheit (Ellinger 2013b, 246)

Form		**Inhalt**
Äußerlich-materielle Formen	Funktion	Auswirkung/Bedeutung
Haus, Garten, Auto, Vermögen	Symbole der gesellschaftlichen Stellung und Position	Wohlstand bietet die Möglichkeit, Gäste einzuladen und für die Gemeinschaft aktiv zu werden
körperliches Aussehen, Fitness, Gesundheit	Symbol für Jugendlichkeit und Leistungsfähigkeit	Attraktivität, Disziplin, Zuverlässigkeit
Vermögen	Symbol für Erfolg	Freiheit, Ansehen
Formelle Reglements		
Vertrag, Ehe, Urkunde, Dokument	Rechtsform und Konsens für Öffentlichkeit	Vertrauen, Nähe, Transparenz und Sicherheit
Position, Funktion, Beamtentum	Gesetzlicher Schutz durch Normen	Verantwortung und Leitung
Familie, Verwandtschaft	Verbindlichkeit, Verpflichtung	Heimat, Vertrauen, Schutzraum, Unterstützung
Akademische Titel, Bildungsabschlüsse	Symbol für Intelligenz, Bildung und Führungsqualitäten	Leistungsfähigkeit, Kompetenz, Kritikfähigkeit
staatliche Transferleistungen	existenzielle Unterstützung und Grundabsicherung	Würdigung, Hilfe zur Selbsthilfe
Formale Handlungen		
Unterricht, Mannschaftstraining, Sprechstunde	Ritual und Entlastung, Gemeinschaft, Einsatz für Mitmenschen	Begegnung und „Echtes", geordnete Verhältnisse und Abläufe
Feierlichkeit, Jubiläum	Plattform für die Bildung von Corporate Identity	Freiheit zur Innovation und zur Weiterentwicklung
kirchliche Feste, kirchliche Weihen	Entlastung, Trost und Orientierung für das Individuum	Veränderung im Rahmen gesetzter Sicherheit möglich
Rituale, Traditionen	Struktur und Ordnung für Inhalt	Verlässlichkeit
gemeinsame Essenszeiten, regelmäßige Konferenzen	Entfall von Planungsnotwendigkeiten	kurze Wege, unkomplizierte Absprachen, alltägliche Nähe
Anstand und Umgangsformen – allgemein und innerhalb der spezifischen gesellschaftlichen Rolle	Sicherheit im Umgang	Respekt und Achtung können zum Ausdruck gebracht werden, Vertrauenswürdigkeit wird erworben, weil der Handelnde erkennbar um seine Aufgaben und Pflichten weiß

(Fortsetzung Tabelle 10)

Form		**Inhalt**
Informelle Verhaltensformen		
Ingroup-Codes, persönliche Absprachen	Definition von Ingroups und Outgroups auch in sehr kleinen Gruppen	Zeichen der engen Verbundenheit
Ingroup-Traditionen, kleine Rituale und Gewohnheiten	Definition von Ingroups und Outgroups und denkbare Einladung zum Anschluss	Grenze um die Peers und Darstellung des Lebensstils
bewusstes Durchbrechen, Überzeichnen oder Verändern formaler Handlungen, formeller Reglements oder des Umgangs mit Äußerlichkeiten und Materiellem	Bekenntnis zur Nonkonformität oder aber zu einer Lebensweise, die Formen bewusst verwenden will	Leben wird „echt", weil erkennbar nicht automatisiert und nicht formalisiert

Ohne Zweifel ist deutlich geworden, dass insbesondere im Rahmen pädagogischer Institutionen und in Settings, in denen Lernprozesse begleitet und Kompetenzen erworben werden sollen, strukturgebenden Formen eine große Bedeutung zukommt. Dabei helfen Formen zur Orientierung, schaffen Sicherheit und regeln auch das vertrauensvolle Miteinander der Pädagogen mit den Schülern und der Schüler untereinander. Allerdings muss der Umgang mit Formen reflektiert und transparent erfolgen, da sonst eine Korrumpierung des *Grundvertrauens in das Theater des Lebens* erfolgt. Tabelle 11 sind die Auswirkungen von aufrechterhaltenen Formen zu entnehmen, deren Funktion nicht mehr gegeben ist.

Tabelle 11: Fehlfunktionen von Formen und ihre Auswirkungen (Ellinger 2013b, 247)

Fehlfunktion	**Auswirkung**
Resthülle um ehemaligen Inhalt, Ziel der Form wird nicht erreicht	Inhalt muss sich neue Form suchen: aufwändige Organisation und ständiges Neuerfinden ohne stützende Form
Alibifunktion für Missstände, Ziel ist Tarnung und Vertuschung	Ursprünglicher Inhalt und ursprüngliche Intention werden von der Form konterkariert
Bewahren lediglich von Sekundärstoffen, die nicht zu ermessen sind	Inhalt findet Mischform, in der er weiter transportiert werden kann
Formen werden offiziell nur gewahrt	Inhaltsleere wird Normalität, Inhalt wird nicht mehr erwartet

Die Geschichte zeigt, dass gute Ideen überdauern, wenn sie in gewisser Weise institutionalisiert werden. Dies gilt im persönlichen Alltag ebenso wie im Hinblick auf pädagogisches Handeln. „Die Gewohnheit, mittags gemeinsam einen Kaffee zu trinken, ist bei uns schon Institution" verweist auf ein Ritual, das zur Struktur geworden ist. Ähnliches ist hinsichtlich des Lesekreises zu sagen, der sich seit über 15 Jahren immer am ersten Dienstag im Monat trifft, um über die vereinbarte Lektüre zu sprechen. Und auch die mathe-schwachen Schüler aus der 7b, die während des gesamten Schuljahres an jedem Freitagnachmittag ab 13 Uhr zwei Stunden Unterstützung durch ihre Lehrerin Frau Schmidtbauer erhalten, freuen sich über diese Institution. Pädagogische Ideen, Projekte und Handlungen bedürfen der Institutionalisierung, damit sie bleiben. Das gilt auch für „große Ideen" und Neuerungen. Sobald sie in einen institutionellen Rahmen gegossen werden, *sind* sie und *gelten* sie. Grundlage der Institutionalisierung sind pädagogische Prinzipien, Ziele und Engagement sowie Ressourcen und Akzeptanz.

5.2 Professionelles Handeln zwischen Wissen und Erfahrung

Die pädagogisch Handelnden sind vielerorts studierte Lehrerinnen und Lehrer, Erzieherinnen und Erzieher, Pädagoginnen und Pädagogen. In der öffentlichen Anerkennung des Pädagogen scheint aber – wie auch im Falle anderer Berufe – ein denkwürdiger Entwertungsprozess im Gange zu sein. Obwohl die sehr verantwortungsvolle und gesellschaftlich zentrale Rolle der Lehrer und auch der Bildungsinstitutionen allgemein unbestritten sind, wird die Arbeit dieser Professionellen von ihren Mitmenschen – und nicht zuletzt auch von ihnen selbst – zunehmend wenig wertgeschätzt. Oliver Hechler (2011) weist auf ein Phänomen hin, das möglicherweise zu dieser Form der Entwertung und mittelbar zur De-Professionalisierung in zentralen Bereichen unseres Lebens und unserer Gesellschaft beiträgt: Das jeweilige Laienwissen erlebt in unseren Tagen quasi exponentielles Wachstum. Die Deutungshoheit der professionellen Experten schwindet u. a. durch die sekundenschnelle und globale Vernetzung des Internets und der modernen Medien. Alle denkbaren Informationsquellen, Lebensformen und Lebensweisheiten sind erreichbar und vermitteln dem Recherchierenden den Eindruck, sich umfassend informiert zu haben. Greifen wir Hechlers Ansatz auf und spinnen wir ihn einen Moment lang beispielhaft im Hinblick auf die Aufgaben eines Arztes, eines Pfarrers, eines Grafikers und eben eines Lehrers weiter. Alle vier Disziplinen wirken in alltagsnahen Lebensbereichen.

Wenn der moderne Mensch Krankheitssymptome an sich entdeckt, hat er die Möglichkeit, sich via Internet zu informieren, in einschlägigen Foren Rat zu suchen und sogar Medikamente und Anwendungen selbst zu besorgen. Erst wenn sich sein Zustand nicht verbessert, konsultiert er den Arzt, der als Fachmann auch anhand der Internetbewertungen ausgewählt wurde und dann hoffentlich Fachmann genug ist, um schnell eine hilfreiche Diagnose zu finden.

Was den Pfarrer betrifft, sieht sich ein Großteil unserer Gesellschaft mittlerweile emanzipiert genug, um unabhängig von einer offensichtlich in Legitimationskrise geratenen Institution nach eigener Fasson selig zu werden. Wir beten selbst, wir suchen selbstständig nach unserer individuellen Form der Frömmigkeit und informieren uns zudem über alternative Formen kontemplativer Alltagsbewältigung. Dabei beobachten wir aus der Ferne, wie die großen und kleinen Kirchen um ihre neuen Aufgaben in der Gesellschaft ringen müssen, weil die Kundschaft von früher heute nur noch formale Kasualien in den extremen Zeiten des Lebens sucht. Der Pfarrer als Glaubens-Profi hat hinsichtlich seiner professionellen Deutungshoheit in Sachen Glauben mächtig Federn gelassen, weil Laien mit ihrem Alltagswissen und ihrer Alltagserfahrung mündig geworden sind und ganz selbstständig Gotteserfahrungen machen und Erklärungen für ihre Erlebnisse finden.

Auch im Hinblick auf die grafische Gestaltung von Geschäftsausstattungen, Prospekten, Plakaten und Katalogen vollzieht sich in der modernen Gesellschaft zunehmend eine Veränderung. Längst bieten Heerscharen von Laien ihre gestalterischen Dienste an. 08/15-Schriften, Gimmicks, Effekte und Grafikprogramme unterstützen sie dabei und führen letztendlich zu flächendeckenden ästhetischen Beleidigungen der Öffentlichkeit durch semi-professionelles Engagement, das im „das-kann-doch-jeder"-Stil professionelles Wissen und Können der Grafik-Designer entwertet. Erst wenn eine Geschäftsausstattung „wirklich gut werden muss", ein Unternehmen stimmiges Corporate Design entwickeln will oder eine Institution seriös wirken soll, werden professionelle Deutungsexpertisen wieder ernst genommen und die entsprechenden Fachleute beauftragt.

Wandern wir nun im Rahmen eines letzten Beispiels gedanklich zur Schule. Auch dort steht die professionelle Deutungshoheit einer Berufsgruppe unter Druck. Wie die Entwertung pädagogischer Professionalität vonstattengeht, leuchtet uns unmittelbar ein: Weil Erziehungskompetenz und pädagogisches Deutungswissen in der Einschätzung vieler Menschen offensichtlich auf wundersame Weise irgendwie schon im Zeugungsakt erworben werden, treten viele Eltern gegenüber den professionellen Pädagogen in der Schule relativ respektlos auf. Das Grundmuster der Entwertung professioneller Kompetenz ähnelt bis zu einem bestimmten Punkt den oben dargestellten Fällen: Eine breite Mehrheit der Bevölkerung vertraut im Alltag seinem Laienwissen und baut ihre Beurteilungskompetenz auf die eigene Erfahrung. Allerdings ist dieser Prozess nicht mit der Entwicklung des Internets verbunden, sondern mit dem eigenen Leben der Eltern. Während mit Blick auf unsere Vergleichsberufe die jeweilige Grenze zwischen Laiendeutung und spezifischer professioneller Expertise konsensfähig beschreibbar ist, tritt bei der Beschäftigung mit der spezifisch professionellen Kompetenz der Lehrer ein gewichtiges Problem zutage: „Theorie". Im pädagogischen und schulischen Handlungsfeld wird häufig eine starke Abneigung gegen alles, was „zu viel Theorie" darstellt, offen zur Sprache gebracht. Stellen wir den Fokus also auf das Theorie-Praxis-Problem:

Der Arzt wird als Profi respektiert, weil er Theorie kennt und in seiner beruflichen Praxis umsetzt. Ohne seine professionelle Gebundenheit an die gelernte und angewandte Fachtheorie wird aus dem studierten Mediziner kein guter Arzt. Er mag nach vielen Jahren Berufstätigkeit zwar auch zunehmend von seiner Erfahrung sprechen und zehren, seinen konkreten diagnostischen und therapeutischen Umgang mit den Patienten wird er aber immer in Rückbindung an konkret benannte Theorie begründen.

Auch der Grafiker weiß, warum seine Prospekte und die von ihm gestalteten Zeitschriften besser lesbar sind und moderner wirken als die Arbeiten des Laien, obwohl dieser sie doch unter Zuhilfenahme aller schrillen und peppigen Hilfsmittel erstellt hat. Unmerklich, aber strukturgebend haben theoretische Regeln und fachliche Erkenntnisse die Produkte des Profis geprägt. Ein Grafiker sieht, was in der Praxis durch mangelnde Fachlichkeit minderwertig wirkt und wo Regeln professionell durchbrochen werden können, um genau dadurch wiederum bestimmte Wirkungen zu erzielen.

Der Pfarrer hat in seinen theoretischen Studien an der Universität eine breite Allgemeinbildung erworben, die weit über seine soziale und verkündigende Praxis vor Ort hinausreicht. Autorität zieht er nicht aus subjektiven Glaubenserfahrungen oder Erfolgen der sozialpädagogischen Arbeit auf der Straße, sondern aus dem breiten Oeuvre seines humanistischen Horizonts, seines diachronischen Verständnisses der immerwährenden Bemühungen des Menschen um Gottesbeziehung und aus seiner Fähigkeit, Religiosität vergleichend zu analysieren. Er ermutigt den zweifelnden Menschen vor dem Hintergrund Jahrtausende alten Wissens und hilft ihm auf diese Weise, sich von der Fixierung des unmittelbaren Alltags zu lösen.

In pädagogischen Handlungsfeldern liegt die Sache anders. Ironischerweise beziehen sich häufig sogar Lehrer und außerschulisch arbeitende Pädagogen selbst nicht auf ihre theoretisch begründete Professionalität. In vielen Fällen werden als gültiger Ausweis der Kompetenz denkwürdige Formulierungen vorgetragen. So etwa: „Ich weiß, wie das zu regeln ist, ich habe selbst vier Kinder großgezogen". Oder: „Ich habe das immer so gemacht und es hat bisher noch nicht geschadet". Oder noch besser: „Wenn ich die Zeit dazu hätte, würde ich überlegen, ob es ein besseres Verfahren gibt". Wenn also professionelle Kompetenz und damit Autorität dargestellt werden soll, wird merkwürdigerweise auf eben jenes Alltagswissen und auf eben jene Erfahrung verwiesen, die der Laie durch seine Frage und in der Krisensituation zu überwinden wünscht. Worin gründet sich dann aber die besondere Kompetenz der Lehrer?

Jeder Mensch folgt in der Bewertung seines Erlebens einer sogenannten *subjektiven Theorie*. In Kapitel 1 haben wir die Grundlagen der Bewertung Plausibilitätsstrukturen genannt. Subjektive Theorien sind mehr oder weniger theoretisch begründete Interpretationsrahmen für ein ausgewähltes Problemfeld – z. B. pädagogische Herausforderungen in der Schule. Menschen lassen sich von ihren alltäglichen Vorabtheorien leiten und orientieren sich auf diese Weise de facto einerseits an gelernter Theorie und andererseits retrospektiv an den Erlebnissen und Erfahrungen, die sie im Laufe der Jahre gesammelt haben. In diesem Spannungsfeld zwischen der beruflichen Praxis pädagogischer Fachkräfte und den theoretischen Konzepten aus der akademischen Welt wird der Mechanismus der Entwertung pädagogischer Professionalität sichtbar. Es können in zwei Richtungen unprofessionelle Schieflagen entstehen.

Eine erste Schieflage droht, wenn missachtet wird, was in anderen Arbeitsgebieten selbstverständliches Wissen ist: Die beste Praxis ist eine gute Theorie. Professionell arbeitende Pädagogen kennen sich hinsichtlich zentraler erziehungswissenschaftlicher Theorien und Konzepte aus und gestalten ihr Engagement und die

Entscheidungen in diesem Sinne theoriegeleitet. Für jeden Arzt, jeden Grafiker und jeden Pfarrer gilt, dass er zwar in gewissem Umfang von seiner Berufserfahrung profitiert, indem er „Bauchentscheidungen" trifft und Erfahrungswerte umsetzt, über die er nicht lange nachdenkt, weil sie ihm „einfach klar sind". Genauso gilt aber für die gleichen Personen, dass ihre Professionalität nicht durch praktische Erfahrung entsteht, sondern durch fundierte theoretische Kenntnisse ausgewiesen wird. Solide Kenntnis der Theorie ist Voraussetzung für professionelles Arbeiten auch – oder gerade – in pädagogischen Handlungsfeldern, denn es geht um ein verletzliches Gegenüber. *Fazit: Keine professionelle Praxis ohne gute Theorie.*

Eine zweite Gefahr für die Professionalität entsteht aber andererseits durch die sterile Überbetonung der theoretischen Erkenntnisse zu verschiedenen Problemfeldern. Ohne Übertreibung hört man immer wieder, dass viele Studienabgänger „vollgestopft sind mit Theorie" und „für die Praxis nichts taugen". An dieser Stelle erinnert uns Friedrich Schleiermacher daran, dass die Praxis immer *schon begründet*, also älter ist als ihre Theorie (Schleiermacher 1982). Offensichtlich ist demnach auch eine Überbetonung der Theorie denkbar. Berufliche Kompetenz erschöpft sich auch in den anderen erwähnten Beispielberufen nicht in reiner Theoriekenntnis. Praxisanforderungen bringen Fragen hervor und strukturieren diese für die Beantwortung durch die Theorie. Ähnlich im Beruf des Pädagogen. Er arbeitet professionell, wenn er dem Gegenstand seiner Profession gerecht wird. Dieser Gegenstand ist keine Maschine, sondern das soziale Wesen Mensch. Sowohl der Pädagoge als auch der Educand sind auf Interaktion angelegt. Die theoretische Bildung darf sich nun nicht im Selbstzweck erschöpfen, sondern soll dazu dienen, ein kompetenter Interakteur zu werden. Der professionell arbeitende Pädagoge ist in der Lage, sowohl sich selbst in seinen Empfindungen, Wahrnehmungen, Bewertungen und Entscheidungen zu reflektieren als auch verstehenden Zugang zur Logik des Gegenübers zu finden. Jedes Gegenüber ist anders als sein Nachbar und muss individuell verstanden werden. Laienpädagogen sind – ähnlich wie Laiengrafiker und Hobby-Mediziner – deshalb handlungsfähig, weil sie eng definierte Kategorien bilden, um durch maximale Gruppenbildung Sicherheit zu gewinnen. Sie sind in der Lage, Standardfälle zu meistern und stellen auf diese Weise Kompetenz dar. Obwohl also jede gute pädagogische Arbeit in Theoriekenntnis wurzelt, erweist sie sich zugleich nicht in der Standardbearbeitung eines Falles, sondern zielt auf die individuelle Erarbeitung einer Herausforderung. Die theoretischen Kenntnisse eines Pädagogen müssen dabei durch persönliches Engagement in der Beziehungsarbeit zur professionellen Handlungskompetenz verschmelzen.

Fazit: Keine professionelle Praxis ohne persönliche Reflexion.

Das Spannungsfeld zwischen Theorie und Praxis birgt insbesondere deshalb Gefahren, weil es in pädagogischen Kontexten so nahe liegt, mit Alltagstheorien und Laiendeutungen zu operieren. Es scheint paradoxerweise chic zu sein, mit persönlichen Erfahrungswerten ausgerechnet Professionalität nachzuweisen. Weil diese Erfahrungswerte häufig aber *ich-bezogen* und *theorielos* weder der konkreten Situation noch dem aktuell beteiligten individuellen Kind oder Jugendlichen gerecht werden, ist der professionell arbeitende Pädagoge bemüht, eine theoriegeleitete Metaebene zur Reflexion seiner beruflichen Erlebnisse einzunehmen und nicht in der reinen Alltagsdeutung zu verharren.

Intuition zwischen Wissen und Erfahrung

Neben der Frage nach Theorie und Praxis gilt auch die *Intuition* des Pädagogen als Kompetenzmerkmal. „Ein guter Lehrer weiß intuitiv, was er tun muss" hört man nicht selten. Intuition im pädagogischen Rahmen wird alltagssprachlich häufig wie ein *ahnendes Erfassen* bzw. eine *Eingebung* beschrieben, die in einer konkreten Herausforderung das richtige Handeln ermöglicht. So ahnt etwa ein Lehrer vorher, dass ein Schüler im nächsten Moment vom Stuhl kippen wird und kann noch rechtzeitig zu Hilfe eilen. Oder vielleicht schlägt die Lehrerin in der brenzligen Konfliktsituation unversehens den richtigen Ton an und trägt in letzter Minute zur Bewältigung der Spannung bei. Ein Kollege berichtet, dass er spontan noch einmal einen schwerkranken Schüler besucht und sehr wichtige Dinge mit ihm besprochen hat, ohne zu ahnen, dass es das letzte Mal sein würde. Wenn es sich bei der Intuition tatsächlich um eine derartige, übersinnliche Wahrnehmung und Eingebung handelte, würde pädagogisches Handeln vielerorts von einem entscheidenden Element geprägt, das weder nachvollziehbar noch erlernbar ist. Damit bliebe das Erkennen ganzheitlicher Zusammenhänge und die Gestaltung gelungener Lehr-Lernprozesse zufällig, subjektiv und beliebig. Das wirkungsvolle Einfühlen in eine Situation, das Eintauchen in einen komplizierten Prozess, der spontane Gedankenblitz wären abhängig von Zufällen, transzendentalen Begabungen oder mystischen Übungen.

Ohne Zweifel hat Intuition im Alltagsverständnis dieses *„Geschmäckle"*. Häufig entstehen nach gravierenden Krisensituationen insbesondere Diskussionen darüber, wie denn berufliche Professionalität entstehe. Als z. B. am 15. Januar 2009 Chesley Sullenberger, der Pilot des US-Airways-Fluges 1549, sein Flugzeug mit 150 Passagieren und 5 Besatzungsmitgliedern an Bord auf dem Hudson River notlandete, sprach die Weltpresse mit großer Anerkennung übereinstimmend von der bemerkenswerten Professionalität des Piloten. Allerdings: Kaum war der Hobby-Film zur Landung des Fliegers auf dem Hudson bei YouTube eingestellt worden, brach unter den Kommentatoren eine engagierte Diskussion darüber aus, ob der Pilot nur Glück gehabt habe (Wind, Wellen, Schiffsverkehr etc.), übersinnlichen Eingebungen gefolgt sei (Wunder!) oder aufgrund theoretischer Kenntnisse und jahrelanger Berufserfahrung professionell richtig handeln konnte. Vor dem Hintergrund einschlägiger Untersuchungen lässt sich der rein immanente und weitgehend berechenbare Standpunkt vertreten, dass intuitiv „richtiges" Handeln zu rund 80 % in professioneller Kenntnis wurzelt. Die übrigen 20 % ergänzen die Theoriekenntnis durch berufliche (= praktische) Erfahrung und die notwendige Reflexion derselben zu dem, was wir dann 100 % professionelle Kompetenz nennen. Das heißt: Intuition muss erarbeitet, muss als Qualifikation erworben werden. Dazu gehören breites Fachwissen und reflektierte berufliche Erfahrung. Hochqualifiziertes Fachpersonal unterschiedlicher Disziplinen folgt in beruflichen Routinesituationen häufig selbstverständlich seiner Intuition. In der Luftfahrt verantwortliche Personen tun dies ebenso wie auch Psychologen, Psychotherapeuten und Ärzte, die auf ihre intuitive Wahrnehmung und diagnostische Intuition angewiesen sind.

Erlauben wir uns zunächst, die philosophischen und pädagogischen Intuitionsbegriffe näher anzusehen.

In der Philosophie haben die Gelehrten im Laufe der Jahrhunderte immer wieder den Grund und den Ort dieser zusätzlichen Dimension des Erkennens, die wir heute Intuition nennen, zu beschreiben versucht. Im Folgenden sind einige pädagogik-relevante Überlegungen skizziert. *Platon* (427–347 v. Chr.) verdeutlicht sein Verständnis von Erziehung anhand des Höhlengleichnisses. Der natürliche Mensch ist zu vergleichen mit einem Menschen, der in einer Höhle sitzt und an der Wand lediglich die Schatten der Wirklichkeit sieht. Erziehung und Bildung haben die Aufgabe, den Zögling aus der Höhle ans Tageslicht – und damit zur Erkenntnis der Wirklichkeit – zu führen (vgl. Platon 1973a). Da der Seele des Menschen durch die Gefangenschaft in seinem Leib die direkte Verbindung zum Transzendenten, zu den übergeordneten Werten und Ideen, verloren gegangen ist, bedarf es zur Reifung des Menschen der vernünftigen Erkenntnis *und* des inspirativen Erfassens der wirklichen (d. h. auch geistigen) Welt (vgl. Platon 1973b). Es müssen sich Verstand und Erleuchtung aus der Transzendenz ergänzen. *Thomas von Aquin* (1224–1274) beschreibt, wie sich Gott der im Menschen angelegten Strukturen bediene, indem göttliche Einwirkung sozusagen an menschlichen Anknüpfungspunkten wirksam werde (Hägglund 1983). *René Descartes* (1596–1650) fasst Intuition später weniger explizit in Bezug auf transzendente und übersinnliche Eingebungen oder Erkenntnis. Allerdings ist für ihn Intuition das ungetrübte und klare Erkennen einer vorfindlichen Situation, ein Begreifen, das die einfache Verstandesleistung deutlich übersteigt (vgl. Descartes 1973). Der Mathematiker, Physiker und Religionsphilosoph *Blaise Pascal* (1623–1662) führt diese Art von Erkenntnis auf eine in jedem Menschen veranlagte Verbindung zur Transzendenz, zu Gott zurück. Die höchste Form des Erkennens findet nach Pascal durch Intuition („Inspiration"), nicht durch die Vernunft statt. Im intuitiven Erkennen – im *Spüren der Wirklichkeit* – schlägt sich Transzendenz/Ewiges/Gott selbst nieder. Die Vernunft dagegen bleibt im Begrenzten/Irdischen/Zeitlichen (vgl. Pascal 1954).

Immanuel Kant (1724–1804) verneint nach der kopernikanischen Wende eine mögliche Beeinflussung der Immanenz durch die Transzendenz (vgl. Kant 1964). Für die Erkenntnis der Wirklichkeit spielen nach Kant zwei Faktoren im Menschen eine Rolle. Die *Sinnlichkeit* empfängt und veranschaulicht einen Gegenstand, während der *Verstand* Begriffe bildet, die dann in Bezug auf den Gegenstand gedacht werden können. Eine Intuition, die den Menschen etwa unmittelbar und von außen trifft, spielt für Kant keine Rolle. *Sören Kierkegaard* (1813–1855) folgt Kant in dessen Auffassung einer grundsätzlichen Trennung des Übersinnlichen/Transzendenten vom Menschen/Immanenten. Allerdings beschreibt er die Möglichkeit des existenzialistischen Zugangs jedes einzelnen Menschen zur Transzendenz. Damit wird es einzelnen möglich, den Rahmen ihrer vernünftigen Erkenntnis zu sprengen. Durch eine individuelle Verbindung des Diesseitigen mit dem Jenseitigen gewinnt die Erkenntnisfähigkeit eine zusätzliche Dimension (vgl. Kierkegaard 1950).

Fassen wir als Zwischenstopp die Erkenntnisse zu den Sichtweisen der Philosophiegeschichte zusammen, lassen sich drei Schwerpunkte nennen:

a) Die *allgemeine transzendentale Sichtweise* beschreibt Intuition als ein Geschehen, das den Menschen von außen („von oben") trifft. Diese übersinnliche Informationsquelle befruchtet den immanent begrenzten Menschen und verschafft ihm dadurch eindeutige Vorteile.
b) Die *Sichtweise einer persönlichen transzendenten Begabung* setzte eine individuelle Beziehung zwischen einem Menschen und einer höheren Dimension voraus, die dieser zuvor angebahnt hat. Im Rahmen dieser Beziehung trägt der betreffende Mensch die Potenz in sich, übersinnlich berührt und gelenkt zu werden.
c) Die *Sichtweise einer immanenten Verstandesleistung* beschreibt Intuition als einen Vorgang ganzheitlichen Erfassens einer Situation durch präzise kognitive Verarbeitung. Für die Erklärung dieses Phänomens ist eine transzendente Dimension nicht nötig.

In der Pädagogik sprach bereits Johann F. Herbart im Hinblick auf den praktisch tätigen Pädagogen von etwas *Entscheidendem*, das man aus heutiger Sicht als „Intuition" auffassen könnte: dem *Takt*. Der noch so gute Theoretiker werde in der Praxis nur dann erfolgreich sein, wenn diese Fähigkeit ausgebildet sei: „eine schnelle Beurteilung und Entscheidung, die nicht, wie der Schlendrian, ewig gleichförmig verfährt. Die große Frage nun, an der es hängt, ob jemand ein guter oder schlechter Erzieher werde, ist einzig diese: Wie sich jener Takt bei ihm ausbilde" (Herbart 1802/1964, 126). In der Tat ist der Eindruck nicht von der Hand zu weisen, dass solch ein „Takt", nämlich Eigenschaften, Qualifikationen oder Qualitäten im Umgang mit ihren Schülern und Anbefohlenen, die „guten" von den „mittelmäßigen", die „erfolgreichen" von den „nur pflichterfüllenden" und die „zufriedenen" von den „frustrierten" Lehrern und Erziehern unterscheidet.

Das intuitive Handeln rückt also ins Zentrum der gelungenen Verknüpfung von Theorie und Praxis – und gewinnt damit auch große Bedeutung für den Lehr-Lernprozess. Nach der ersten größeren lexikalischen Untersuchung zu den Grundlagen einer pädagogischen Intuitionstheorie von Daniel Eggenberger im Jahr 1998 liegen heute mehrere Untersuchungen und Analysen des Fachdiskurses vor. Darüber hinaus werden Versuche unternommen, einen spirituellen (Hörmann 2010) oder eher esoterisch gegründeten (Tepperwein 2010) Begriff von Intuition zu entwickeln. Obwohl die beiden letztgenannten Ansätze streng genommen eher in die Rubrik Lebensratgeber zählen, sind es eben solche plausibel klingenden Konstrukte, die pädagogische Literatur mit einem mystischen Schleier des Geheimnisses belegen wollen. Suchen wir hier den Kern des Begriffs Intuition, wird unser *Selbst* in Form der Selbstwahrnehmung, der Selbstsicherheit und des Selbstschutzes fokussiert. Der Mensch findet in sich das, was über sein rationales Erkennen hinaus reicht. Er erlebt Intuition und Bewusstseinserweiterung, indem er aufhört, Gefühle nur zu denken. Wenn sich der Mensch seiner selbst bewusst ist, wird ihm auch klar, was in seiner Umgebung los ist.

Dieser Ansatz ist bereits in den Ausführungen früher Pädagogen erkennbar. *Jerome S. Bruner* (1973) führt aus, dass die Struktur einer jeweiligen Lehrsituation über den zu vermittelnden bzw. den zu begreifenden Stoff hinausweisen sollte und damit dazu beitragen soll, späteres Lernen besser zu ermöglichen. Den intuitiven Anteil am Lehr-Lernprozess beschreibt Bruner einerseits als Ermutigung zur Spontaneität, zur Fantasie, zum Spekulieren und zum Raten sowie andererseits als die Unterstützung eines positiven Selbstbewusstseins und von Courage seitens der Schüler. Intuitive Situationen sind frei, ungesichert, fehlerhaft und verifikationsbedürftig und ermöglichen auf diese Weise Erfindungen, Ideen und Kreativität.

Im Alltagsgebrauch wird unter dem Begriff der *Intuitiven Pädagogik* das Konzept einer besonderen Wachheit, einer spezifischen Form der Aufmerksamkeit verstanden. Keller und Grömminger (1993) unterscheiden drei wesentliche Formen der Aufmerksamkeit. Zum einen macht die *Daueraufmerksamkeit* ein aufmerksames Bearbeiten einer lang anhaltenden Tätigkeit möglich, zum anderen versetzt die *geteilte Aufmerksamkeit* einen Akteur in die Lage, mehrere Dinge gleichzeitig aufmerksam zu erledigen – z. B. zu jonglieren und zugleich eine lustige Geschichte zu erzählen. Von der dritten Form, der *selektiven Aufmerksamkeit*, spricht man dann, wenn es gelingt, einen Gegenstand oder eine Situation intensiv und fokussiert ganzheitlich wahrzunehmen. Bisweilen konzentriert sich ein Mensch in besonderer Weise auf ein Buch, auf die Lateinvokabeln oder auf ein Telefongespräch dergestalt, dass er sich mehr als sonst bemüht, kein Detail zu „verpassen", weil es ihm schwerfällt, das Erlebte ganz zu erfassen. Dies kann damit zusammenhängen, dass er müde ist und das Buch kompliziert geschrieben erscheint. Oder die Lateinvokabeln sind lang und abstrakt. Oder aber die Handy-Verbindung beim Telefonieren ist schlecht und die Gesprächspartner verstehen nur die Hälfte dessen, was der andere sagt. Eine solche 100%ige Aufmerksamkeit scheinen Pädagogen aber häufig in „einfachen" pädagogischen Situationen nicht zu benötigen – und verfallen deshalb eher in einen Zustand geteilter Aufmerksamkeit. Die Fähigkeit, *selektive Aufmerksamkeit* zu leisten, erlernt ein Kind in der Regel mit der Schulfähigkeit. Intuition, so ließe sich im Sinne der „intuitiven Pädagogik" sagen, ist die antrainierte Fähigkeit, eine Situation wacher, aufmerksamer, empathischer und in den verschiedenen Ebenen wesentlicher zu erleben und deshalb auch zu begreifen. Daraus resultiert die Fähigkeit, spontan treffender zu reagieren, als dies einem geteilt aufmerksamen Pädagogen möglich wäre.

Wagen wir also vor dem Hintergrund der philosophischen und pädagogischen Ausführungen eine Präzisierung dessen, was wir unter professioneller Intuitionsfähigkeit in pädagogischen Handlungsfeldern verstehen wollen. *Intuition* ist lernbar. Sie wird allgemein ermöglicht durch fundierte Fachkenntnis und kritisch reflektierte Erfahrungen. Darüber hinaus nimmt eine intuitiv handelnde Person einzelne Situationen innerhalb eines größeren ethischen Sinnzusammenhangs wahr. Die Bedeutung eines Einzelerlebnisses kann auf diese Weise über den unmittelbaren Erlebensrahmen hinausweisen und macht dadurch auch übergeordnete Anknüpfungspunkte sichtbar. Konkret wird intuitives Handeln angebahnt durch eine besondere Wachheit in der Situation, aufgrund derer der Handelnde auf unterschiedlichen Ebenen Eindrücke wahrnimmt und darauf reagieren kann. Eine intuitiv handelnde Person ist selbstbewusst.

Pädagogische Grundsätze für die Arbeit in der Schule

„Mir wird immer etwas weh ums Herz, wenn ich die Erstklässler auf dem Weg zur Einschulung sehe. Sie sind so freudig aufgeregt, so stolz, so lernbegierig. Und binnen weniger Jahre, oft noch viel, viel schneller, wird die Schule es schaffen, aus so vielen von ihnen Problemkinder zu machen: Demotivierte, Faule, Schulschwänzer, Klassenclowns, Mathehasser, Sportversager, Unmusikalische und so weiter." Mit diesen Worten beginnt Alan Posener seinen Beitrag über die „Lernfabrik" Schule, die Lehrer und Schüler verbiegt. Im späteren Verlauf zitiert Posener den dänischen Moralphilosophen und Erziehungsratgeber Jesper Juul, der rät, die Schulen zunächst einmal fünf Jahre zu schließen und den Lehrern die Möglichkeit zu geben, das zu lernen, was ihnen bisher niemand beigebracht habe: Wie man mit Schülern, Eltern, Vorgesetzten und Kollegen redet (Posener 2012).

In der Tat herrscht in der Fachwelt Konsens darüber, dass der Mensch ein Beziehungswesen ist und auch in der Schule davon lebt, zwischenmenschliche Anerkennung, Wertschätzung und Zuneigung zu erhalten. Das gilt für Lehrer wie Schüler gleichermaßen. Und doch scheint die Dringlichkeit einer durch unbedingten Respekt getragenen Atmosphäre unterschätzt zu werden. Der Erziehungswissenschaftler Otto Speck berichtete in einem Vortrag über seine jahrelangen Forschungen zu den Schwerpunktthemen gegenseitiger Achtung in Erziehung und Unterricht, zum Respekt zwischen Eltern und Kindern und zur gegenseitigen Verantwortung füreinander in pädagogischen Handlungsfeldern. Er hatte über die Ergebnisse ein Buchmanuskript verfasst und es unter dem Titel *Achtung vor dem anderen* einem Verlag angeboten. Unter den Lektoren und in der erweiterten Konferenz herrschte Einigkeit darüber, dass der Titel des Buches anders lauten müsse, weil das Thema *Achtung* im Sinne der Anerkennung/des Respekts weitgehend aus dem Alltagsbewusstsein verschwunden sei. Von *Achtung* spricht man im Kontext Schule heute eher im Sinne der *„Vorsicht vor dem Anderen!"* Diese Erkenntnis unterstreicht das Anliegen des Buches von Speck (1996), das im darauffolgenden Jahr unter dem Titel *Erziehung und Achtung vor dem Anderen* erschienen ist und jenseits moralinsaurer Belehrungen einen bemerkenswerten Ansatz für eine von gegenseitiger Achtung getragenen Erziehung vorstellt.

Die Frage der Achtung hängt eng mit derjenigen nach der Anerkennung des Anderen zusammen. Gegenseitige menschliche Anerkennung wird in fachlichen Diskussionen in regelmäßigen Abständen immer wieder zu einem Schlüsselbegriff (vgl. Frazer/Honneth 2003, 7). Dabei geht es um beides: Die Forderung nach individueller Autonomie des Einzelnen, sein Leben so gestalten zu dürfen, wie er es will, und zugleich auch um ein Mindestmaß an gegenseitiger Zustimmung zum Lebenswandel und zu den Werten des Anderen. Innerhalb einer gesellschaftlichen Ordnung fügt sich der Mensch einerseits in bestehende Gesetzmäßigkeiten und Normen und muss andererseits als freie Person anerkannt und gewürdigt werden. Geschichtlich betrachtet hat sich die Wertschätzung gegenüber Menschen mit der Auflösung der ständischen Gesellschaftsstrukturen von der hierarchischen Anerkennungsordnung zu einer individuellen Wertschätzung verändert. Soziale Anerkennung wird nicht mehr ganzen Gruppen zugesprochen, denen vorher typisierend kollektive Eigenschaften zugeschrieben wurden, sondern wird von einzelnen Individuen verdient, die sich gewissermaßen würdig erweisen. In der Praxis geht es dann letztlich noch darum, *wie* wir uns im Kampf um Anerkennung *würdig erweisen.*

Axel Honneth entwickelt drei unterscheidbare und praxistaugliche Muster solcher individuellen Anerkennung (vgl. Honneth 2004, 198):

- *Liebe als Anerkennungsmuster:* Die beteiligten Personen bestätigen sich, indem sie sich für die konkrete Bedürfnisstruktur interessieren und sich auch in gewisse Abhängigkeiten begeben. Sie werden verletzlich und finden besondere Anerkennung vom Anderen.
- *Rechtsverhältnisse:* Die gegenseitige Anerkennung erfolgt durch das Wissen und die Befolgung von normativen Verpflichtungen, die jeder dem jeweils anderen gegenüber einzuhalten hat.
- *Solidarität:* Durch die Anerkennung verschiedener Lebenswerte und Lebensformen als gleichwertig wächst Wertschätzung, weil die individuellen Fähigkeiten und Leistungen nicht in hierarchischen Strukturen bewertet werden.

Bezogen auf den Umgang der Lehrer mit den Kindern lassen sich aus dem bisher Gesagten drei zentrale pädagogische Grundsätze ableiten:

1.) Anerkennung und Achtung haben etwas mit Interesse füreinander zu tun. Wer den Anderen achtet und anerkennt, will mehr wissen. Er möchte Geschichten aus seinem Leben hören und Logiken bisher fremder Lebenswerte verstehen. Viele Missverständnisse und Vorbehalte ließen sich ohne Zweifel durch ein *MEHR* an Informationen ausräumen. Lehrer berichten immer wieder davon, dass das gegenseitige Verständnis in ihrer Klasse wesentlich zunahm, als die Kinder Dinge aus dem privaten Leben ihrer Lehrkraft erfuhren und die Lehrer ihrerseits Einblicke in das Leben der Kinder erhielten. Hier ist allerdings Feingefühl gefordert. Während der Lehrer selbst abschätzen kann, ob er seine Schülerinnen und Schüler zu einem Gartenfest nach Hause einladen will oder am Wochenende eine gemeinsame Fahrradtour plant, muss die Einladung an die Kinder, von sich und aus ihrem Leben zu erzählen, sensibel erfolgen. Ein behutsames Öffnen kann z. B. über die Einladung erfolgen, jeden Tag eine Eintragung in das vom Lehrer für jedes Kind angeschaffte hübsche kleine Tagebuch zu machen. Hierfür werden im Rahmen des Unterrichts stille Zeiten eingeräumt, die die Schüler nutzen können, um ein paar Sätze zum vergangenen Wochenende, zum gestrigen Tag oder auch über die Ferien, die Zeit vor der Einschulung oder ein Erlebnis in der Familie zu scheiben. Egal was die Schüler schreiben, es muss jeden Tag *etwas* sein. Der Anfang wird möglicherweise nicht einfach und die zugesagte Diskretion, dass die Tagebücher nach der jeweiligen Schreibzeit in einem abgeschlossenen Fach für andere Schüler unerreichbar aufbewahrt werden, muss in jedem Fall eingehalten werden. Selbstverständlich ist vereinbart, dass der Lehrer der einzige Mensch sein wird, der die Tagebücher liest. In der Regel entsteht eine ganz besondere Form der Kommunikation. Je mehr der Lehrer durch die Tagebucheintragungen erfährt, desto mehr Anregungen kann er auch während des gemeinsamen Unterrichts setzen, damit die Schüler ihren Assoziationen folgend Tagebucheintragungen verfassen. Einige Lehrer in unteren Klassen beginnen auch „Brieffreundschaften", indem ein Klassenbriefkasten für Briefe der Schüler an den Lehrer einmal pro Woche gelehrt wird. Allerdings ist dieser Austausch fakultativ und mitunter sehr persönlich.

2.) Grundlage jeder pädagogischen Arbeit ist die Beziehung. Anders formuliert könnten wir sagen: Man kann mit Kindern nur gut arbeiten, wenn man sie gut leiden kann. Eine steile These. Gemeint ist hier ein grundsätzliches Zugewandtsein, eine Begeisterung für Kinder, ein Interesse an ihrer Entwicklung und eine Freude am Umgang mit ihnen. In verschiedenen Veröffentlichungen, darunter auch die Hattie-Studie zum erfolgreichen Lernen in der Schule (Hattie 2013), wird immer wieder betont, dass die Beziehung zwischen Lehrern und Schülern zentrale Bedeutung hat. Bollnow führt in seinen bereits erwähnten Bemerkungen zur pädagogischen Atmosphäre als wichtige Eigenschaften des Pädagogen neben der *a) Liebe zum Kind b) auch das Vertrauen zum Kind* und *c) Geduld* aus. Die Geduld zeigt sich in drei Formen. Bollnow spricht von der „Geduld des Handwerkers", weil dieser seine Arbeit mit Sorgfalt und Genauigkeit ausführen soll; von der „Geduld des Gärtners", der wohl die Mittel des Wachstums bereitstellen kann, aber das Wachstum selbst nicht beeinflusst; und von der „Geduld des Erziehers", dem eine Neigung zur Verfrühung wesenhaft sei. Ähnlich wie jede Mutter Stolz auf die Entwicklungsschritte ihres Kindes empfinde und diese gerne immer noch früher sehen wolle, sei auch der Pädagoge froh und stolz, wenn seine Schüler früh und möglichst schnell ihre Erfolge erzielten. Die Beziehung zwischen dem Pädagogen und den Educanden ist also im günstigen Fall gezeichnet durch Liebe, Vertrauen und Geduld (vgl. Bollnow 1968, 57 f.). Infolgedessen stimmt es nachdenklich, dass einige Pädagogen die Kinder, mit denen sie täglich umgehen, als *Monster* empfinden (vgl. Posener 2012). Grundlage einer pädagogischen Arbeit ist auch dann die Beziehung, wenn der Pädagoge keinen Wert darauf legt, keine Zeit dafür hat oder „lieber sachorientiert arbeitet". Dann entwickelt sich das Miteinander allerdings eher problematisch und wird zur Belastung. Oliver Hechler stellt in seinem Ausbildungsprogramm *„Feinfühlig unterrichten"* an der Universität Würzburg die Lehrerpersönlichkeit und die pädagogische Beziehungsgestaltung zwischen Lehrer und Schüler in den Mittelpunkt pädagogischen Handelns. Dabei wird deutlich, dass der empathische Umgang des Pädagogen mit seinen Lernern forschendes Lernen ermöglicht. Hechler stellt in seiner Monografie *Feinfühlig unterrichten* dar, wie sich die zugewandte Haltung des Pädagogen über die Gestaltung der Interaktion auf die Entwicklung des Lernenden auswirkt: „Nicht Gedachtes lernen, sondern Denken lernen!" (Hechler 2018, 79; vgl. auch Garcia 2019)

3.) Reflexion ist notwendig, um sich selbst zu verstehen. Reflexionsvermögen gehört zu den zentralen Kompetenzen eines Pädagogen. Jeder Pädagoge sollte sich darin üben, seine eigenen Handlungen theoriegeleitet zu kritisieren und möglichst realistisch anhand der selbstgesteckten Ziele und eigenen Grundsätze zu überprüfen. Hierzu hilft der Austausch mit Kollegen, die möglichst Unterrichtsphasen miterlebt haben oder mit denen der Lehrer Fallbeispiele bespricht und Verbesserungsmöglichkeiten sucht. Jenseits der praktischen Ratgeber und Hilfen scheint der wichtigste Schritt derjenige zu sein, sich im beruflichen Alltag Zeit dafür zu nehmen, das eigene Tun und die eigenen Ziele auch ohne ein akut vorliegendes Problem zu reflektieren. Reflexion über das eigene Tun ist dann am besten, wenn sie pro-aktiv stattfindet und nicht erst dann einsetzt, wenn auf einen Missstand *re*-agiert werden muss. Schülerseitig werden Anregungen zum Nachdenken über sich selbst noch häufig in Form einer Einladung zum Gespräch offen aufgenommen. Sie sind insbesondere deshalb wichtig, weil sich früh das Einsehen bilden soll, dass wahrgenommene Wirklichkeiten in erster Linie als individuelle Konstruktionen aufgefasst und nicht als objektive Wahrheit verstanden werden können. Im fortgeschrittenen Alter und in höheren Klassenstufen fällt es ohne vorherige Übung zunehmend schwer, über das eigene Verhalten, über die eigenen Gefühle und Motive und über eigene Leistungen und Begabungen nachzudenken. Sind dann diese ehemaligen Schülerinnen und Schüler einige Jahre später z. B. am Ende ihres Studiums angekommen und der geneigte Hochschullehrer wird mit der ehrenvollen Aufgabe betraut, mündliche Prüfungen abzunehmen, fällt nicht selten auf, dass eben diese Fähigkeit, über sich selbst und die eigene Wirkung auf andere nachzudenken, nur sehr vereinzelt ausgebildet ist. An dieser Stelle lade ich Sie, liebe Leserin und lieber Leser, einmal ganz ungezwungen ein, darüber nachzudenken, wer Sie eigentlich sind. Stellen Sie sich bitte vor, Sie haben die Gelegenheit, sich schriftlich auf ein Stipendium zu bewerben. *Stopp!* Es gibt noch eine klitzekleine Zusatzaufgabe: Das Stipendium soll gerecht vergeben werden und demjenigen zukommen, der kompetent über sich reflektiert. Aus diesem Grund sind weder ein Foto noch Angaben zu Ihren bisherigen beruflichen Tätigkeiten noch zu Ihrer Staatsangehörigkeit oder einem etwaigen Migrationshintergrund noch zu Ihrem Alter oder Familienstand erlaubt. Überlegen Sie sich bitte, was Sie über sich sagen wollen, *ohne* über all diese Äußerlichkeiten zu sprechen. Wer sind Sie und wie nehmen Sie die Welt wahr?

5.3 Pädagogische Beratung

Zu den zentralen Handlungsformen in pädagogischen Institutionen zählt neben dem Spiel, dem Unterricht, verschiedenen Arrangements und der Übung auch die Beratung. Der pädagogische Berater erfüllt damit eine Form der Erziehung und beschränkt sich nicht auf die Erteilung einer sachlich fundierten Auskunft im Sinne beispielsweise eines Postbeamten oder eines Steuerberaters. Im Alltag gehen wir mit dem Sachverhalt der *Beratung* sehr unbekümmert um. Beratung findet *zwischen Tür und Angel* statt – wenn z. B. ein Werkstattkollege in der Pause seine Überlegung, ein bestimmtes Motorrad zu kaufen, besprechen will und sich der Ratsuchende mit dem hilfsbereiten Besitzer eines baugleichen Fahrzeugs kurz in die Teeküche zurückzieht. Das Wesen einer konkreten Beratungssituation wird immer erst kontextbezogen klar. Dabei sind unterschiedliche Formalisierungsgrade zu beschreiben (vgl. Diouani-Streek 2019, 23 ff.). *Informelle Beratung*, wie sie oben unter der Chiffre *zwischen Tür und Angel* geführt wird, entsteht und endet spontan im Alltag. Sie ereignet sich mitunter wiederholt am gleichen Ort und zur gleichen Zeit, weil sich dann und dort aus den Alltagsabläufen immer wieder die Gelegenheit ergibt, aber nicht, weil sie einberufen oder geplant würde. *Halbformalisierte Beratung* hingegen findet in professionellen Kontexten und Lebensgemeinschaften statt, innerhalb derer Beratung, Erziehung und Begleitung eingefordert wird, weil die Fachkräfte als Experten gelten und von Klienten, Kindern, Ratsuchenden und Angehörigen um Hilfe gebeten werden. Solche Kontexte sind z. B. Tagesstätten, Kindergärten, Schulen, Einrichtungen der Jugendhilfe oder Freizeitangebote. Häufig findet Beratung dann ohne schützende Rahmenbedingungen *„nebenbei"* statt. Hier entstehen unerwünschte und gleichermaßen unerwartete Effekte. Die mehr oder weniger unfreiwilligen Berater sind einerseits im Hinblick auf viele der angesprochenen Fragen und Probleme zwar Fachleute, Beratung gehört aber andererseits nicht zu ihren vereinbarten Aufgaben und wird häufig lediglich mit gefordert. Es herrscht in pädagogischen Institutionen überwiegend die Vorstellung, pädagogische Beratung *gehöre ja doch irgendwie auch dazu*. Die so geforderten Pädagogen werden aber auf diese Weise durch die zusätzliche Verantwortung, durch vielschichtige Interessenskonflikte und oft auch durch schwerwiegende Problemlagen schnell überfordert. Zudem verfügen sie oft nicht über den notwendigen unterstützenden Rahmen eines Raumes, eines Beraterkollegiums und der Möglichkeit, in bestimmten Zeiten auch keine Beratung anzubieten. Pädagogische Mitarbeiter, die halbformalisierte Beratung leisten (müssen), stehen in der Spannung, diese *mitgekaufte Nebentätigkeit* quasi zu jeder Zeit zu leisten. Da es kein formalisiertes Procedere gibt, kennt die Öffentlichkeit auch keine *„Nicht-Sprechstunden-Zeiten"*. Auch für die Ratsuchenden birgt eine halbformalisierte Beratungspraxis Nachteile und Gefahren. Sie entbehren häufig durch die gelegentlichen Gespräche in öffentlichen Räumen eines Mindestmaßes an Diskretion und eines zeitlichen Rahmens, der sowohl das *Zuviel* als auch ein *Zuwenig* an Gesprächszeit verhindern kann. Außerdem verunsichert die Zufälligkeit, nach der Beratungsgespräche entstehen oder nicht zustande kommen. Neben die *informelle* und *halbformalisierte* Beratung tritt in pädagogischen Institutionen zunehmend die *formalisierte* Beratung, aufgrund ihres Institutionalisierungscharakters auch *institutionelle Beratung* genannt. Sie folgt wichtigen Prinzipien:

1. Die Beratung soll freiwillig stattfinden und ohne vorgegebenes oder erpressbares Ergebnis erfolgen.
2. Im Vorfeld wird die Frage geklärt, welche Art Beratung gefragt wird. Geht es um eine Sachinformation im Sinne einer fachlichen Auskunft oder um ein eventuell sogar mehrdimensionales Problem?
3. Es wird ein Arbeitsbündnis geschlossen – d. h.: a) Es wird ein Endziel des Beratungsbündnisses vereinbart, b) es werden verbindliche Sitzungszeiten festgelegt,

c) es wird ein Turnus der Treffen gewählt und d) es werden die unterschiedlichen Aufträge abgeklärt.
4. Die Beratung findet in einem abgeschlossenen und ungestörten, hellen Raum statt, der mit bequemen Sitzmöglichkeiten ausgestattet ist.
5. Geht es um eine komplexe Problemlage, will die Beratung zwar zeitnah Erleichterung schaffen, ist aber dennoch auf längere Zeit angelegt und zielt nicht darauf ab, innerhalb weniger, hochfrequenter Sitzungen zu einem Ergebnis zu kommen.

Nicht jede Beratung ist pädagogisch und nicht jede Pädagogik ist beratend. Was macht aber Beratung zur pädagogischen Beratung? Allgemein scheint die Überzeugung zu herrschen, dass Beratung bereits durch ihre Anwendung in einem pädagogischen Handlungsfeld zur *„pädagogischen Beratung“* werde. Auf diese Weise würde allerdings auch Berufsberatung, Finanzberatung und selbst Mode- oder Typ-Beratung, sobald sie z. B. in der Schule stattfände, zur pädagogischen Beratung. In vielen – nur auf den ersten Blick weniger absurden – Fällen scheint es für diese Ansicht einen Konsens zu geben. So werden z. B. psychotherapeutische Beratung, Elternberatung oder Schuldnerberatung deshalb als Formen pädagogischer Beratung bezeichnet, weil sie in der Jugend- und Familienhilfe, in der Erwachsenenbildung oder in der Behindertenarbeit stattfinden. In weitergehenden begrifflichen Verfeinerungen wird nach der gleichen Logik sogar von „*sozial*pädagogischer Beratung“, „*schul*pädagogischer Beratung“ oder auch „*sonder*pädagogischer Beratung“ gesprochen. Allerdings darf in aller Bescheidenheit an dieser Stelle darauf hingewiesen werden, dass ein Affe nicht zum Waschbären wird, nur weil er in dessen Gehege wohnt und vielleicht einige gemeinsame Merkmale aufweist. Eine derartige, an formalen Kriterien orientierte, Definition dessen, was pädagogische Beratung ist, muss abgelehnt werden.

Ähnlich verhält es sich mit dem zweiten denkbaren Zugang, den pädagogischen Charakter einer Beratung zu bestimmen: Hier wird davon ausgegangen, dass Beratung dann *pädagogische* Beratung ist, wenn sie von einem Pädagogen durchgeführt wird. Obwohl die professionellen Kompetenzen des Pädagogen die Voraussetzung darstellen, dass Beratung zur pädagogischen Beratung wird, sind sie nicht zugleich die Gewähr dafür. Entscheidend ist schließlich das *pädagogische Handeln* des Akteurs, nicht seine Formalbildung oder seine theoretischen Kompetenzen. Wenn ein optimal ausgebildeter und erfahrener Chirurg eines Tages beschließt, um den narkotisierten und im Bauchbereich bereits geöffneten OP-Patienten einen Beschwörungstanz zu veranstalten, Grimassen zu ziehen und währenddessen eine stark riechende Pfeife zu rauchen und den Rauch in Ringen auszublasen, hat er trotz seiner geballten fachlichen Kompetenz und trotz des in diesem Zusammenhang bestens organisierten Kontextes keine professionelle medizinische Hilfe geleistet, sondern lediglich eine Zaubervorstellung gegeben. Pädagogische Beratung setzt professionelle Kompetenz voraus und wird begünstigt und auch gefordert insbesondere in pädagogischen Kontexten, diese stellen jedoch nicht die hinreichende Gewähr dafür dar, dass Beratung zugleich pädagogische Beratung ist. Pädagogische Beratung stellt eine Spielart der

Erziehung und des Reflektierens über Erziehung dar, nicht mehr – aber auch nicht weniger. Der pädagogische Berater nimmt den Ratsuchenden in seiner Selbstständigkeit und Würde ernst und hilft ihm zu erkennen, wo seine Ressourcen zu finden sind. Der so respektierte Mensch erlebt 1) den Berater als Autorität im positiven Sinne, wird 2) zur Selbstständigkeit ermutigt, nimmt 3) das Potenzial von reflektierten Problemen neu wahr und wird 4) grundsätzlich in seiner Situationsüberlegenheit bestärkt. Weil pädagogische Beratung grundsätzlich eine Handlungsform von Erziehung darstellt, tritt sie als feinfühlige, aufmerksame, demütige *Haltung* auf und stellt *keine spezifische Tätigkeit* dar. Darüber hinaus bildet sie den Rahmen für einen *gemeinsam vollzogenen Gestaltungsprozess* und beinhaltet keine einseitige Anweisung. Sie stellt überdies ein *gegenseitiges Aushandeln von Handlungsmöglichkeiten* und kein einseitiges Durchsetzen von Machtansprüchen dar und strebt einen *themenzentrierten Diskurs* und keine gegenstandsbezogene Produktion an. Es gilt nicht in erster Linie, die pragmatische Lösung eines konkreten Problems herbeizuführen, sondern es geht immer auch um die Bearbeitung des gesamten Themas. Wenn eine bestimmte Schulleistungsproblematik Eltern in die Beratung treibt, kann nicht ausschließlich die Leistungssteigerung des Kindes durch ausgeklügelte Verstärkersysteme – das gegenstandsbezogene – Ziel sein, sondern wird möglicherweise ein komplexes Thema wie Konzentrationsvermögen, Angst oder Selbstbewusstsein zur Bearbeitung anstehen, sodass am Ende des Beratungsprozesses nicht die Problemlösung allein gelungen ist, sondern die ratsuchenden Eltern oder auch das schulversagende Kind mehr Selbstständigkeit gewinnen konnten. Der pädagogische Berater verfügt dabei nicht über Expertenwissen – z. B. über Wirkungsweisen von Dopamin o. Ä. – und könnte dieses etwa für seine Argumentation verwenden, sondern ist als Pädagoge aufgefordert, Handlungsspielräume auszuloten und zu verhandeln. Und er wird gefordert, den bilateralen Beziehungswandel zu bejahen und zu gestalten. Zu den verschiedenen Aspekten pädagogischer Beratung liegen von Oliver Hechler (2010; 2021) sorgfältige Überlegungen vor.

Während *Fachberatung* in einer beispielsweise technisch, finanziell, rechtlich oder medizinisch unklaren Situation adäquates – *effektives* – Handeln fördern will und *psychologische Beratung* individuelle Fähigkeiten und Fertigkeiten zu schaffen versucht, die in der spannungsreichen Situation angemessen erscheinen, zielt *pädagogische Beratung* in letzter Konsequenz auf die Situationsüberlegenheit des Ratsuchenden. Im Postulat der Situationsüberlegenheit klingen zugleich Mündigkeit, Selbstständigkeit und Autonomie mit. Der Mensch – so die Grundüberzeugung pädagogischer Beratung – muss sich niemals in eine als leidvoll, katastrophal, determinierend oder entmündigend empfundene Situation fügen. Vielmehr soll der pädagogisch beratene Mensch grundsätzlich einen kritischen Standpunkt hinsichtlich der Gültigkeit des Negativcharakters einer Situation einnehmen. Nicht die Situation, die Entwicklungen, die Verhaltensweise der Mitmenschen oder das Wetter bestimmen den Verlauf des Lebens, so das Erkenntnisziel pädagogischer Beratung, sondern der Ratsuchende selbst gibt den Interpretationsrahmen vor. Dies führt dazu, dass pädagogische Beratung ganz praktisch einen Erziehungsprozess darstellt, der im Wesentlichen einen Prozess der Wahrnehmungsveränderung beinhaltet. In der Beratung handeln zwei

Menschen aus, welche Interpretationsgewohnheit, welcher Handlungsspielraum und nicht zuletzt: welche Wahrnehmung in dieser konkreten Situation hilfreich und gut sind.

Die in pädagogischen Handlungsfeldern verbreiteten Beratungskonzepte lassen sich anhand differenzierter Schwerpunktsetzungen in verschiedenen Kategorien darstellen.

Personzentrierte Beratung (vgl. Rogers 1981; Weinberger/Lindner 2011) geht davon aus, dass jedem Menschen eine Fähigkeit angeboren ist, alle seine Kräfte und Fähigkeiten im jeweiligen sozialen Kontext entfalten zu können. Der Berater bietet nun dem Klienten eine besondere Beziehung an und schafft damit ein soziales Klima, in dem der Ratsuchende mithilfe der angeborenen *Selbstaktualisierungstendenz* das anstehende Problem eigenverantwortlich bearbeiten und lösen kann. Das Problem des Ratsuchenden besteht weniger in der unlösbaren Situation, die er zu bewältigen hat, sondern in seiner emotionalen Befindlichkeit. Im Prozess der Beratung beschränkt sich der Berater vollständig auf die Aufgabe, dem Klienten das Verständnis der eigenen Gefühle, Verstrickungen, Blockaden und Ansichten zu ermöglichen und damit einen neuen Zugang zu der ihm ursprünglich eigenen Problemlösefähigkeit zu schaffen. Sobald der „Knoten" in der Wahrnehmung geplatzt, der „logische Wurm" aufgelöst oder das „Festgefahrensein" beendet ist, kann der Klient wieder alle verfügbaren Kräfte für die eigene Lösung seiner Probleme bündeln.

Das *systemische Beratungskonzept* (vgl. Palmowski 2014) entfaltet dagegen die Grundannahme, dass Beratung *Beziehungen* zwischen Phänomenen bzw. Beziehungsstruktur von Phänomenen zu betrachten und zu analysieren hat, *nicht* die *Natur* oder die *Ursache von* Phänomenen selbst. Das Verhalten eines Systemmitgliedes ist innerhalb eines Regelkreises im Zusammenhang mit den anderen Systemelementen zu sehen. Deshalb ist der Systemhintergrund eines Ratsuchenden in den Beratungsprozess einzubeziehen, eine Veränderung seines Verhaltens zieht zwangsläufig auch auf eine Veränderung im System. Mitunter gerät das System dann aus dem Gleichgewicht, weil der Ratsuchende als „Symptomträger" des Systems durch sein Problem für den Ausgleich zu sorgen hatte. Über verdeckte Regeln und Delegation wird z. B. der Symptomträger für die Stabilisierung des Systems aufgebaut. Verschiedene Methoden des Fragens und der Umdeutung ermöglichen dem Berater das Verständnis der Systemregeln und -strukturen und bieten im günstigen Fall die Möglichkeit, den Systemmitgliedern abseits einer Symptomausbildung eine andere Form der Stabilisierung anzutragen.

Die *kooperative Beratung* (vgl. Mutzeck 2008; Methner/Melzer 2019) begreift den Berater und die ratsuchende Person als gleichberechtigt kommunizierende Partner, die an Problemlösungsmöglichkeiten und an der Umsetzung der Lösung arbeiten. Hierbei gilt Beratung dann als effektiv, wenn sie ein dialogisches Erkennen und Verstehen von Problemen darstellt. Die Methoden und Grundannahmen stellen das Leitmotiv der Partnerschaft in den Mittelpunkt und entwickeln die Handlungsfähigkeit des Menschen aufgrund seines Status als reflexives Selbst. Grundannahme ist, dass der Mensch über die Fähigkeit verfügt, unabhängig zu denken, zu wollen und zu fühlen. Er kann sowohl zu sich selbst in Beziehung treten (Intra-Aktion) als auch zu seinen Mitmenschen (Inter-Aktion). Berater und Ratsuchender entwerfen, ersinnen, diskutieren und entscheiden die passende Lösungsmöglichkeit für das Problem. Dabei gibt auch der Berater Ratschläge und Informationen – ebenso der Ratsuchende.

Zentralgedanke der *Lösungsorientierten Beratung* (vgl. Spies 2012; Bamberger 2022) ist die Suche nach der „Logik des Gelingens“ anstelle einer aussichtslosen Analyse der „Logik des Misslingens“. Die individuellen Ressourcen des Ratsuchenden sind in der Analyse vergangener Gelingenssituationen und seines damaligen Handelns zu finden und zu verstärken, nicht in der Beseitigung der Ursache eines Problems. Den Berater interessiert das, was *nicht Problem* ist oder was in der Vergangenheit *weniger Problem* war – und die dort vorfindbaren Verhaltensweisen, Fähigkeiten und Lösungsstrategien des Ratsuchenden. Der Berater geht dazu auf die zunächst mühsame – weil in dieser Fokussierung für den Ratsuchenden vielleicht ungewohnte – Suche nach *Spuren des Erfolgs* in der Vergangenheit, um anhand dieser Gelingensbedingungen bisher unbeachtete Stärken, Kompetenzen und Fähigkeiten vor Augen zu führen und dem Ratsuchenden auf diese Weise Mut zu machen. Dabei lernt der Ratsuchende dauerhaft umzudenken und zukünftig nicht retrospektiv negative Einflüsse und Ursachenkonstellationen in seinem Leben zu beachten, sondern prospektiv auf Gelingenserfahrungen zu setzten. Wichtiger Grundsatz dieses Konzeptes ist die Überzeugung von der Zirkularität: Dass kleine Veränderungen in problemrelevanten Handlungsmustern einschneidende Prozesse bewirken, die zu nicht vorhersehbaren und möglicherweise gravierenden Veränderungen im Gesamtsystem führen.

Im Zentrum der *kontradiktischen Beratung* (vgl. Ellinger 2010) steht die Analyse der Problemsituation auf Möglichkeiten einer entgegengesetzten Lesart. Anders formuliert will diese Form der Beratung Interpretationsmöglichkeiten im *Kontra* zur gängigen *Diktion* aufspüren und für die angestrebte Situationsüberlegenheit des Ratsuchenden fruchtbar machen. In einem solchen Prozess lernt der Beratene durch Veränderung seiner Wahrnehmung einen *besonders negativen Sachverhalt* letztlich als *besonderen Sachverhalt* und damit als Chance für die Erweiterung persönlicher Grenzen zu begreifen. Das Konzept der kontradiktischen Beratung zielt darauf ab, dem Ratsuchenden zu einer grundsätzlichen Einstellung der Kontradiktion zu verhelfen, sodass er zukünftig in der Lage ist, seine Situationsüberlegenheit in allen akuten Krisensituationen auszuleben. Die Mündigkeit des Educandus wird mittels Wahrnehmungsveränderung dergestalt erreicht, dass der Mensch beginnt, die Antinomie in jeder erlebten Situation zu suchen, einen Gegenentwurf zur gängigen Diktion zu entwickeln und sich damit das *besondere Potenzial* dieser vormals besonders belastenden Situation zunutze zu machen. Wenn der Mensch erkennt, dass es an ihm liegt, ob eine ausweglos empfundene Situation ihren Schrecken behalten und ihn bezwingen darf, wird er mittelfristig frei vom Diktat der Umstände und mündig, das eigene Leben in die Hand zu nehmen.

Schließlich wurzelt die *psychoanalytische Beratung* (vgl. Hechler 2019d) in der Erkenntnis, dass unbewusste Dynamiken ubiquitäre Phänomene sind, die de facto existieren und ihre Wirkung entfalten – ob sich der einzelne Mensch dessen bewusst ist oder nicht. In der psychoanalytischen Beratung kommen im Wesentlichen zwei Schwerpunkte zur Geltung. Zum einen übernimmt der Erziehungsberater die Rolle eines verstehenden Gegenübers, der *den Eltern* in der Reflexion ihrer Anteile am Problem und bei der Verbesserung ihrer Elternrolle hilft. Die Eltern werden während der Phase der Selbsterziehung durch den temporären externen Erzieher dabei unterstützt, ihrer Rolle gerecht zu werden und handlungsfähig zu bleiben. Zum anderen ist psychoanalytische Beratung im Bereich der *Organisationsentwicklung* wirksam. Während Organisationen in Zeiten notwendiger Veränderungen dazu tendieren, zunehmend dysfunktional zu werden und ihren Aufgaben oft nicht mehr nachkommen können, wollen pädagogisch-psychoanalytische Berater die beteiligten Personen und Mitarbeiter dabei unterstützen, verantwortungsbewusst und mündig an der Zielsetzung der Organisation festzuhalten. Obwohl es *die* pädagogisch-psychoanalytische Beratung nicht gibt, können charakteristische Bestandteile beschrieben werden: a) sie bezieht sich immer auf eine *aktuelle Fragestellung*, die b) zu einer *Entscheidungskrise* führt, deren Lösung sich c) an den *Bewältigungsmöglichkeiten* des Ratsuchenden und d) am *Netzwerk der Gruppe orientiert* und dabei e) der *Förderung des Denkens und Handelns* nach den Kriterien der Vernunft und Plausibilität dient. Letztlich ist f) das *Bewusstmachen von Unbewusstem* zentrales Merkmal pädagogisch-psychoanalytischer Beratung.

Fazit zu Kapitel 5

Pädagogisches Handeln gerät oft ausgerechnet in pädagogischen Institutionen unter Druck. Grund dafür sind Strukturen, die aus ökonomischen und administrativen Veranlassungen bestehen bleiben. Die Argumentation der übergeordneten Stellen bezieht sich auf rechtliche Sachzwänge, Nachweispflichten oder Statistiken und nicht zuletzt auch auf Ratgeber aus anderen Fachdisziplinen. Erziehung ohne Angst, in Freiheit und mit Milieusensibilität scheint nur dann möglich, wenn die jeweilige Institution hinsichtlich der gepflegten Formen, in Bezug auf institutionalisierte Ideen und aufgrund bewusster Umstrukturierungen Räume schafft, in denen Kindern, Jugendlichen und Erwachsenen zur Selbstständigkeit und Mündigkeit verholfen werden kann. Auch in deutschen Universitäten herrschen selbst in Lehramtsstudiengängen Veranstaltungsformen und Prüfungsformate, die eigenes Denken, eigene Problemlösefähigkeit und kreative Arbeitsformen systematisch unterbinden. Lernen-Lernen ist und bleibt ein relevantes Thema in pädagogischen Institutionen und darüber hinaus.

Pädagogik des Lernens – was das ist. Epilog

Der Würzburger Pädagogikprofessor Albert Reble griff nach dem Zweiten Weltkrieg eine alte Tradition auf, die 1852 von Carl Kirchner in einem Leitfaden zum Hochschulstudium entfaltet worden war. Reble fordert die *Hodegetik* als zentralen Baustein der Lehrerbildung. Neben der Lehre der Wissensvermittlung (Didaktik) und der Lehre der ausgewogenen Lebensführung (Diätetik) erforscht und ergründet die Hodegetik die *Persönlichkeitsbildung*. Reble betont in seinen Ausführungen, dass „das eigentlich zentrale Anliegen der Lehrerbildung" die Entwicklung und Ausformung der „persönlichen Erziehungskraft im angehenden Erzieher" sei (Reble 1958, 134f.). Was für die Lehrerbildung gilt, sollte im Zentrum jeder *Pädagogik des Lernens* stehen. In der Pädagogik geht es grundsätzlich nicht in erster Linie um messbaren Output im klassischen Sinne, sondern darum, den einzelnen Lernenden ins Management seines eigenen Lernens zu heben. Eine Reflexion des Lernens zielt deshalb auf die Selbstständigkeit und Mündigkeit des Lerners im Lernen und beschreibt im Kern Erziehungsarbeit.

Erziehung – so haben wir entwickelt – geschieht zwischen dem Erzieher und seinem Educanden, indem dieser *Zumutungen* erfährt, ihm in unterschiedlicher Art und Weise etwas *gezeigt wird* und er aktiv am *Aushandlungsprozess* teilnimmt. Ein solcher Erziehungsprozess gründet immer in der *Beziehung* zwischen den Partnern. Wenn es um Lernhilfe, Lernbegleitung, Unterricht oder pädagogische Beratung geht, kann von objektivierbaren Prozessen und messbaren Ergebnissen nur mittelbar die Rede sein, es handelt sich vielmehr im Kern um eine Beziehungssache. Zentrale Voraussetzung für die Beziehungsarbeit mit Lernenden egal welchen Alters – ob im Kindergarten, in der Schule, in der Berufsausbildung, in der Universität oder im ehrenamtlichen Verein – ist die pädagogische *Haltung* des Lehrers. Eine solche pädagogische Haltung geht davon aus, dass Lernen nur im Rahmen von Resonanzerleben stattfinden kann, dass Lernen der Spur von Ungewissheit und Unwägbarkeit folgt und dass der Pädagoge im Hinblick auf diese Unsicherheiten innere Gelassenheit bewahrt. Über diese allgemeinen Aspekte hinaus lässt sich die ermutigende Haltung eines Pädagogen gegenüber seinem Schüler anhand von vier Überzeugungen beschreiben.

a) *Anlage: „Aus ihm kann noch alles werden"*. Im einzelnen Lerner stecken viele Begabungsschätze, die vielleicht in diesem Lernsetting oder in der aktuellen Lebensphase nicht gehoben werden können. Aber es kommt in der Lernhilfe nicht darauf an, was der Pädagoge denkt, dass aus dem Lernenden werden kann, sondern dass zu jeder Zeit alles für möglich gehalten wird.
b) *Grund: „Es gibt eine Logik in seinem Verhalten"*. Schüler lernen oder verweigern sich, verhalten sich kooperativ oder oppositionell, stören oder beteiligen sich am Unterricht, weil sie es für richtig halten bzw. weil das, was sie tun, für sie einen Sinn ergibt. Möglicherweise sind negative Erfahrungen der Beweggrund, jetzt

eine andere Strategie zu probieren, vielleicht ist auch Schadensminimierung das Ziel eines defensiven Vorgehens.

c) *Würdigung: „Respekt ist unverhandelbar“.* Die Würdigung des Schülers sollte sich nicht nur ganz grundsätzlich auf seine Person beziehen, sondern auch die Art und Weise einschließen, wie er arbeitet und wie er Probleme löst. Respekt dieser Art lässt Unterstützung spüren.
d) *Verletzliches Gegenüber: „Feinfühlig unterrichten“.* Schülerinnen und Schüler, Studentinnen und Studenten oder auch Teilnehmerinnen und Teilnehmer an beliebigen Lehrgängen machen sich in Lernprozessen verletzlich. Sie begeben sich in eine riskante Lebenssituation, in der sie scheitern können. Sie wagen es vielleicht sogar, am Ende eine Note, ein „Bestanden“ oder ein „Durchgefallen“ zu erhalten. Der Pädagoge mit ermutigender Haltung gestaltet Benotungen transparent und geht achtsam mit den vulnerablen Schülern um.

Auf den letzten Metern des Buches wollen wir anhand eines Kochkurses beim Sternekoch in einer unterfränkischen Stadt Konsens darüber finden, was beim Lernen-Lernen gelernt werden soll und was nicht. Bernhards Kochkurs ist ein hochpreisiges Beispiel dafür, dass die speziellen Gerichte nicht Ziel, sondern Anlass für das Erlernen von Kompetenzen sind, die weit über einen konkreten Auflauf oder die aktuelle Suppe hinausreichen. Während sich die Teilnehmer nach der Begrüßung neugierig in den Räumlichkeiten umsehen und darüber staunen, wie viele unterschiedliche Herde, Backöfen und Küchengeräte es gibt, erläutert uns der Chef das Programm der kommenden Kurs-Abende. Wir werden lernen, *Vorspeisen* anzurichten. Dazu gehören Suppen, Antipasti und raffinierte Salate. Als *Hauptspeisen* sind vorgesehen: Entenbraten, schwäbische Maultaschen, zwei verschiedene Fische und ein vegetarisches Ratatouille. In der Rubrik *Beilage* sollen wir lernen, knusprige Bratkartoffeln mit Roter Beete, Curryreis und selbstgemachte Spätzle zuzubereiten. Highlight der *Nachtischlektion* soll schließlich die Eigenproduktion von Vanilleeis und außerdem eine besondere Mousse au Chocolat werden. Nach fünfmal drei Stunden intensiver gemeinsamer Arbeit ist auch dem letzten Teilnehmer klar, dass es nicht darum geht, die wunderbaren Speisen exakt nach Rezept auf den Punkt genauso zu kochen, wie es der große Meister tut. Es ging ihm im Kurs vielmehr darum, seinen Schülern Kochen beizubringen. Wir sollten nicht Rezepte auswendig lernen, Spaghetti abwiegen und Stoppuhren stellen, sondern ein Gefühl dafür entwickeln, was ein Ratatouille besonders macht, welches Wagnis bei Gewürzkombinationen vielversprechend ist und wann gerade die Tradition oberstes Gebot sein sollte. Natürlich brauchen auch gute Köche noch Rezepte – aber darum geht es beim Kochen-Lernen nicht. In der Küche zu Hause regiert in der Regel das Unvorhergesehene, weil Überraschungsgäste kommen oder drohende Halbwertzeiten bestimmen, dass ein Lebensmittel jetzt verkocht werden muss. Und es regiert das Unwägbare. Der Stau auf dem Heimweg hat mir die Hälfte meiner Zeit fürs Kochen geraubt – was jetzt? Weil immer irgendwas ist, muss ein Kochkurs weit mehr sein, als das Abarbeiten eines Rezeptes – und sei dieses Rezept noch so genial. Kochen-Können beinhaltet wie das Lernen-Können nicht zwingend besondere Fähigkeiten und Kenntnisse, sondern insbesondere den Mut, die Neugier und die Flexibilität, sich selbst auf immer andere Herausforderungen und Erlebnisse einzulassen. Nun gibt es – wie beim Spezialwissen auch – wunderbare Köche, die für besondere Speisen geradezu berühmt sind. „Omas Ente ist ein Traum" soll heißen: „Sie schmeckt jedes Jahr an Weihnachten gleich und jedes Mal ist sie fantastisch." Omas Ente schmeckt immer gleich und immer fantastisch, weil sie das so will. Wenn Oma eines schönen Weihnachtstages das Beifuß-Döschen heruntergeworfen hätte und deshalb auf diesen markanten Geschmack verzichten müsste, würde sie aufgrund ihrer Qualität als Köchin einen Ersatz finden und die Kombination Orange-Majoran probieren. Natürlich ist dieser Entenbraten dann nicht mehr „Omas sichere Bank", aber sie konnte das Problem lösen und servierte trotzdem einen fantastischen Entenbraten.

Ähnlich wie in der Erwachsenenwelt beim Kochen geht es auch unter den jüngeren Lernern z. B. in der Schule zu. Sie kommen zu spät zum Unterricht und platzen mitten in die Mathestunde, haben das Mäppchen mit dem Zirkel, dem Geodreieck und allen Bleistiften vergessen und müssen damit zurechtkommen, dass die ganze Klasse ausnahmsweise im kleinen Kellerraum Unterricht hat, weil oben die Flurwände gestrichen werden. Anton will diese Unannehmlichkeiten nutzen, um seine Selbstständigkeit und seine Fähigkeit zu lernen auszubauen. Wenn der 18-jährige Paul morgens immer zu spät losfährt, ist es vielleicht besser für Anton, sich nicht mehr von ihm abholen zu lassen und stattdessen doch mit dem Schulbus zu fahren. Dann könnte er auch den Anfang der Stunde mit Dr. Kochs verschiedenen Erklärungen mitbekommen. Zur Sportstunde würde er tatsächlich gerne mal zu spät kommen – leider haben sie immer „mittendrin" Sport. Da kann dann wohl auch kein verspäteter Nachbar helfen. Seit ein paar Wochen hat Anton seine Schulsachen besser im Griff. Er hat sich für die größeren Dinge, z. B. für den Geometrieunterricht, eine eigene Tasche besorgt, die immer ordentlich mit Geodreieck, Zirkel und Stiften „geladen" ist und donnerstags mitgenommen wird. Aktuell arbeitet er daran, sich im Unterricht zu konzentrieren und nicht rechts und links Freundschaften zu pflegen, anstatt die Show vorne mitzubekommen. Anton hat in den letzten Wochen ein Gespür dafür entwickelt, dass ihm einige Mitschüler im Hinblick auf sein schulisches Lernen guttun und andere eher nicht. Die einen wollen auch mitdenken, andere lassen sich innerlich hängen. Das kennt er noch zu gut von sich selbst. Seit er sich nicht mehr zu seiner Clique setzt und seine Gedanken besser im Griff hat, klappt es nachmittags mit den Hausaufgaben wesentlich besser, weil er noch weiß, worum es im Unterricht ging. Auf die Spur hat ihn seine Klassenlehrerin gesetzt. Und das tägliche Nacharbeiten der Stunden wiederum versetzt ihn in die Lage, dass er sich vormittags am Unterrichtsgespräch beteiligen kann. Anton ist zufrieden. Es läuft.

Kochen-Können geht über das schlichte Rezepte-Abarbeiten hinaus und schafft Sicherheit, wenn es darum geht, aus dem, was da ist, „mal schnell etwas zu zaubern". In gleicher Weise geht auch Lernen-Lernen über die unmittelbare Aufgabe hinaus, schafft die Fähigkeit, mit Unwägbarem umzugehen, und setzt Resonanzerleben frei.

Literatur

Adler, A. (1927): Menschenkenntnis. Leipzig.

Adorno, T. W. (1969): Minima Moralia. Frankfurt a. M.

APA (2015): American Psychiatic Association: Diagnostisches und Statistisches Manual Psychischer Störungen DSM-5. Deutsche Ausgabe hgg. von Falkai, P./Wittchen, H.-U. Göttingen.

Aristoteles (2006): Nikomachische Ethik. Reinbek bei Hamburg.

Aronson, E. (1994): Sozialpsychologie. Heidelberg.

Aronson, J./Steele, C. M. (2005): Stereotypes and the fragility of human competence, motivation, and self-concept. In: Dweck, C. S./Elliot, E. (Hg.): Handbook of Competence & Motivation. New York, 436–456.

Backerra, H./Malorny, C./Schwarz, W. (2007): Kreativitätswerkzeuge: Kreative Prozesse anstoßen, Innovation fördern. München.

Bamberger, G. (2022): Lösungsorientierte Beratung. Praxishandbuch. 6. Auflage. Weinheim.

Bauer, J. (2007): Lob der Schule. Sieben Perspektiven für Schüler, Lehrer und Eltern. Hamburg.

Bauer, T. (2019): Die Vereindeutigung der Welt. 12. Auflage. Stuttgart.

Begemann, E. (1968): Die Bildungsfähigkeit der Hilfsschüler. Berlin.

Berger, P. L. (1991): Auf den Spuren der Engel. Die moderne Gesellschaft und die Wiederentdeckung der Transzendenz. Freiburg i. Br.

Bittner, G. (1991): Die inhumanen Humanwissenschaften. In: Neue Sammlung 31, 339–352.

Bittner, G. (2001): Der Erwachsene. Stuttgart.

Bock, I. (1984). Pädagogische Anthropologie der Lebensalter. Eine Einführung. München.

Bodenheimer, A. R. (1987): Verstehen heißt antworten. Frauenfeld.

Böhm, W. (1997): Entwürfe zu einer Pädagogik der Person. Gesammelte Aufsätze. Bad Heilbrunn.

Böhm, W. (2000): Wörterbuch der Pädagogik. 15., überarbeitete Auflage. Stuttgart.

Böhm, W. (2013): Geschichte der Pädagogik. 4., durchgesehene Auflage. München.

Bollnow, O. F. (1965): Die anthropologische Betrachtungsweise in der Pädagogik. Essen.

Bollnow, O. F. (1968): Die pädagogische Atmosphäre. Heidelberg.

Brumlik, M./Ellinger, S./Hechler, O./Prange, K. (2013): Theorie praktischer Pädagogik. Stuttgart.

Bruner, J. S. (1973): Der Prozeß der Erziehung. 3. Auflage. Berlin.

Buber, M. (1986): Das dialogische Prinzip. Gütersloh.

Cadinu, M./Maass, A./Rosabianca, A./Kiesner, J. (2005): Why do women underperform under stereotype threat? Evidence for the role of negative thinking. In: Psychological Science 16, 572–578.

Case, R. (1999): Die geistige Entwicklung des Menschen. Heidelberg.

Cloerkes, G. (2007): Soziologie der Behinderten. 3. Auflage. Heidelberg.
Copei, F. (1930): Der fruchtbare Moment im Bildungsprozess. Nachdruck 1962. Heidelberg.
Correll, W. (2007): Menschen durchschauen und richtig behandeln. 26. Auflage. München.
DELTA (2022): Gesellschaftsmodell. In: https://www.delta-sozialforschung.de/delta-milieus/gesellschaftsmodell/, 16.03.2022.
Descartes, R. (1973): Regeln zur Ausrichtung der Erkenntniskraft. Hgg. von Gaeble, L. Hamburg.
DGfE (2022): Satzung der Deutschen Gesellschaft für Erziehungswissenschaft. In: https://www.dgfe.de/dgfe-wir-ueber-uns/satzung, 25.03.2022.
DGPs (2022): Deutsche Gesellschaft für Psychologie: Satzung der DGPs. In: https://www.dgps.de/die-dgps/aufgaben-und-ziele/satzung/, 18.04.2022.
Diouani-Streek, M. (2019): Pädagogischer Handlungstyp Beratung. In: Diouani-Streek, M./Ellinger, S. (Hg.): Beratungskonzepte in sonderpädagogischen Handlungsfeldern. 4. Auflage. Oberhausen, 11–34.
DIPF (2020): Autorengruppe Bildungsberichterstattung: Bildung in Deutschland 2020: Ein indikatorengestützter Bericht mit einer Analyse zu Bildung in einer digitalisierten Welt. Bielefeld.
Durkheim, E. (1981): Die elementaren Formen des religiösen Lebens. Frankfurt a. M.
Eggenberger, D. (1998): Grundlagen und Aspekte einer pädagogischen Intuitionstheorie. Die Bedeutung der Intuition für das Ausüben pädagogischer Tätigkeiten. Bern.
El-Mafaalani, A. (2012): BildungsaufsteigerInnen aus benachteiligten Milieus. Habitustransformationen und soziale Mobilität bei Einheimischen und Türkeistämmigen. Wiesbaden.
El-Mafaalani, A. (2020): Mythos Bildung: Die ungerechte Gesellschaft, ihr Bildungssystem und seine Zukunft. Köln.
Ellinger, S. (2010): Kontradiktische Beratung: Vom effektiven Umgang mit persönlichen Grenzen. Stuttgart.
Ellinger, S. (2013a): Förderung bei sozialer Benachteiligung. Stuttgart.
Ellinger, S. (2013b): Form und Inhalt: Soziologische Implikationen für pädagogisches Bewusstsein. In: Braune-Krickau, T./Ellinger, S./Sperzel, C. (Hg.): Handbuch Kulturpädagogik für benachteiligte Jugendliche. Weinheim, 239–252.
Ellinger, S. (2013c): Einführung in die Pädagogik bei Lernbeeinträchtigungen. In: Einhellinger, C./Ellinger, S./Hechler, O./Köhler, A./Ullmann, E. (Hg.): Studienbuch Lernbeeinträchtigungen. Band 1: Grundlagen. Oberhausen, 17–99.
Ellinger, S./Brunner, J. (2015): AlpTraumlehrer. Von flüchtigen Fledermäusen und multikulturellen Frohnaturen: Studierende erinnern sich. Theilheim bei Würzburg.
Ellinger, S./Engelhardt, C. (2006): Integration durch Differenzierung: Konzept und Praxis der schwedischen Einheitsschule. In: Die Deutsche Schule 1, 77–89.
Ellinger, S./Hechler, O. (2021): Entwicklungspädagogik. Erzieherisches Sehen, Denken und Handeln im Lebenslauf. Stuttgart.

Ellinger, S./Kleinhenz, L. (2022a): Strukturell erstickte Resonanzbeziehung. Kritik an der Einseitigkeit des pädagogischen Umgangs in der Schule. In: Richter, S./Bitzer, A. (Hg.): In Beziehung sein. Erziehungswissenschaftliche Reflexionen zur Bedeutung von Beziehung in Forschung, Lehre und Praxis. Weinheim, 95–106.

Ellinger, S./Kleinhenz, L. (2022b): Soziale Benachteiligung und Resonanzerleben: Entfremdungsprozesse in der Schule. Stuttgart.

Elschenbroich, D. (2010): Weltwissen der Siebenjährigen. 5. Auflage. München.

Erikson, E. H. (1974): Jugend und Krise. Die Psychodynamik im sozialen Wandel (Original 1968). Stuttgart.

Eschenburg, T. (1976): Über Autorität. 2. Auflage. Frankfurt a. M.

Etymologisches Wörterbuch des Deutschen (2022): Stereotype. In: https://www.dwds.de/wb/etymwb/stereotype, 05.06.2022.

Falkai, P./Wittchen, H.-U. (2022): Diagnostische Kriterien DSM-5. 2., korrigierte Auflage. Göttingen.

Fassin, D. (2018): Der Wille zum Strafen. Berlin.

Fischer, K. W. (1980): A theory of cognitive development: the control and construction of hierarchies of skills. In: Psychological Review 87, 477–531.

Flitner, W. (1957): Das Selbstverständnis der Erziehungswissenschaft in der Gegenwart. Heidelberg.

Flynn, J. (1987): Massive IQ gains in 14 nations: What IQ tests really measure. In: Psychological Bulletin 101, 171–191.

Foucault, M. (1975): Surveiller et punir – la naissance de la prison. Paris. Deutsche Erstausgabe 1994: Überwachen und Strafen. Die Geburt des Gefängnisses. Frankfurt a. M.

Frankl, V. (2006): Der Mensch vor der Frage nach dem Sinn. Eine Auswahl aus dem Gesamtwerk. 19. Auflage. München.

Frazer, N./Honneth, A. (2003): Umverteilung oder Anerkennung? Eine politisch-philosophische Kontroverse. Frankfurt a. M.

Fröbel, F. (1826): Menschenerziehung. Erster Band. Leipzig. In: https://www.froebelweb.de/index.php/froebels-schaffen/menschenerziehung, 21.04.2022.

Fröbel, F. (1931): Theorie des Spiels. Band I. Leipzig.

Fuhr, T. (1989): Ethik des Erziehens: Pädagogische Handlungsethik und ihre Grundlegung in der elterlichen Erziehung. Weinheim.

Garcia, A. C. (2019): Das Seminar als Denkschule. Opladen.

Geertz, C. (2019): Dichte Beschreibung. 14. Auflage. Frankfurt a. M.

Gerster, P./Nürnberger, C. (2003): Der Erziehungsnotstand. Frankfurt a. M.

Gibson, E. J. (1969): Principles of perceptual learning and development. New York.

Gibson, J. J. (1977): The theory of affordances. In: Shwa, R./Bransford, J. (Hg.): Perceiving, acting, and knowing. Mahwah, 67–82.

Gibson, E. J. (1988): Exploratory behavior in the development of perceiving, acting and acquiring of knowledge. In: Annual Review in Psychology 39, 1–41.

Goffman, E. (1994): Interaktionsrituale: Über Verhalten in direkter Kommunikation. 2. Auflage. Frankfurt a. M.

Goffman, E. (1996): Stigma: Über Techniken der Bewältigung beschädigter Identität. 12. Auflage. Frankfurt a. M.

Goffman, E. (2003): Wir alle spielen Theater. Frankfurt a. M.

Göhlich, M./Zirfas, J. (2007): Lernen: Ein pädagogischer Grundbegriff. Stuttgart.

Gold, A. (2018): Lernschwierigkeiten. Ursache, Diagnostik, Intervention. 2., überarbeite und erweiterte Ausgabe. Stuttgart.

Gomolla, M./Radtke, F.-O. (2009): Institutionelle Diskriminierung: Die Herstellung ethnischer Differenz in der Schule. 3. Auflage. Wiesbaden.

Gruschka, A. (2011): Verstehen lehren: Ein Plädoyer für guten Unterricht. Stuttgart.

Guyer, W. (1949): Grundlagen einer Erziehungs- und Bildungslehre. Zürich.

Guyer, W. (1964): Wie wir lernen. Versuch einer Grundlegung. Zürich.

Hägglund, B. (1983): Geschichte der Theologie. Ein Abriß. München.

Hanselmann, H. (1941): Fröhliche Selbsterziehung. Erlenbach-Zürich.

Hantke, L./Görges, H.-J. (2012): Handbuch Traumakompetenz: Basiswissen für Therapie, Beratung und Pädagogik. Paderborn.

Hattie, J. (2013): Lernen sichtbar machen (Original 2009). Baltmannsweiler.

Hauschildt, J. (1995): Editorial. In: Behindertenpädagogik in Bayern 38, 4, 420–421.

Havighurst, R. J. (1948): Developmental task and education. 2. Auflage. New York.

Havighurst, R. J. (1953): Human Development and Education. New York.

Hechler, O. (2010): Pädagogische Beratung. Theorie und Praxis eines Erziehungsmittels. Stuttgart.

Hechler, O. (2011): Hilfen zur Erziehung. Einführung in die außerschulische Erziehungshilfe. Stuttgart.

Hechler, O. (2016): Evidenzbasierte Pädagogik – Von der verlorenen Kunst des Erziehens. In: Ahrbeck, B./Ellinger, S./Hechler, O./Koch, K./Schad, G. (Hg.): Evidenzbasierte Pädagogik. Sonderpädagogische Einwände. Stuttgart, 42–83.

Hechler, O. (2018): Feinfühlig unterrichten. Stuttgart.

Hechler, O. (2019a): Die Sprache des Lehrers und das Lernen der Schüler. Ein Essay. In: Spuren 3, 10–17.

Hechler, O. (2019b): „Ihr sollt jetzt 'n bisschen nachdenken." – Zur Präformation unterrichtlicher Praxis. In: Ellinger, S./Schott-Leser, H. (Hg.): Rekonstruktionen sonderpädagogischer Praxis. Eine Fallsammlung für die Lehrerbildung. Opladen, 209–216.

Hechler, O. (2019c): Heterogenität sichtbar machen – Überindividuelle Kategorien und individuelle Ausdrucksgestalten. In: Behinderte Menschen 4/5, 17–26.

Hechler, O. (2019d): Psychoanalytische Beratung. In: Diouani-Streek, M./Ellinger, S. (Hg.): Beratungskonzepte in sonderpädagogischen Handlungsfeldern. 4. Auflage. Oberhausen, 169–205.

Hechler, O. (2021): Beratung in sonderpädagogischen Handlungsfeldern. Zur Relevanz eines sinnverstehenden Zugangs. In: VHN 3, 222–230.

Hechler, O. (2022): Erziehung als Grundbegriff der Psychoanalytischen Pädagogik. In: Günther, M./Heilmann, J./Kerschgens, A. (Hg.): Psychoanalytische Pädagogik und Soziale Arbeit. Verstehensorientierte Beziehungsarbeit als Voraussetzung für professionelles Handeln. Gießen, 79–109.

Hegel, G. W. F. (1807/1952): Die sinnliche Gewißheit; oder das Diese und das Meinen. In: Hegel, G. W. F.: Phänomenologie des Geistes. Nach den Texten der Originalausgabe, hgg. von Hoffmeister, J. Hamburg, 79–129.

Helsper, W. (2021): Professionalität und Professionalisierung pädagogischen Handelns: Eine Einführung. Opladen.

Herbart, J. F. (1802/1964): Die ersten Vorlesungen über Pädagogik. In: Asmus, W. (Hg.): Herbart – kleinere pädagogische Schriften. Düsseldorf, 121–143.

Herbart, J. F. (1806/1982): Allgemeine Pädagogik aus dem Zweck der Erziehung abgeleitet. In: Asmus, W. (Hg.): Johann Friedrich Herbart. Pädagogische Schriften. Band 2. Stuttgart, 9–155.

Herbart, J. F. (1813/1965): Über pädagogische Diskussionen und die Bedingungen, unter denen sie nützen können. In: Asmus, W. (Hg.): Herbart – Pädagogisch didaktische Schriften. Düsseldorf, 69–72.

Hiller, G. G. (1994): Lehren und Lernen mit Bildern – Mediendidaktische Erwägungen zu Formen der ikonischen Repräsentation im Sachunterricht. In: Duncker, L./Popp, W. (Hg.): Kind und Sache: Zur pädagogischen Grundlegung des Sachunterrichts. Weinheim, 258.

Hiller, G. G. (1999): Unsichere Lebensverläufe erkunden und begleiten, flexiblere Zugänge zum Arbeitsmarkt schaffen. Neue Konzepte und Ansätze für eine Zusammenarbeit zwischen Schul-, Sozial- und Berufspädagogik. In: Forum Erziehungshilfe 4, 206–213.

Hiller, G. G. (2004): Riskante Lebenslagen und Lebensverläufe junger Menschen als Bildungsschicksale begreifen und aktiv mitgestalten. In: Schavan, A. (Hg.): Bildung und Erziehung: Perspektiven auf die Lebenswelten von Kindern und Jugendlichen. Frankfurt a. M., 111–136.

Hiller, G. G. (2018): Soziale Benachteiligung und Schulerfolg. Anregungen zum kritischen Umgang mit einem folgenlosen Narrativ. Vortrag anlässlich des VDS-Kongresses an der Universität Würzburg am 14. September 2018.

Hiller, G. G. (2019): Wie berufliche Schulen junge Geflüchtete abwerten. In: Menschen 4/5, 4–5.

Hiller, G. G./Bär, F./Rein, J. (2002): Die ersten sechs Jahre nach der Schule – Welche Konsequenzen sind aus den Karriereverläufen benachteiligter junger Menschen in Ausbildung und Erwerbsarbeit zu ziehen? In: Stark, W./Fitzner, T./Schubert, C. (Hg.): Jugendberufshilfe und Benachteiligtenförderung. Stuttgart, 199–227.

Honneth, A. (2004): Anerkennung als Ideologie. In: WestEnd. Neue Zeitschrift für Sozialforschung 1, 51–70.

Honneth, A./Ranciére, J. (2021): Anerkennung oder Unvernehmen? Eine Debatte. Frankfurt a. M.

Hörmann, Z. K. (2010): Fühlen ist klüger als denken. Mit Intuition die richtigen Entscheidungen treffen. Bielefeld.

Hüther, G./Heinrich, M./Senf, M. (2020). #Education For Future: Bildung für ein gelingendes Leben. München.

ICD-10-GM (2022): Internationale statistische Klassifikation der Krankheiten und verwandter Gesundheitsprobleme, German Modification. In: https://www.bfarm.de/DE/Kodiersysteme/Klassifikationen/ICD/ICD-10-GM/_node.html, 02.04.2022.

Illich, I. (1996): Klarstellungen: Pamphlete und Polemiken. München.

Illich, I. (2017): Entschulung der Gesellschaft. 7. Auflage. München.

Jantzen, W. (1974): Sozialisation und Behinderung. Studien zu sozialwissenschaftlichen Grundfragen der Behindertenpädagogik. Gießen.

Kant, I. (1787/2016): Kritik der reinen Vernunft. 2. Auflage. Berlin.

Kant, I. (1803/1977): Über Pädagogik. Hgg. von Rink, T. R. Königsberg.

Kant, I. (1964): Gott und die Welt. In: Schmidt, R. (Hg.): Kant, I. – Die drei Kritiken. Kröners Taschenausgabe Band 10. Stuttgart, 491–493.

Kanter, G. (1974): Lernbehinderung, Lernbehinderte, deren Erziehung und Rehabilitation. In: Deutscher Bildungsrat (Hg.): Gutachten und Studien der Bildungskommission. Band 34. Stuttgart, 117–234.

Kanter, G. (2007): Gegenstand und Aufgaben einer Pädagogik und Psychologie bei Beeinträchtigungen des Lernens. In: Walter, J./Wember, F. B. (Hg.): Sonderpädagogik des Lernens. Göttingen, 33–59.

Kegan, R. (1986): Die Entwicklungsstufen des Selbst. Fortschritte und Krisen im menschlichen Leben. München.

Keller, I./Grömminger, O. (1993): Aufmerksamkeit. In: von Cramon, D. Y./Mai, N./Ziegler, W. (Hg.): Neuropsychologische Diagnostik: Neurobiologie. Weinheim, 65–90.

Kierkegaard, S. (1844/1996): Der Begriff Angst. 2. Auflage. Hamburg.

Kierkegaard, S. (1950): Gesammelte Werke. Düsseldorf.

Klein, G. (1973): Die Frühförderung potentiell lernbehinderter Kinder. In: Deutscher Bildungsrat/Muth, J. (Hg.): Gutachten und Studien der Bildungskommission 25: Sonderpädagogik 1. Stuttgart, 151–186.

Kleinhenz, L. (2019): Benachteiligung und Resonanz. Schule als selektiv resonanzverhindernde Institution der Bildungsungerechtigkeit. In: Spuren 3, 34–39.

KMK (1977): Empfehlungen für den Unterricht in der Schule für Lernbehinderte (Sonderschule). Beschluß der Kultusministerkonferenz vom 17.11.1977. Bonn.

KMK (1999): Empfehlungen zum Förderschwerpunkt Lernen. Beschluss der Kultusministerkonferenz vom 01.10.1999. Bonn.

KMK (2019): Empfehlungen zur schulischen Bildung, Beratung und Unterstützung von Kindern und Jugendlichen im sonderpädagogischen Schwerpunkt Lernen. Beschluss der Kultusministerkonferenz vom 14.03.2019. Bonn.

Kobi, E. E. (1980): Die Rehabilitation der Lernbehinderten. 2. Auflage. Basel.

Kobi, E. E. (2004): Grundfragen der Heilpädagogik. 6. Auflage. Bern.

Koch, K. (2016): Ankunft im Alltag – Evidenzbasierte Pädagogik in der Sonderpädagogik. In: Ahrbeck, B./Ellinger, S./Hechler, O./Koch, K./Schad, G. (Hg.): Evidenzbasierte Pädagogik: Sonderpädagogische Einwände. Stuttgart, 9–41.

Koch, K./Kehl, S. (2020): Handlungsorientierter Unterricht. In: Heimlich, U./Wember, F. (Hg.): Didaktik des Unterrichts bei Lernschwierigkeiten. 4., aktualisierte Auflage. Stuttgart, 111–123.

Kohlberg, L. (1995): Die Psychologie der Moralentwicklung (Original 1958). Frankfurt a. M.
Kraft, V. (2009): Pädagogisches Selbstbewusstsein: Studien zum Konzept des Pädagogischen Selbst. Paderborn.
Kronig, W./Haeberlin, U./Eckhart, M. (2000): Immigrantenkinder und schulische Selektion. Pädagogische Visionen, theoretische Erklärungen und empirische Untersuchungen zur Wirkung integrierender und separierender Schulformen in den Grundschuljahren. Bern.
Ladenthin, V. (2018): Was wir wissen können und was wir glauben müssen: Eine kleine Erkenntnistheorie für den Alltag. Würzburg.
Ladenthin, V. (2021): Allgemeine Pädagogik. Baden-Baden.
Langfeldt, H.-P. (2014): Psychologie für die Schule. 2. Auflage. Weinheim.
Loch, W. (1963): Die anthropologische Dimension der Pädagogik. Essen.
Loch, W. (1966): Die Sprache als Instrument der Erziehung. In: Schulpraxis ½, 20–30.
Loch, W. (1970): Sprache. In: Speck, J./Wehle, G. (Hg.): Handbuch pädagogischer Grundbegriffe. Band II. München, 481–528.
Loch, W. (1999): Der Lebenslauf als anthropologischer Grundbegriff einer biographischen Erziehungstheorie. In: Krüger, H. H./Marotzki, W. (Hg.): Handbuch erziehungswissenschaftliche Biographieforschung. Opladen, 69–88.
Luckmann, T. (1993): Die unsichtbare Religion. 2. Auflage. Frankfurt a. M.
Mead, G. H. (1968): Geist, Identität und Gesellschaft (Original 1913). Frankfurt a. M.
Methner, A./Melzer, C. (2019): Kooperative Beratung. In: Diouani-Streek, M./Ellinger, S. (Hg.): Beratungskonzepte in sonderpädagogische Handlungsfeldern. 4. Auflage. Oberhausen, 77–108.
Mikhail, T. (2016): Pädagogisch handeln: Theorie für die Praxis. Paderborn.
Mikhail, T. (2017): Kant als Pädagoge. Einführung mit zentralen Texten. Paderborn.
Milde, V. E. (1911): Lehrbuch der allgemeinen Erziehungskunde. Band I und II. Original: Wien. Paderborn.
Möckel, A. (2019a): Pädagogisches Heilen bei sozialen Benachteiligungen. In: Behinderte Menschen 475, 37–42.
Möckel, A. (2019b): Paradigma der Heilpädagogik. Würzburg.
Mollenhauer, K./Brumlik, M./Wudtke, H. (1975): Die Familienerziehung. München.
Montessori, M. (1934/1985): Grundlagen meiner Pädagogik. 6. Auflage. Heidelberg.
Montessori, M. (1950/1985): Die Entdeckung des Kindes. Freiburg i. Br.
Moor, P. (1960): Heilpädagogische Psychologie. Band 1. Bern.
Moor, P. (1965): Heilpädagogik. Ein pädagogisches Lehrbuch. Bern.
Moor, P. (1974): Heilpädagogik. Ein pädagogisches Lehrbuch. 3. Auflage. Bern.
Muth, J. (1967): Pädagogischer Takt. Monographie einer aktuellen Form erzieherischen und didaktischen Handelns. 2. Auflage. Heidelberg.
Mutzeck, W. (2008): Kooperative Beratung. Grundlagen, Methoden, Training, Effektivität. Weinheim.
Nohl, H. (1949): Die pädagogische Bewegung in Deutschland und ihre Theorie. 3. Auflage. Frankfurt a. M.

Nohl, H. (1959): Charakter und Schicksal: Eine pädagogische Menschenkunde. 5. Auflage. Frankfurt a. M.
Oevermann, U. (2001): Das Verstehen des Fremden als Scheideweg hermeneutischer Methoden in den Erfahrungswissenschaften. In: Zeitschrift für qualitative Bildungs-, Beratungs- und Sozialforschung 2, 1, 67–92.
Oevermann, U. (2004): Objektivität des Protokolls und Subjektivität als Forschungsgegenstand. In: Zeitschrift für qualitative Bildungs-, Beratungs- und Sozialforschung 5, 2, 311–336.
Oser, F. (2007): Aus Fehlern lernen. In: Göhlich, M./Wulf, C./Zierfas, J. (Hg.): Pädagogische Theorien des Lernens. Weinheim, 203–212.
Oser, F./Spychiger, M. (2005): Lernen ist schmerzhaft: Zur Theorie des Negativen Wissens und zur Praxis der Fehlerkultur. Weinheim.
Palmowski, W. (2014): Systemische Beratung. 2. Auflage. Stuttgart.
Pascal, B. (1954): Über die Religion. 5. Auflage. Heidelberg.
Pestalozzi, J. H. (1954): Ausgewählte Schriften. Düsseldorf.
Petersen, P (1972): Der kleine Jena-Plan. 53. Auflage. Weinheim.
Petzelt, A. (1961): Grundlegung der Erziehung. 2. Auflage. Freiburg i. Br.
Petzelt, A. (1962): Kindheit – Jugend – Reifezeit: Grundriß der Phasen psychischer Entwicklung. Freiburg i. Br.
Piaget, J. (1967): Das Erwachen der Intelligenz beim Kinde (Original 1936). Stuttgart.
Platon (1973a): Der Staat. In: Nestle, W. (Hg.): Platon: Hauptwerke. Stuttgart, 151–254.
Platon (1973b): Phaidros. In: Nestle, W. (Hg.): Platon: Hauptwerke. Stuttgart, 143–150.
Platon (2007): Menon. In: Wolf, U. (Hg.): Sämtliche Werke. Band 1. 30. Auflage. Reinbek bei Hamburg, 453–500.
Posener, A. (2012): Kinder sind keine Tyrannen – sie werden dazu gemacht. In: https://www.welt.de/kultur/article108616885/Kinder-sind-keine-Tyrannen-sie-werden-dazu-gemacht.html, 18.04.2022.
Prange, K. (1987): Lebensgeschichte und pädagogische Reflexion. In: Zeitschrift für Pädagogik, 3, 345–362.
Prange, K. (2000): Plädoyer für Erziehung. Baltmannsweiler.
Prange, K. (2005): Die Zeigestruktur der Erziehung. Grundriss der Operativen Pädagogik. Paderborn.
Prange, K./Strobel-Eisele, G. (2006): Die Formen pädagogischen Handelns. Stuttgart.
Precht, R. D. (2015): Anna, die Schule und der liebe Gott: Der Verrat des Bildungssystems an unseren Kindern. München.
Rancière, J. (2007): Der unwissende Lehrmeister. Fünf Lektionen über die intellektuelle Emanzipation. Wien.
Rauschenberger, H. (1967): Über das Lehren und seine Momente. In: Heydorn, H.-J. (Hg.): Bildungsbegriff der Gegenwart. Frankfurt a. M., 64–110.
Reble, A. (1958): Lehrerbildung in Deutschland. Ratingen.
Reed, G. M./Ritchie, P. L./Maercker, A. (Hg.) (2022): A psychological Approach to Diagnosis. Using the ICD-11 as a Framework. Washington.

Reichenbach, R. (2011a): Pädagogische Autorität. Macht und Vertrauen in der Erziehung. Stuttgart.
Reichenbach, R. (2011b): Erziehung als Einführung in das unvollkommene Leben. In: Krebs, A./Pfleiderer, G./Seelmann, K. (Hg.): Ethik des gelebten Lebens. Zürich, 25–46.
Reichenbach, R. (2018): Ethik der Bildung und Erziehung. Paderborn.
Reichenbach, R. (2020): Bildungsferne. Zürich.
Rein, W. (1911): Pädagogik in systematischer Darstellung. Erster Band: Grundlegung. 2. Auflage. Langensalza.
Remschmidt, H./Schmidt, M. H./Poustka, F. (2017): Multiaxiales Klassifikationsschema für psychische Störungen des Kindes- und Jugendalters nach ICD-10 der WHO. Mit einem synoptischen Vergleich von ICD-10 und DSM-V. 7., aktualisierte Auflage. Göttingen.
Richter, S. (2019): Pädagogische Strafen in der Schule. Eine ethnographische Collage. Weinheim.
Rink, F. T. (1803): Vorrede. In: Kant, I.: Über Pädagogik. Hgg. von Rink, F. T. Königsberg, https://de.wikisource.org/wiki/Seite%3AImmanuel_Kant_%C3%9Cber_P%C3%A4dagogik_K%C3%B6nigsberg_1803.pdf/3, 04.06.2022.
Rogers, C. (1981): Der neue Mensch. Stuttgart.
Rogers, C. (1985): Entwicklung der Persönlichkeit. 5. Auflage (Original 1961). Stuttgart.
Rosa, H. (2016): Resonanz. Eine Soziologie der Weltbeziehung. Berlin.
Roth, G. (2021): Über den Menschen. 3. Auflage. Berlin.
Roth, H. (1963): Pädagogische Psychologie des Lernens und Lehrens. 7. Auflage. Hannover.
Rumpf, H. (1987): Belebungsversuche. Ausgrabungen gegen die Verödung der Lernkultur. Weinheim.
Rumpf, H. (1991): Didaktische Interpretationen. Weinheim.
Rumpf, H. (1994): Die übergangene Sinnlichkeit. 3. Auflage. Weinheim.
Rumpf, H. (2010): Was hätte Einstein gedacht, wenn er nicht Geige gespielt hätte? Gegen die Verkürzungen des etablierten Lernbegriffs. Weinheim.
Sartre, J.-P. (1943): Das Sein und das Nichts. Leipzig.
Schad, G. (2013): Erleben und Erlebnis. In: Braune-Krickau, T./Ellinger, S./Sperzel, C. (Hg.): Handbuch Kulturpädagogik für benachteiligte Jugendliche. Weinheim, 226–238.
Schad, G. (2016): Miniaturen. In: Ahrbeck, B./Ellinger, S./Hechler, O./Koch, K./Schad, G. (Hg.): Evidenzbasierte Pädagogik. Sonderpädagogische Einwände. Stuttgart, 129–142.
Schleiermacher, F. (1982): Pädagogische Schriften 1. Frankfurt a. M.
Schmader, T./Johns, M. (2003): Converging evidence that stereotype threat reduces working memory capacity. In: Journal of Personality and Social Psychology 85, 3, 440–452.
Schneider, F. (1952): Praxis der Selbsterziehung. 4. Auflage. Freiburg i. Br.
Schneider, W./Lindenberger, U. (2018): Entwicklungspsychologie. 8. Auflage. Weinheim.
Schroeder, J. (2012): Schulen für schwierige Lebenslagen. Studien zu einem Sozialatlas der Bildung. Münster.
Schroeder, J. (2015): Pädagogik bei Beeinträchtigungen des Lernens. Stuttgart.

Schroeder, J. (2018): Annäherung an Lebenslagen und Biografien junger Geflüchteter – eine unabdingbare Voraussetzung für eine pädagogische Kommunikation „auf Augenhöhe". In: Ders. (Hg.): Geflüchtete in der Schule. Stuttgart, 13–36.
Schulze, G. (2000): Erlebnisgesellschaft. Frankfurt a. M.
Schütz, A. (1974): Der sinnhafte Aufbau der sozialen Welt (Original 1932). Eine Einleitung in die verstehende Soziologie. Frankfurt a. M.
Schütz, A. (1982): Das Problem der Relevanz. Frankfurt a. M.
Seichter, S. (2012): „Person" als Grundbegriff der Erziehungswissenschaft. Zwischen Boethius und Luhmann. In: Vierteljahresschrift für wissenschaftliche Pädagogik 88, 309–318.
Seichter, S. (2013): Über die antinomische Struktur pädagogischen Denkens und Handelns. In: Rassegna di Pedagogia 3–4, 211–219.
Seligmann, M. (2010): Erlernte Hilflosigkeit. 2. Auflage. Weinheim.
Singer, K. (1998): Die Würde des Schülers ist antastbar. Vom Alltag in unseren Schulen – wie wir ihn verändern können. Reinbek bei Hamburg.
Speck, O. (1996): Erziehung und Achtung vor dem Anderen. Zur moralischen Dimension der Erziehung. Basel.
Spies, W. (1998): Die Logik des Gelingens: Lösungs- und entwicklungsorientierte Beratung im Kontext von Pädagogik. Dortmund.
Spies, W. (2012): Beratung: Effizient, moralisch gut, nachhaltig. Die Logik des Gelingens und das multifunktionale, adaptive Prozessmodell. Hamburg.
Spitzer, M. (2010): Medizin für die Bildung. Ein Weg aus der Krise. Heidelberg.
Spitzer, M. (2014): Digitale Demenz: Wie wir uns und unsere Kinder um den Verstand bringen. München.
Spranger, E. (1965a): Der geborene Erzieher. 4. Auflage. Heidelberg.
Spranger, E. (1965b): Das Gesetz der ungewollten Nebenwirkungen in der Erziehung. 2. Auflage. Heidelberg.
Steele, C. M./Aronson, J. (1995): Stereotype threat and the intellectual test performance of African Americans. In: Journal of Personality and Social Psychology 69, 797–811.
Stiehler, M. (2007): AD(H)S: Erziehen statt behandeln. Göttingen.
Stoy, K. V. (1880): Der pädagogischen Bekenntnisse erstes bis neuntes Stück. Jena.
Sünkel, W. (2011): Erziehungsbegriff und Erziehungsverhältnis. Allgemeine Theorie der Erziehung. Band 1. Weinheim.
Tenorth, H.-E. (1986): Bildung, allgemeine Bildung, Allgemeinbildung. In: Ders. (Hg.): Allgemeine Bildung: Analyse zu ihrer Wirklichkeit, Versuche über ihre Zukunft. Weinheim, 7–30.
Tenorth, H.-E. (2020): Die Rede von Bildung. Tradition, Praxis, Geltung – Beobachtungen aus der Distanz. Berlin.
Tepperwein, K. (2010): Intuition – die geheimnisvolle Kraft: So nehmen Sie Ihre innere Stimme wahr und verwirklichen Ihren Traum. München.
Thimm, W. (2006): Lernbehinderung als Stigma. In: Ders.: Behinderung und Gesellschaft (Original 1975). Heidelberg, 77–93.

Tomasello, M. (2002): Die kulturelle Entwicklung des menschlichen Denkens. Frankfurt a. M.

Tomasello, M. (2009): Die Ursprünge der menschlichen Kommunikation. Frankfurt a. M.

Trapp, E. C. (1780/1977): Versuch einer Pädagogik. Berlin. Unveränderter Nachdruck der 1. Ausgabe. Paderborn.

Weinberger, S./Lindner, H. (2011): Personzentrierte Beratung. Stuttgart.

Weingardt, M. (2004): Fehler zeichnen uns aus: Transdisziplinäre Grundlagen zur Theorie und Produktivität des Fehlers in Schule und Arbeitswelt. Bad Heilbrunn/Obb.

Wember, F. (2020): Direkter Unterricht. In: Heimlich, U./Wember, F. B. (Hg.): Didaktik des Unterrichts bei Lernschwierigkeiten. 4. Auflage. Stuttgart, 181–193.

WHO (2019): ICD-11 für Mortalitäts- und Morbiditätsstatistiken. In: https://www.bfarm.de/DE/Kodiersysteme/Klassifikationen/ICD/ICD-11/uebersetzung/_node.html;jsessionid=935204315F22F641CC09150566D91C1B.intranet262, 23.03.2022.

Wilbert, J. (2010): Stereotype-Threat Effekte bei Schülern des Förderschwerpunkts Lernen. In: Heilpädagogische Forschung XXXVI, 4, 154–161.

Willmann, O. (1909): Aristoteles. Berlin.

Wimmer, M. (2014): Pädagogik als Wissenschaft des Unmöglichen: Bildungsphilosophische Interventionen. Paderborn.

Wimmer, M. (2019): Posthumanistische Pädagogik: Unterwegs zu einer poststrukturalistischen Erziehungswissenschaft. Paderborn.

Winterhoff, M. (2019). Deutschland verdummt: Wie das Bildungssystem die Zukunft unserer Kinder verbaut. München.

Zirfas, J. (2004): Pädagogik und Anthropologie: Eine Einführung. Stuttgart.

Zirfas, J. (2007): Das Lernen der Lebenskunst. In: Göhlich, M./Wulf, C./Zirfas, J. (Hg.): Pädagogische Theorien des Lernens. Weinheim, 163–175.

Zirfas, J. (2015): Zur Ethnographie des pädagogischen Takts. In: Burhardt, D./Krinninger, D./Seichter, S. (Hg.): Pädagogischer Takt: Theorie, Empirie, Kultur. Paderborn, 25–42.